工程建设企业
完善中国特色现代企业制度
探索与实践

中国施工企业管理协会 编著

·北京·

图书在版编目（CIP）数据

工程建设企业完善中国特色现代企业制度探索与实践/中国施工企业管理协会编著. -- 北京：中国市场出版社有限公司，2024.3

ISBN 978-7-5092-2536-3

Ⅰ.①工… Ⅱ.①中… Ⅲ.①建筑企业-企业管理制度-研究-中国 Ⅳ.①F426.9

中国国家版本馆CIP数据核字（2023）第257288号

工程建设企业完善中国特色现代企业制度探索与实践

GONGCHENG JIANSHE QIYE WANSHAN ZHONGGUO TESE XIANDAI QIYE ZHIDU TANSUO YU SHIJIAN

编　　著：中国施工企业管理协会
责任编辑：王雪飞

出版发行：中国市场出版社
社　　址：北京市西城区月坛北小街2号院3号楼（100837）
电　　话：（010）68034118/68021338
网　　址：http：//www.scpress.cn

印　　刷：河北鑫兆源印刷有限公司
规　　格：170mm×240mm　1/16
印　　张：18.5　**字　　数**：220千字
版　　次：2024年3月第1版　**印　　次**：2024年3月第1次印刷
书　　号：ISBN 978-7-5092-2536-3
定　　价：98.00元

《工程建设企业完善中国特色现代企业制度探索与实践》

编写委员会

主　　任　尚润涛

副 主 任　刘　辉　张长春

委　　员　（按姓氏笔画排序）

王汉军　王庚柱　王爱志　江　军　刘清华　齐伟红

汤　飞　严悌文　李　胜　李学民　李学冰　周　晶

宫长义　袁斯浪　崔　伟　路　刚　蔡典维

主　　编　尚润涛

副 主 编　孙晓波　马玉宝　王武民　张长春　王　锋

执行主编　刘军军

编写人员　（按姓氏笔画排序）

王　琪　王传七　王继帅　文琦珺　石　平　闫　凯

许　磊　孙瑛志　李　鉴　杨　飞　杨立军　吴硕平

何力杰　张　森　张开颜　张昌晗　张鹏飞　陈　伟

陈　敏　陈育勉　范振宇　周　易　周　韵　孟　猛

赵彦静　胡建书　贺康虹　索欣然　钱宏翔　徐晓雯

高　倩　唐一月　韩宇星　温　巍　臧盛英　樊　杰

主编单位

中国施工企业管理协会

参编单位

中智管理咨询有限公司

中国建筑集团有限公司

中国交通建设集团有限公司

中国能源建设集团有限公司

中国化学工程集团有限公司

中国建材集团有限公司

中国建筑一局（集团）有限公司

中国建筑第二工程局有限公司

中国建筑第八工程局有限公司

中国二十二冶集团有限公司

北新集团建材股份有限公司

中铁一局集团有限公司

中建三局第一建设工程有限责任公司

北京建工集团有限责任公司

上海建工集团股份有限公司

四川华西集团有限公司

湖南建设投资集团有限责任公司

陕西建工控股集团有限公司

北京城建设计发展集团股份有限公司

武汉市汉阳市政建设集团有限公司

中亿丰控股集团有限公司

广东建星建造集团有限公司

习近平总书记在党的二十大报告中指出“完善中国特色现代企业制度，弘扬企业家精神，加快建设世界一流企业”。这是在新的历史起点上，以习近平同志为核心的党中央对企业改革作出的重要战略部署，是对新时代企业改革发展的新号召、新期盼、新指引。

改革开放以来，我国的经济制度由计划经济转向市场经济，企业改革和企业制度建设与社会主义市场经济接轨，并在探索中不断向国际先进的企业制度学习，逐步形成具备中国特色的现代企业制度。中国特色现代企业制度，其核心是“中国特色”，进一步强调我们推行的现代企业制度是结合中国实际、具有中国烙印的，不是与西方发达国家一样的现代企业制度。“特”就特在党的领导，必须把党的领导融入公司治理各环节，做到组织落实、干部到位、职责明确、监督严格。工程建设行业的国有企业、国有控股混合所有制企业、大型民营企业在完善中国特色现代企业制度方面，不断探索创新，取得了积极成效，总体上呈现“形”已具备、“神”未到位的特点，主要体现在：党的领导得到了进一步加强，但还存在认识上、落实上的偏差；董事会做到了应建尽建，但在运行机制上还存在不完善的问题；经理层履职比较充分，但在激励约束上力度欠缺。完善企业制度永远在路上。

中国施工企业管理协会高度重视工程建设企业建立中国特色现代企业制度，在认真学习习近平总书记关于中国特色现代企业制度的一系列重要论述基础上，通过走访企业、集中座谈、线上访谈、问卷调查、查阅上市公司 2022 年年报等形式，深入开展调查研究，以企业调研数据和 2023 年 5 月 24 日在珠海召开的中国特色现代企业制度企业家研讨会成果为基础，以企业体制机制改革为主线，深入分析了企业制度改革与企业发展的关系和影响，认真听取企业意见和建议，组织力量编写了《工程建设企业完善中国特色现代企业制度探索与实践》，旨在加强对工程建设企业建立和完善中国特色现代企业制度的具体指导。

本书内容共分为六部分。

第一部分着重介绍了工程建设企业现代企业制度发展历程。企业制度改革伴随着改革开放拉开了序幕，分为现代企业制度初见端倪、现代企业制度雏形建立、现代企业制度逐步完善、中国特色现代企业制度建立四个阶段，呈现现代企业制度的发展历程，旨在让广大工程建设企业了解企业制度的演变过程，激发企业改革创新的动力和活力。

第二部分着重介绍了中国特色现代企业制度的政策体系，总结归纳出中国特色现代企业制度建设“1 个基础+4 根支柱”的公司治理体系模型，收集梳理了 2004 年以来公司治理相关的指导文件，旨在让企业清晰地了解公司治理体系及其演变过程，掌握最新要求，为工程建设企业建立和完善中国特色现代企业制度提供政策指引。

第三部分着重介绍了工程建设企业现代企业制度实践情况，以调研的234家代表性企业的数据为样本分析研究，展现工程建设企业现代企业制度建设现状，为工程建设企业提供现代企业制度建设参考标准。

第四部分着重介绍了工程建设企业建立现代企业制度的问题与发展，聚焦工程建设企业建立中国特色现代企业制度存在的共性问题，从问题与不足、障碍与困境、未来发展建议三个层面进行阐述，为广大工程建设企业完善中国特色现代企业制度提供治疗良方。

第五部分着重介绍了工程建设企业三项制度改革推进情况调研分析，围绕“劳动用工、干部人事、收入分配”三项制度改革，以问卷调查的85家代表性企业为样本进行分析，介绍企业员工能进能出、管理人员能上能下、收入能增能减的基本情况，为广大工程建设企业深入推进企业制度改革、不断释放企业发展活力提供有益参考。

第六部分着重展示了工程建设企业现代企业制度建设典型案例，聚焦近年来推动企业制度改革工作扎实、举措得力、成效显著的工程建设企业，分别选取5家中央企业集团公司、6家中央企业子公司、7家地方国有企业、2家非公有制企业，总结提炼了这些企业深化改革的好经验、好做法和显著成效，力求通过这些鲜活生动的实践案例，为广大工程建设企业提供可参考、可复制的经验和借鉴。

完善中国特色现代企业制度事关国家经济发展，事关行业繁荣昌盛，事关企业前途命运，广大工程建设企业责任重大。路虽远，行则将至。让我们并肩携手，再接再厉，为完善中国特色现代企业制度作出新的探索与实践，早日实现世界一流企业的建设目标。

本书编委会

2023 年 12 月

第一章　工程建设企业建立中国特色现代企业制度发展历程　/1

一、第一阶段　/3

二、第二阶段　/6

三、第三阶段　/9

四、第四阶段　/15

第二章　中国特色现代企业制度政策体系　/23

一、公司治理政策体系框架　/27

二、公司治理政策发展历程　/34

第三章　工程建设企业完善中国特色现代企业制度实践　/47

一、工程建设企业落实中国特色现代企业制度实践概述　/49

二、上市工程建设企业落实中国特色现代企业制度实践分析　/54

三、现代企业制度问卷调查分析　/72

第四章　工程建设企业完善中国特色现代企业制度的问题与发展　/97

一、问题与不足　/99

二、障碍与困境　/101

三、未来发展建议　/102

第五章　工程建设企业三项制度改革推进情况调研分析　/109

一、员工能进能出方面　/111

二、管理人员能上能下方面　/113

三、收入能增能减方面　/114

第六章　工程建设企业完善中国特色现代企业制度典型案例　/119

全面完善中国特色现代企业制度 推动建设世界一流企业

——中国建筑股份有限公司　/121

把牢根魂优势 推动治理现代化 以治理体系能力现代化加快建设科技型管理型质量型世界一流企业

——中国交通建设集团有限公司　/131

运用党建“五度工作法” 推动加强党的领导和完善公司治理相统一

——中国能源建设集团有限公司　/144

以考核为导向优化公司治理体系 推进企业真正按市场化机制运营

——中国化学工程集团有限公司　/151

厘清三会权责 深化授权放权 推动治理效能更好转化为发展动能

——中国建材集团有限公司 /158

以董事会建设为重点完善法人治理结构 赋能企业高质量发展

——中国建筑一局（集团）有限公司 /166

努力做好“三聚焦、三保障” 强化外部董事履职支撑服务

——中国建筑第二工程局有限公司 /176

打造规范高效董事会 推动企业发展行稳致远

——中国建筑第八工程局有限公司 /183

全面构建五大管理体系 开创企业跨越式高质量发展新局面

——中国二十二冶集团有限公司 /189

完善顶层设计 综合系统推进董事会建设

——中铁一局集团有限公司 /202

以“三化”建设推动董事会规范高效运行

——中建三局第一建设工程有限责任公司 /208

开展外聘外部董事 助力子企业董事会高效运行

——北京建工集团有限责任公司 /214

聚焦现代企业制度建设 护航公司高质量发展

——上海建工集团股份有限公司 /221

以创新思维构建公司治理运行机制

——四川华西集团有限公司 /227

奋力朝着“世界一流建设投资企业”目标勇毅前行
——湖南建设投资集团有限责任公司 /236
聚焦主业优布局 深化改革强动能 构建科学规范高效的公司治理模式
——陕西建工控股集团有限公司 /246
发挥党建优势 完善公司治理 通过创新推动世界一流企业建设
——北京城建设计发展集团股份有限公司 /253
匠心筑梦发展 踔厉奋发前行
—— 武汉市汉阳市政建设集团有限公司 /260
深化改革 提质增效 以“三会一层”完善公司治理 赋能企业发展
——中亿丰建设集团股份有限公司 /268
建筑企业高质量发展下目标计划管理模式的建设
——广东建星建造集团有限公司 /275

第一章

工程建设企业
建立中国特色现代企业制度
发展历程

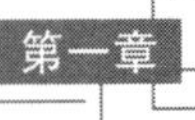

新中国成立后，我国实行的是计划经济体制，企业制度由国家制定，企业行为由政府决策。改革开放后，我国的经济制度由计划经济逐步向市场经济过渡，企业改革和企业制度逐步与社会主义市场经济接轨，并在探索中不断向国际先进的企业制度学习，逐步形成具有中国特色的现代企业制度。主要有以下四个阶段。

一、第一阶段

1978—1992 年，国有企业改革“破冰”，民营企业“露头”，现代企业制度初见端倪。

1978 年，党的十一届三中全会拉开了改革开放的大幕，吹响了中国经济改革的号角，农村的改革率先开始，实行联产承包责任制。国有企业改革开始初步探索，扩大企业的自主权，重点是“放权让利”，特征是“自主经营、自负盈亏、自我发展、自我约束、自担风险”。国家和各地方建工局逐步从政府机关转变为企业实体，塑造独立的市场主体。

1979 年，中央确定了国民经济实行“调整、改革、整顿、提高”的方针，国务院发布了《关于扩大国营工业企业经营管理自主权的若干规定》。经过一年时间，参加扩权试点的企业总计超过 6000 家，占全国预算内工业企业总数的 16%，创造的利润占 70%，激发了企业生产积极性和创造性，高度集中的计划经济体制被打破。

1980 年，企业经营改全额利润留成为基数利润留成加增长利润留成的办法，使工程建设企业获得更多的留利，刺激了企业的生产积极性。

1981 年，国务院批转《关于实行工业生产经济责任制若干问题的暂行规定》，在全国推广工业经济责任制。人大常委会颁布了《中华人民共和国经济合同法》，工程建设企业开始试行合同工、临时工制度，工程建设企业的交易行为开始步入法制化轨道。

1984 年，党的十二届三中全会通过了《中共中央关于经济体制改革的决定》，明确了“两权分离”的改革原则。确立了国企改革的目标，让企业成为相对独立的经济实体，成为自主经营、自负盈亏的生产者和经营者，使其具有自我改造和自我发展的能力，成为具有一定权利和义务的法人。同年，政府推行了第二步“利改税”，将税后留利改为调节税，促进了工程建设企业政企分开，提高了企业经济效益，有利于创造公平竞争的市场环境。另外，国家对企业的支持与投资也开始采用“拨改贷”新方式，推动企业逐步建立自负盈亏的经营机制。

1985 年，国企改革在“两权分离”的原则下尝试承包经营责任制、租赁制、股份制、资产经营责任制等多种改革形式。

1986 年，国务院颁布《关于深化企业改革增强企业活力的若干规定》，推行多种形式的经营承包责任制，给经营者以充分的经营自主权，加快企业领导体制的改革。全面推行厂长（经理）负责制，并实施厂长任期目标责任制，政府及其他单位尽量减少对企业的检查等活动，企业逐步精简机构，减少脱产人员。进一步增强企业自我改造、自我发展的能力，1987 年，继续减免轻纺企业和其他进行重点技术改造的大中型企业的调节税，由此增加的留利必须用于企

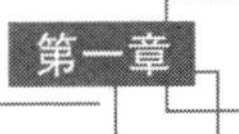

业发展生产。对工资、奖金分配制度做了市场化调整，降低奖金税税率等。减少对企业下达指令性计划。限期清理、撤销行政性公司。鼓励发展企业集团。工程建设企业加快改革，在全国范围推行企业承包经营责任制，同时也推行了租赁制、资产经营责任制、股份制等多种经营形式（企业制度）。

1987 年，党的十三大提出国有企业改革新思路，按照“所有权经营权分离”的原则，搞活全民所有制企业。同时，强调私营经济是公有制经济必要的、有益的补充，鼓励发展民营经济，民营企业开始应运而生。以经济建设为中心，让一部分人先富起来的政策，激发了大批工程建设者的创业激情。从此，工程建设行业的许多包工队开始走出本乡本土，开辟了“一把泥刀走天下”的创业之路，主要以个体户、家庭作坊、小微企业等形式呈现。

1988 年，《中华人民共和国宪法修正案》通过，国家允许私营经济在法律规定的范围内存在和发展，保护私营经济的合法权利和利益。国务院颁布《中华人民共和国私营企业暂行条例》，进一步规范经营承包制，将私营企业发展和管理首次纳入法制轨道。

1991 年，企业承包经营责任制进一步发展和完善。企业股份制也开始进行试点。

1992 年，党的十四大正式提出建立社会主义市场经济体制和国有企业建立现代企业制度的目标。以此为标志，国有企业改革不再限于经营权的调整，而是深入产权制度层面，以股份制改革为主要内容。国有企业改革，主要是砸烂“三铁”，就是打破职工不能辞退、干部不能降职、工资不能下浮的“铁饭碗”“铁交椅”“铁工资”，彻底打破了“大锅饭”。企业内部实行了计件工资制、绩效考核制、承包责任制等，真正体现了按劳分配、多劳多得。

二、第二阶段

1993—2001 **年，国有企业试行改制，民营企业蓬勃发展，现代企业制度雏形建立。**

1993 年，党的十四届三中全会明确提出，国有企业改革的方向是建立现代企业制度。这一概念的提出，吹响了我国建立现代企业制度的进军号。当时，对现代企业制度的描述是“产权清晰、权责明确、政企分开、管理科学”，要使企业成为自主经营、自负盈亏、自我发展、自我约束的法人实体和市场竞争主体。在社会主义市场经济体制框架下建立现代企业制度是国有企业改革实践具有划时代意义的重大突破，国企改革开始进入制度创新、配套改革的新阶段。同年，《中华人民共和国公司法》出台，为建立现代企业制度提供了法律基础。这是我国首部为了规范公司的组织和行为，保护公司、股东和债权人的合法权益，维护社会经济秩序，促进社会主义市场经济发展而制定的法律。

1994 年，为探索建立现代企业制度的有效途径，国务院决定选择 100 家国有大中型企业，按照《中华人民共和国公司法》进行现代企业制度试点工作，各省（自治区、直辖市）也在各自范围内共选择了 2343 家地方企业进行试点工作。本着“产权清晰、权责明确、政企分开、管理科学”的要求，这些试点企业在清产核资、明确企业法人财产权的基础上，逐步建立了国有资产出资人制度，建立了现代企业制度的领导体制和组织制度框架，初步形成了企业法

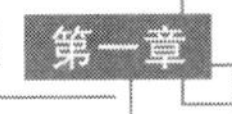

人治理结构。

1995年，党的十四届五中全会提出“抓大放小”的改革思路，即抓好大企业、放活小企业，核心是“放小”，即对小企业实行非国有化改制，集中力量办好少数关系到国民经济关键领域的企业，而将一般性的处在竞争领域的企业推向市场。

1997年，党的十五大明确提出“公有制为主体、多种所有制经济共同发展”的基本经济制度，明确“非公有制经济是我国社会主义市场经济的重要组成部分”，采取的办法是国有企业改制。原因有三个方面：第一，社会主义市场经济体制开始建立，企业如何与市场接轨都在探索之中，“小船掉头容易，大船掉头难”，许多国有企业包袱太重，难以适应；第二，国有企业的许多制度不科学不完善，造成动力不足、活力不足；第三，民营企业作为新事物，充满生机活力，与国有企业争市场、争项目、争资金、争人才，给国有企业带来很大冲击。这个时期，国有工程建设企业约有2/3处于亏损状态，按照中央提出的“抓大放小”方针，一大批国有企业进行了改制，有员工持股、民营企业参股、控股或收购等形式。

1998年，实施了“国有企业改革攻坚和扭亏脱困三年计划”，大多数国有大中型骨干企业初步建立现代企业制度。此时，大量国企经济效益逐年下滑，亏损企业占比快速上升，其中既有承包制改革的内在潜力已充分释放、难以适应日益白热化的市场竞争的内部原因，也受到了亚洲金融危机爆发等外部因素影响。三年攻坚脱困正好赶上全球化、城镇化、人口三大红利期，最终整体国有企业的经营效能得到显著提升，企业经营情况好转。同年，《中华人民共和国建筑法》实施，为加强建筑活动的监督管理、维护建筑市场秩序提供了法律保护。社会主义市场经济体制、基本经济制度及相关法律法规的逐步建立和完善，推动了整个国民经济的快速、健康发展，也为工程建设行业带来了全新的发展机遇和广阔的发展空间。工程建设企业所有制类型发生深刻变化，国有、集体、有限责任、股份制、联营、民营等类型的工程建设企业从弱到强，竞相发展。整个工程建设行业得到全面快速发展，工程建设企业经济效益进一步好转。

1999 年，党的十五届四中全会通过《中共中央关于国有企业改革和发展若干重大问题的决定》。党中央第一次以全会决定的形式对国有企业改革的目标、方针政策和主要措施作出全面部署，第一次系统阐述了现代企业制度的总体内涵。该决定指出，公司制是现代企业制度的有效组织形式，公司法人治理结构是公司制的核心，股东多元化有利于形成规范的公司法人治理结构，要积极发展多元投资主体公司。会议提出，国有大中型企业尤其是优势企业，宜于实行股份制的，要通过规范上市、中外合资和企业互相参股等形式，改为股份制企业，发展混合所有制经济，重要的企业由国家控股。

2001 年，国务院出台《关于深化国有企业内部人事、劳动、分配制度改革的意见》，明确提出了要取消国有企业行政级别，在管理人员中间推行聘任制和招聘制。这一时期政策的核心是推进国有企业建立以股份制为主体的现代企业制度，而随着系列改革政策的出台并深入实施，国企改革得以全面开展。意见主要内容为：建立管理人员竞聘上岗、能上能下的人事制度，建立职工择优录用、能进能出的用工制度，建立收入能增能减、有效激励的分配制度。

2001 年 11 月，中国加入 WTO（世界贸易组织），许多企业参与

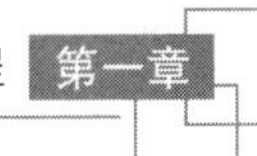

全球化竞争，为现代企业制度的建立进一步开阔了视野、拓展了思路。许多企业甚至开始模仿西方企业制度，实行股份制改革，不少工程建设企业所有制形式发生了大的变化。

三、第三阶段

2002—2015 年，**国有企业深化改革，民营企业快速发展，现代企业制度逐步完善。**

2002 年，党的十六大提出，必须毫不动摇地巩固和发展公有制经济，必须毫不动摇地鼓励、支持和引导非公有制经济发展。把国有企业改革作为深化经济体制改革的重要内容，明确提出从外部监管和内部治理入手推进改革。在外部监管方面，国家要制定法律法规，建立管资产与管人、管事相统一的国有资产管理体制，建立中央与地方分别履行出资人职责。在内部治理层面，要求国有大中型企业按照现代企业制度实行公司制改革、完善法人治理结构，同时在积极推进股份制改革进程中，创新所有制的实现形式。突破了政企不分、政资不分的体制樊篱，创立了出资人国有资产监管体制，实现了专业化、体系化、法治化监管。党的十六大报告指出，除极少数必须由国家独资经营的企业外，积极推行股份制，发展混合所有制经济。实行投资主体多元化，重要的企业由国家控股。按照现代企业制度的要求，国有大中型企业继续实行规范的公司制改革，健全统一、开放、竞争、有序的现代市场体系，推进资本市场的改革开放和稳定发展，加强金融监管，防范和化解金融风险，使金融更好地为经济社会发展服务。此时，现代企业制度建设、结构调整取得明显进展，大中型企业以股权多元化、中小型企业以民营化为特征的产权制度改革已全面展开。改制过程中一些民营企业参股、控股、完全收购国有企业，彻底改变了原有国有企业的体制和机制。产业结构进一步优化，集中度不断提高，工程总承包、施工总承包、专业化承包、劳务分包的企业组织结构逐步形成，各类企业之间的市场化联系纽带基本形成。工程建设企业参与全球化竞争，一大批国有工程建设企业逐步改造为有限责任公司为主体的现代公司体制，完成了从“全民所有制企业”向“公司制企业”的转变，彻底打破了“大锅饭”现状。

2003 年，国务院国有资产监督管理委员会（国资委）挂牌成立，各省、市（地）两级地方政府也相继组建了地方国有资产监督管理委员会。国资委的成立，主要是为了克服国家在国有企业股份制改革过程中“政资不分”、“所有者”缺位的缺陷，由新成立的国资委代表国家履行出资人职责，即国有企业的所有者身份。同时，国资委还要承担监督国有资产管理的职责，防止国有资产流失。国资委的成立是我国经济体制改革的重要里程碑，也由此拉开了国有企业全面改制的序幕。改制的主要内容是实行公司制改造，也就是说，将企业改成股份有限公司和有限责任公司，目的是推行股份制，按照现代企业制度的要求完善法人治理结构。

国资委在国有企业改革、国有资本重组方面主要做三方面的工作：一是以国有大型企业股份制改革、国有独资公司建立和完善董事会试点为重点，建立现代企业制度，完善公司法人治理结构；二是以国有资本调整和推进企业重组为主线，促进国有经济布局结构调整，推进具有国际竞争力的大公司大企业集团的形成和发展；三是以建立现代产权制度为核心，规范国有企业改制，防止国有资产流失。

同年，党的十六届三中全会通过了《中共中央关于完善社会主义市场经济体制若干问题的决定》，对健全国有资产管理和监督体制、完善公司法人治理结构作出了详细部署，一方面主张将政府管理职能和国有资产出资人职能分开，强调管理机构要履行监管职能；另一方面规范国有及控股公司股东会、董事会、监事会和经营管理者之间的权责关系，完善国有企业领导人员的聘任制度。面对国内许多大中型企业国有股“一股独大”的状况仍然没有根本改变的情况，党的十六届三中全会第一次提出要大力发展混合所有制经济，实现投资主体多元化，使股份制成为公有制的主要实现形式，不需要国有资本控股的，国有企业可以完全退出。

2007 年，党的十七大提出“平等保护物权，形成各种所有制经济平等竞争、相互促进新格局”“推进公平准入，破除体制障碍，促进个体、私营经济发展”，为现代企业制度建立进一步注入了生机活力，也彰显了党和国家毫不动摇地巩固和发展公有制经济，毫不动摇鼓励、支持和引导非公有制经济发展的决心。至此，党和国家关于促进民营经济发展的方针政策和法律法规体系也已基本形成。

与此同时，中央企业和大批的国有企业与政府脱钩，全面走向市场，按照现代企业制度的要求并轨。中国建筑、中国中铁、中国铁建、中国交建都在这个时期完成整体重组改制。

2008 年，受金融危机影响，国内需求萎靡，人民币汇率快速升值，受到金融危机冲击的民营企业，特别是外向型民营企业经营举步维艰，大量靠外贸加工发家的劳动密集型民营企业倒闭，民营企业家跑路事件频繁发生。民营企业开始寻求转型升级，通过增加研发投入、增强自主创新能力等方式，从劳动密集型向技术密集型转变，提高市场竞争力。在这个过程中，中国的民营经济“痛并成长着”，从小小幼苗成长为参天大树，与公有制经济共同成长。

2012 年，党的十八大明确提出，深化国有企业改革，完善各类国有资产管理体制。要深化国有企业公司制股份制改革，健全现代企业制度，优化国有经济布局和结构，增强国有经济活力、控制力、影响力。要深化垄断行业改革，引入竞争机制，加强政府监管和社会监督。

2013 年，党的十八届三中全会发布《关于全面深化改革若干重大问题的决定》，是新一轮企业改革的纲领性文件，现代企业制度建设范围得到进一步扩大，既推动企业完善现代企业制度，同时也鼓励有条件的民营企业建立现代企业制度。以健全内部治理与外部监管制度为主的国企改革进入全面深化阶段。会议明确提出，国有企业以规范经营决策、资产保值增值、公平参与竞争、提高企业效率、增强企业活力、承担社会责任为重点，进一步深化改革；鼓励非公有制企业参与国有企业改革，鼓励发展非公有资本控股的混合所有制企业，鼓励有条件的私营企业建立现代企业制度。这标志着企业改革进入了新时代、新阶段、新征程。

2015 年，中共中央、国务院《关于深化国有企业改革的指导意见》明确提出推进公司制股份制改革，健全公司法人治理结构，建立国有企业领导人员分类分层管理制度，实行与社会主义市场经济相适应的企业薪酬分配制度和深化企业内部用人制度改革，推动企业完善现代企业制度。

推进公司制股份制改革。加大集团层面公司制改革力度，积极引入各类投资者实现股权多元化，大力推动国有企业改制上市，创造条件实现集团公司整体上市。根据不同企业的功能定位，逐步调整国有股权比例，形成股权结构多元、股东行为规范、内部约束有效、运行高效灵活的经营机制。允许将部分国有资本转化为优先股，在少数特定领域探索建立国家特殊管理股制度。

健全公司法人治理结构。重点是推进董事会建设，建立健全权责对等、运转协调、有效制衡的决策执行监督机制，规范董事长、总经理行权行为，充分发挥董事会的决策作用、监事会的监督作用、经理层的经营管理作用、党组织的政治核心作用，切实解决一些企业董事会形同虚设、“一把手”说了算的问题，实现规范的公司治理。要切实落实和维护董事会依法行使重大决策、选人用人、薪酬分配等权利，保障经理层经营自主权依法授权，任何政府部门和机构不得干预。加强董事会内部的制衡约束，国有独资、全资公司的董事会和监事会均应有职工代表，董事会外部董事应占多数，落实一人一票表决制度，董事对董事会决议承担责任。改进董事会和董事评价办法，强化对董事的考核评价和管理，对重大决策失误负有直接责任的要及时调整或解聘，并依法追究责任，进一步加强外部董事队伍建设，拓宽来源渠道。

建立国有企业领导人员分类分层管理制度。坚持党管干部原则与董事会依法产生、董事会依法选择经营管理者、经营管理者依法行使用人权相结合，不断创新有效实现形式。上级党组织和国有资产监管机构按照管理权限加强对国有企业领导人员的管理，广开推荐渠道，依规考察提名，严格履行选用程序。根据不同企业类别和层级，实行选任制、委任制、聘任制等不同选人用人方式。推行职业经理人制度，实行内部培养和外部引进相结合，畅通现有经营管理者与职业经理人身份转换通道，董事会按市场化方式选聘和管理职业经理人，合理增加市场化选聘比例，加快建立退出机制。推行企业经理层成员任期制和契约化管理，明确责任、权利、义务，严格任期管理和目标考核。

实行与社会主义市场经济相适应的企业薪酬分配制度。企业内部的薪酬分配权是企业的法定权利，由企业依法依规自主决定，完善既有激励又有约束、既讲效率又讲公平、既符合企业一般规律又体现国有企业特点的分配机制。建立健全与劳动力市场基本适应、与企业经济效益和劳动生产率挂钩的工资决定和正常增长机制。推进全员绩效考核，以业绩为导向，科学评价不同岗位员工的贡献，合理拉开收入分配差距，切实做到收入能增能减和奖惩分明，充分调动广大职工积极性。对国有企业领导人员实行与选任方式相匹配、与企业功能性质相适应、与经营业绩相挂钩的差异化薪酬分配办法。对党中央、国务院和地方党委、政府及其部门任命的国有企业领导人员，合理确定基本年薪、绩效年薪和任期激励收入。对市场化选聘的职业经理人实行市场化薪酬分配机制，可以采取多种方式探索完善中长期激励机制。健全与激励机制相对称的经济责任审计、信息披露、延期支付、追索扣回等约束机制。严格规范履职待遇、业务支出，严禁将公款用于个人支出。

深化企业内部用人制度改革。建立健全企业各类管理人员公开招聘、竞争上岗等制度，对特殊管理人员可以通过委托人才中介机构推荐等方式，拓宽选人用人视野和渠道。建立分级分类的企业员

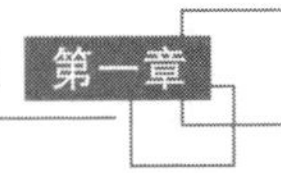

工市场化公开招聘制度，切实做到信息公开、过程公开、结果公开。构建和谐劳动关系，依法规范企业各类用工管理，建立健全以合同管理为核心、以岗位管理为基础的市场化用工制度，真正形成企业各类管理人员能上能下、员工能进能出的合理流动机制。

四、第四阶段

2016 年**至今，建立并完善中国特色现代企业制度，推动企业高质量发展，加快建设世界一流企业。**

2016 年，习近平总书记在全国国有企业党的建设工作会议中，首次创造性地提出了“建设中国特色现代国有企业制度”，对中国特色现代企业制度“特”在何处、有什么要求，进行了明确系统的阐述，为我们建设中国特色现代企业制度指明了方向，明确了目标。工程建设企业落实党中央的制度规定，在微观制度层面就是要落实“把党建工作要求写入公司章程”，体制层面上就是要落实党委（党组）与其他治理主体在成员上“双向进入、交叉任职”、党委（党组）书记董事长“一肩挑”；机制层面上就是要建立起以党委（党组）前置研究讨论为根本要求的议事决策机制和以党建工作责任制为主体的党建工作机制，从而形成制度体制机制完备的国有企业党建制度体系。

2017 年，党的十九大指出“要完善各类国有资产管理体制，改革国有资本授权经营体制，加快国有经济布局优化、结构调整、战略性重组，促进国有资产保值增值，推动国有资本做强做优做大，有效防止国有资产流失”。把国有企业做强，就是要推动国有企业竞争力、创新力、控制力、影响力和抗风险能力显著增强，让国有企业成为市场竞争的领跑者。把国有企业做优，就是要推动国有经济布局优化和结构调整，让国有企业成为经营管理的佼佼者。把国有企业做大，就是要壮大国有企业规模和实力，让国有企业成为行业发展的主力军。

2018 年，习近平总书记在民营企业座谈会上的讲话高度肯定了民营企业发展成就，概括了民营经济“五六七八九”的特征，即贡献了 50%以上的税收，60%以上的国内生产总值，70%以上的技术创新成果，80%以上的城镇劳动就业，90%以上的企业数量。针对一段时间以来社会上一些否定、怀疑民营经济的言论，比如，所谓的“民营经济离场论”“新公私合营论”等，再次强调，非公有制经济在我国经济社会发展中的地位和作用没有变，毫不动摇鼓励、支持、引导非公有制经济发展的方针政策没有变，致力于为非公有制经济发展营造良好环境和提供更多机会的方针政策没有变。

2019 年，党的十九届四中全会提出“深化国有企业改革，完善中国特色现代企业制度，强调党对国有企业的领导，中国特色现代企业制度的建立进入巩固和深化阶段”。完善中国特色现代企业制度这一表述与以往的表述相比：少了“国有”两个字，涵盖了包括国有企业在内的所有企业；由“建立”变为“完善”，这意味着中国特色现代企业制度完成初步建立，已进入完善、巩固和深化阶段。会议强调党对国有企业的领导，坚持党对国有企业的领导是重大政治原则，必须一以贯之，建立现代企业制度是国有企业改革的方向，也必须一以贯之。完善中国特色现代企业制度，关键是要抓住党的领导与公司治理相结合这个关键，通过强化制度建设，使党的领导

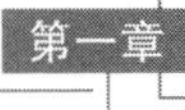

与公司治理高度统一、有机融合，主要体现在：国有企业党委（党组）发挥领导作用，把方向、管大局、保落实，依照规定讨论和决定企业重大事项，国有企业和集体企业中党的基层组织，围绕企业生产经营开展工作。保证监督党和国家的方针、政策在本企业的贯彻执行；支持股东会、董事会、监事会和经理（厂长）依法行使职权；全心全意依靠职工群众，支持职工代表大会开展工作；参与企业重大问题的决策；加强党组织的自身建设，领导思想政治工作、精神文明建设、统一战线工作和工会、共青团、妇女组织等群团组织。

2020 年，中央全面深化改革委员会第十四次会议审议通过了《国企改革三年行动方案（2020—2022 年）》，现代企业制度建设、国企混改、重组整合、国资监管体制改革等方面都进入快速推进、实质进展的新阶段。行动方案的实施，意味着国企改革的目标、时间表、路线图进一步明晰，旨在实现国企改革从规模到质量的跨越。

《国企改革三年行动方案（2020—2022 年）》主要聚焦八个方面的重点任务：一是要完善中国特色现代企业制度，坚持“两个一以贯之”，形成科学有效的公司治理机制；二是推进国有资本布局优化和结构调整，聚焦主责主业，发展实体经济，推动高质量发展，提升国有资本配置效率；三是积极稳妥推进混合所有制改革，促进各类所有制企业取长补短、共同发展；四是要激发国有企业的活力，健全市场化经营机制，加大正向激励力度，也由此提高效率；五是形成以管资本为主的国有资产监管体制，着力从监管理念、监管重点、监管方式、监管导向等多方位实现转变，进一步提高国资监管的系统性、针对性、有效性；六是推动国有企业公平参与市场竞争，强化国有企业的市场主体地位，营造公开、公平、公正的市场环境；七是推动一系列国企改革专项行动落实落地；八是加强国有企业党的领导党的建设，推动党建工作与企业的生产经营深度融合。

《国企改革三年行动方案（2020—2022年）》主要行动部署：一是突出抓好中国特色现代企业制度建设。中央企业党委（党组）要把方向、管大局、保落实，结合不同层级、不同类型企业实际制定党委（党组）前置研究讨论重大经营管理事项清单，厘清各治理主体权责边界；董事会要定战略、作决策、防风险，全面依法落实董事会各项法定权利；经理层要谋经营、抓落实、强管理，全面建立董事会向经理层授权的管理制度，充分发挥经理层经营管理作用。开展对标世界一流企业管理提升行动，推进管理流程再造，优化资源配置。二是突出抓好国有经济布局优化和结构调整。三是突出抓好深化混合所有制改革。四是突出抓好健全市场化经营机制。五是加快形成以管资本为主的国有资产监管体制。突出抓好“双百行动”“区域性综改试验”“科改示范行动”“世界一流企业创建”等专项工程。六是突出抓好党的领导和党的建设。

2021年，《中华人民共和国公司法（修订草案）》公布。新的公司法为中国特色现代企业制度的建立提供了重要的法律支撑，修改完善了公司的设立、退出制度，加强了公司社会责任等七个方面，对现行公司法律制度存在一些与改革和发展不适应、不协调的问题，以及公司监督制衡、责任追究机制不完善，对中小投资者和债权人保护欠缺等问题，有针对性地进行了修订和加强。

2022年，党的二十大报告提出“中国式现代化”，反映到企业，就是使中国特色现代企业制度更加完善。中国特色现代企业制度

“特”就特在把党的领导融入公司治理，“现代”主要体现在公司治理上。改革的重点是进一步厘清党组织、董事会、经理层之间的权责边界，形成权责法定、权责透明、协调运转、有效制衡的治理机制。党的二十大报告指出，“完善中国特色现代企业制度，弘扬企业家精神，加快建设世界一流企业”，进一步深化了我们对中国特色现代企业制度建立的新认识、新境界，就是要将制度建设与思想建设、人的培养融为一体，最终实现建设世界一流企业的目标。

2023 年 1 月，国务院国资委召开的中央企业负责人会议和地方国资负责人会议明确新时代新征程做好国资国企工作，提出更加注重持续深化改革，完善中国特色现代企业制度，必须牢牢把握“一个目标”，突出“四个更加注重”。

“一个目标”即坚定不移做强做优做大国有资本和国有企业，提升企业核心竞争力、增强核心功能，着力建设现代新国企。遵循市场经济规律和企业发展规律，突出主责主业、聚焦核心功能，切实提升企业科技创新能力，打造卓越的产品、服务和品牌，以更大力度打造“专精特新”企业，支持具备条件的国有企业加快建设世界一流企业。

“四个更加注重”是指：更加注重高质量发展，加快转变企业发展方式，深入推进布局优化和结构调整，统筹发展和安全；更加注重持续深化改革，完善中国特色现代企业制度，健全市场化经营机制，健全以管资本为主的国资监管体制；更加注重科技创新，强化关键核心技术攻关、原创技术供给和科技、人才一体推进，助推科技自立自强；更加注重党建引领，旗帜鲜明讲政治，切实提升企业党建质量，推进企业党建与生产经营深度融合，以高质量党建引领保障企业高质量发展。

会议同时明确2023年国资国企工作需要聚焦七大方面。一是推动国有企业提质增效稳增长，发挥带动作用，服务国家发展；二是推进国有资本布局优化和结构调整，深入推进战略性重组和专业化整合；三是加大国企科技创新工作力度，突出企业科技创新主体地位，加快原创技术策源地建设；四是加快推动现代化产业体系建设，积极承担现代产业链链长建设；五是抓好新一轮国企改革深化提升行动，深化完善中国特色国有企业现代公司治理；六是增强国有资产监管效能，不断巩固完善业务监督、综合监督、责任追究“三位一体”监督工作体系；七是坚决有力抓好风险防范化解工作，牢牢守住不发生重大风险的底线。

2023年2月，全国财政会议提出，要继续抓实化解地方政府隐性债务风险。要加强地方政府融资平台公司治理。从解决基础性问题入手，对融资平台公司进行有效治理，防范地方国有企事业单位“平台化”。逐步剥离政府融资功能，聚焦主业发展，建立现代企业制度，规范法人治理结构，形成政府和企业界限清晰、责任明确、风险可控的良性机制。

2023年3月，政府工作报告重申深化国资国企改革，提高国企核心竞争力。处理好国企经济责任和社会责任关系，完善中国特色国有企业现代公司治理。

近十年，公司制改制全面完成。从法律上、制度上进一步厘清政府与企业的职责边界，企业独立市场主体地位从根本上得到确立。党的领导与公司治理有机统一，国有企业全面完成“党建入章”。中国特色现代企业制度逐步成熟定型。

新一轮国企改革深化提升是落实党的二十大关于深化国企改革战略部署的重要举措，强调国资央企要用好提高企业核心竞争力和增强核心功能“两个途径”。提高核心竞争力要聚焦提升创新能力和价值创造能力，紧紧扭住科技、效率、人才、品牌四个要素，主动对标世界一流企业。增强核心功能要把核心功能体现在增强国有经济主导作用和战略支撑作用上，体现在更好履行战略安全、产业引领、国计民生、公共服务等功能上，实现经济属性、政治属性和社会属性的有机统一。

完善中国特色国有企业现代公司治理是党和政府推动国有企业改革的重要内容之一，在上一轮改革行动的基础上，本轮改革深化提升的工作重点将进一步聚焦以下方面：一是把党的领导贯穿到公司治理全过程；二是加强外部董事队伍建设，提升外部董事专业性；三是完善外部董事评价和激励约束机制；四是规范完善集团向子企业董事会授权机制，规范落实董事会向经理层授权制度。未来三年随着国企改革深化提升行动的持续推进，中国特色国有企业现代公司治理将在实践中步入新的发展历程。

通过回顾我们可以看到，企业的改革、制度的建立，是一个不断探索、不断实践、不断完善的过程。最根本的就是要坚持党的领导，贯彻党的路线方针政策，把握好改革的正确方向；最重要的是坚持问题导向，破除一切制约生产发展、效率提高和人的积极性发挥的桎梏，激发企业的动力和活力；最关键的是要融入市场、适应市场、占有市场，在构建新发展格局中还要扩大市场。

第二章

中国特色现代企业制度政策体系

2016年10月10日，在全国国有企业党的建设工作会议上，习近平总书记首次提出了“中国特色现代国有企业制度”，并要求坚持党对国有企业的领导是重大政治原则，必须一以贯之；建立现代企业制度是国有企业改革的方向，也必须一以贯之。中国特色现代国有企业制度是指以中国特色社会主义理论体系为指导，以建设具有全球竞争力的现代化经济体系为目标，通过改革创新推进国有企业现代化管理和治理的制度体系。中国特色现代国有企业制度的基本特点是：坚持党的领导，强化企业法人治理，推进市场化改革和国际化发展，强化资本市场功能，加强企业社会责任和文化建设，提高企业核心竞争力。

打造一批发展方式新、公司治理新、经营机制新、布局结构新的现代新国企，关键在于“公司治理新”，按照《中华人民共和国公司法》规定，现代企业公司治理由股东（大）会、董事会、监事会、经理层组成（见图2-1），其中股东大会由公司股东组成，所体现的是所有者对公司的最终所有权；董事会由公司股东大会选举产生，对公司的发展目标和重大经营活动作出决策，维护出资人的权益；监事会是公司的监督机构，对公司的股东、董事、财务、经营者的行为发挥监督作用；经理层由董事会聘任，是公司的经营者、执行者。

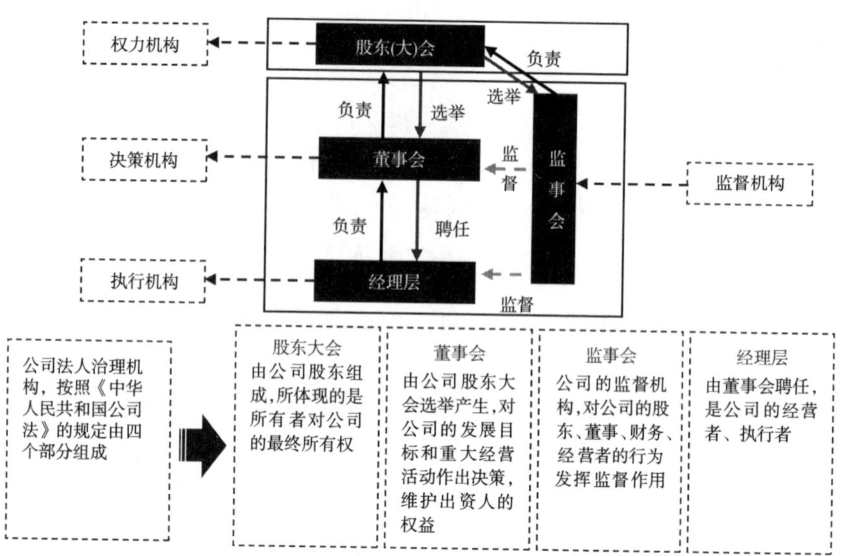

图 2-1 现代企业“三会一层”公司治理结构图

中国特色现代国有企业制度，“特”就特在把党的领导融入公司治理各环节，把企业党组织内嵌到公司治理结构之中（见图 2-2），建立权责法定、权责透明、协调运转、有效制衡的公司治理机制，明确和落实党组织在公司法人治理结构中的法定地位，做到组织落实、干部到位、职责明确、监督严格。

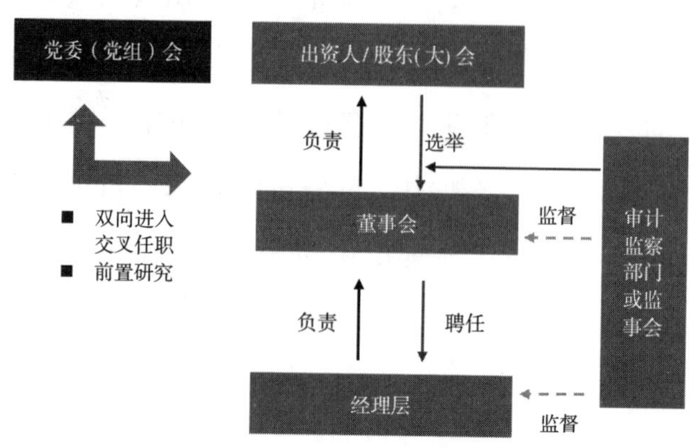

图 2-2 “四会一层”公司治理结构图

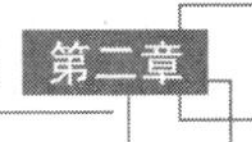

多年来，在中组部和国务院国资委党委的指导下，中央企业和地方国有企业坚决贯彻落实、积极实践探索，中国特色现代企业制度更加成熟更加定型，初步形成了企业管理的“中国模式”。

国有企业不断加强中国特色现代企业制度建设，健全完善法人治理结构，有效提升了企业治理能力水平，为推进经济社会发展、提升综合国力水平作出了重大贡献。

一、公司治理政策体系框架

本书通过对国家对国有企业公司治理相关政策的梳理研究，总结归纳出中国特色现代企业制度建设“1+4”的公司治理体系模型（见图 2-3），即“一个基础+四根支柱”。

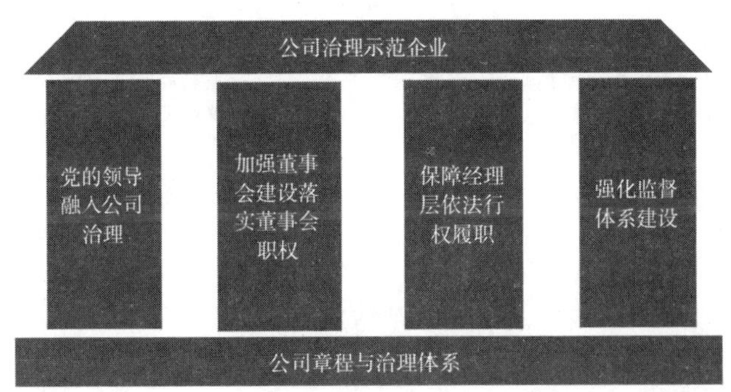

图 2-3　中国特色现代企业制度“1+4”公司治理体系模型

“一个基础”指健全以公司章程为基础的内部制度体系，“四根支柱”即把党的领导融入公司治理各环节、加强董事会建设落实董事会职权、保障经理层依法行权履职、强化监督体系建设等四项具体规定要求。

公司章程是企业内部的根本法，在公司治理制度体系中是管总的、管根本的、管长远的。一方面，发挥公司章程的统领和约束作用，治理的各项制度、规则、办法要遵循符合公司章程的约定与要求；另一方面，公司治理实践过程提出的新要求，以及制度、规则、办法的修订、调整或补充，应当适时体现到公司章程的修订上来。在公司章程的统筹引领下，按照系统、完备、一体的要求，梳理优化治理各项制度的层级、作用、类别，建设形成公司章程、基本制度、专项制度、管理办法、实施细则为主要内容的制度图谱，夯实国有企业现代公司治理的制度基础。

（一）把党的领导融入公司治理各环节

把党的领导融入公司治理各环节涉及三个融合，即制度融合、人事融合、程序融合（见图 2–4）。

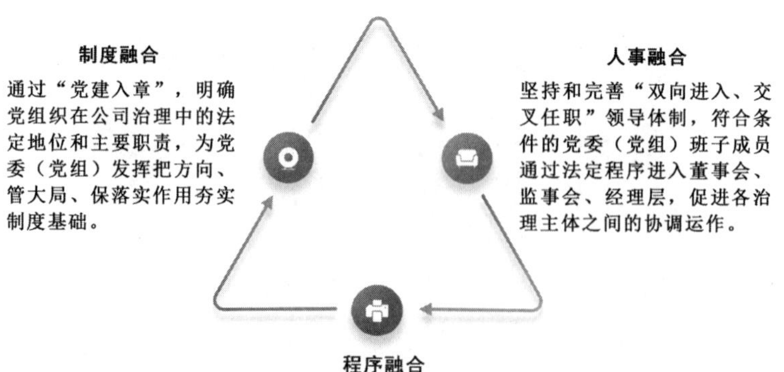
制度融合
通过“党建入章”，明确党组织在公司治理中的法定地位和主要职责，为党委（党组）发挥把方向、管大局、保落实作用夯实制度基础。
人事融合
坚持和完善“双向进入、交叉任职”领导体制，符合条件的党委（党组）班子成员通过法定程序进入董事会、监事会、经理层，促进各治理主体之间的协调运作。
程序融合
修订完善“三重一大”决策制度，明确党委（党组）前置讨论研究是董事会、经理层（未设董事会）决策重大问题的前置程序，使党委（党组）领导得到充分保障。

图 2–4　“三个融合”：把党的领导融入公司治理各环节

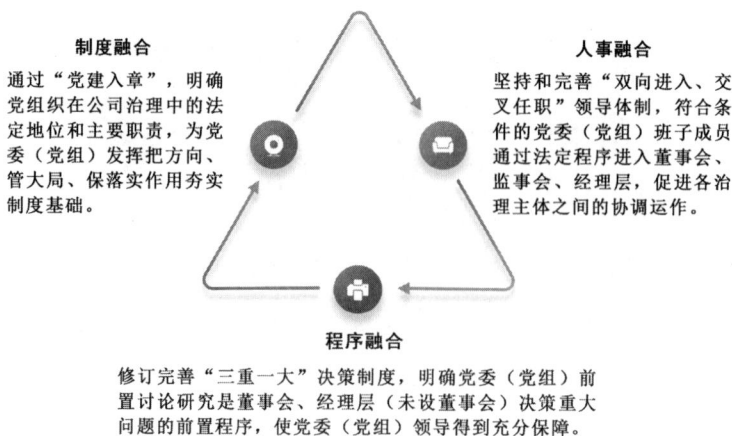

1. 制度融合

通过“党建入章”，明确党组织在公司治理中的法定地位和主要职责，为党委（党组）发挥把方向、管大局、保落实作用夯实制度

基础。2017 年中共中央组织部和国务院国资委党委印发《关于扎实推动国有企业党建工作要求写入公司章程的通知》（组通字〔2017〕11 号），要求公司章程写明党组织的设置形式、地位作用、职责权限，写明党务工作机构及人员配备、党建工作经费保障等内容和要求。另外根据《中国共产党国有企业基层组织工作条例（试行）》要求，国有企业应当将党建工作要求写入公司章程，写明党组织的职责权限、机构设置、运行机制、基础保障等重要事项，明确党组织研究讨论是董事会、经理层决策重大问题的前置程序，落实党组织在公司治理结构中的法定地位。

2. 人事融合

坚持和完善“双向进入、交叉任职”领导体制，符合条件的党委（党组）班子成员通过法定程序进入董事会、监事会、经理层，促进各治理主体之间的协调运作。结合企业实际操作，人事融合一般呈现四种模式：一是党委（党组）书记、董事长由一人担任，党员总经理担任副书记。二是确因工作需要由上级企业领导人员兼任董事长（或专职董事长）的，根据企业实际，可以由党员总经理担任党委书记，也可以单配党委书记。这种情况下，上级企业要指导下级企业完善议事决策机制，发挥党委在重大事项决策上的把关作用。三是不设董事会只设执行董事的独立法人企业，党委书记和执行董事一般由一人担任。四是分公司探索模拟董事长兼党委书记。

3. 程序融合

修订完善“三重一大”决策制度，明确党委（党组）前置讨论研究是董事会、经理层（未设董事会）决策重大问题的前置程序，使党委（党组）领导得到充分保障。企业在落实“党组织先议董事会后决”的决策机制时，需明确前置研究讨论事项判断清单标准、前置研究讨论事项范围、前置研究讨论的界面。

在前置研究讨论事项判断标准方面，党组织前置研究讨论重大事项，主要看决策事项是否满足四个条件：一是是否符合党的路线方针政策，二是是否契合党和国家的战略部署，三是是否有利于提高企业效益、增强企业竞争实力、实现国有资产保值增值，四是是否有利于维护社会公众利益和职工群众合法权益。

在前置研究讨论事项范围方面，党组织前置研究讨论的事项包括：一是贯彻党中央决策部署和落实国家发展战略的重大举措；二是企业发展战略、中长期发展规划，重要改革方案；三是企业资产重组、产权转让、资本运作和大额投资中的原则性方向性问题；四是企业组织架构设置和调整，重要规章制度的制定和修改；五是涉及企业安全生产、维护稳定、职工权益、社会责任等方面的重大事项；六是其他应当由党委（党组）研究讨论的重要事项。

在前置研究讨论的界面方面，党组织前置研究讨论应准确把握四个界面：一是前置研究讨论不等同于前置决定，并非最终决策，党委（党组）研究讨论通过的事情，在董事会、股东大会上并不必须通过；二是前置就是把关，进入董事会的党组织领导班子成员必须落实党组织决定，一般的经营管理事项不需要提交党委（党组）前置讨论；三是党委（党组）前置研究讨论明确不同意的重大经营管理事项，不再提交董事会、经理层决定；四是修改后的重大经营事项仍要前置研究讨论。

（二）加强董事会建设落实董事会职权

加强董事会建设落实董事会职权涉及规范机构设置，完善运行机制（见图2-5）。

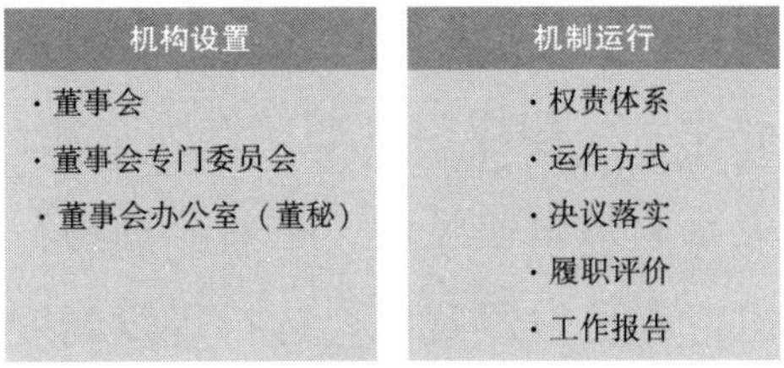

机构设置	机制运行
·董事会	·权责体系
·董事会专门委员会	·运作方式
·董事会办公室（董秘）	·决议落实
	·履职评价
	·工作报告

图2-5　董事会建设的核心内容

1. 董事会机构设置涉及决策机构、辅助机构和办事机构的配置

决策结构为董事会，要实现董事会配齐配强，需明确董事会规模，配齐董事会人员，科学配置人员数量；需促进专业结构多元化、从业经验多样化，科学配置专业能力；需确保外部董事占多数，双向进入、交叉任职，科学设置身份结构。

辅助机构为董事会专门委员会，董事会专门委员会作为董事会下设专门机构，对董事会负责，为董事会决策提供咨询和建议。其中战略与投资委员会为一级集团独资必设的机构，需符合外部董事占多数的要求；提名委员会可结合企业实际按需设置，需符合外部董事占多数的要求；薪酬与考核委员会是一级集团独资必设机构，所有成员均为外部董事；审计与风险委员会为一级集团独资和上市公司必设机构，所有成员均为外部董事；科技创新委员会为鼓励科技型企业设置的机构，未明确成员身份要求；其他委员会可结合企业实际按需设置，未明确成员身份要求；所有专门委员会的成员均由3~5人构成。

办事机构方面，公司董事会下设董事会办公室作为董事会的办事机构，由董事会秘书负责领导，董事会办公室应当配置专职工作人员。董事会办公室的主要工作职责为：负责公司治理研究和相关实务，筹备董事会和专门委员会相关会议，为董事会运行提供必要的支持和服务，指导子企业董事会建设工作等。由独资和上市公司设置一名董事会秘书，一般应为专职，作为企业高管，具备财务、管理、法律等相关专业知识或经验，主要职责为：组织开展公司治理研究，协助公司董事长拟定董事会运行规章制度；组织落实公司治理有关制度，管理相关事务；组织筹备董事会相关工作会议，准备相关材料；负责与董事保持联络，组织向董事提供信息和材料；跟踪了解董事会决议落实执行情况，进行工作报告；负责董事会与股东的日常联络等。

2. 董事会机构运行涉及明确规范董事会权责体系、运作方式、决议落实、履职评价、工作报告

董事会是企业经营决策主体，负责定战略、作决策、防风险。定战略方面，董事会应当建立健全企业战略规划研究、编制、实施、评估的闭环管理体系。作决策方面，董事会依照法定程序和公司章程决策企业重大经营管理事项，比如，企业经营计划、重大投融资事项、年度财务预决算、重要改革方案等，并督导经理层高效执行。防风险方面，董事会应当推动完善企业的风险管理体系、内部控制体系、合规管理体系和违规经营投资责任追究工作体系，有效识别研判、推动防范化解重大风险。董事会审议重大经营管理事项，重点研判其合法合规性、与出资人要求的一致性、与企业发展战略的契合性、风险与收益的综合平衡性等。

（三）保障经理层依法行权履职

董事会授权经理层决定部分事项或行使部分职权，是提升企业自主经营能力、提高决策效率的有效方式。全面建立董事会向经理

层授权的管理制度落实中，董事会授权需明确授权责任；科学确定授权范围，明确额度范围，保留必要权利，集体研究决策；加强授权管理，总经理应当定期向董事会报告授权情况；强化工作监督，健全授权跟踪报告，督查授权后管理机制。董事会向经理层授权需重点关注授权对象、授权内容、授权方式等（见图 2-6）。

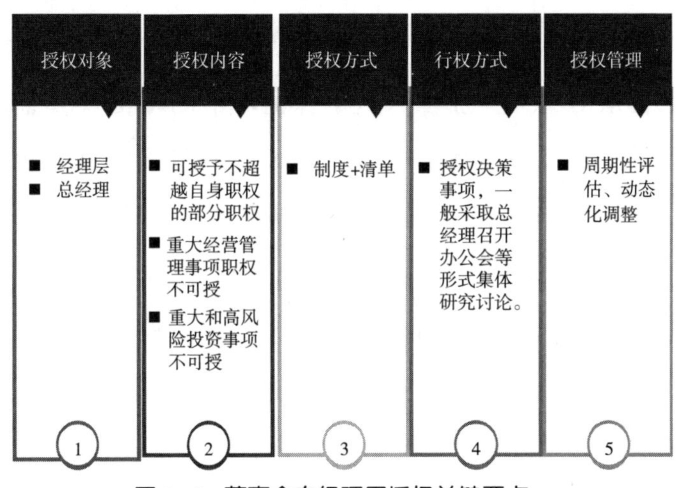

图 2-6 董事会向经理层授权关键要点

董事会授权对象为经理层或总经理。授权内容方面，可授予不超越自身职权的部分职权，重大经营管理事项职权不可授，重大和高风险投资事项不可授，通常以“制度+清单”的方式进行授权。在行权方式方面，授权决策事项，一般采取总经理召开办公会等形式集体研究讨论，授权后要形成周期性评估、动态化调整实施授权管理。

董事会向经理层授权的基本原则为授权异于放权，授权不前置、前置不授权，授权不授责。

（四）强化监督体系建设

强化监督体系建设包括制定信息公开工作制度和健全责任追究制度。在信息公开工作制度方面，2017 年公布的《关于推进中央企业信息公开的指导意见》提出，到 2020 年，中央企业信息公开制度体系和工作体制机制基本健全，信息公开工作流程规范有序，制度化、标准化、信息化水平明显提升，自觉接受社会监督意识普遍增强，社会公众对中央企业国有资本保值增值的知情权、监督权得到保障。在健全责任追究制度方面，2016 年公布《中央企业违规经营投资责任追究实施办法（试行）》，明确了中央企业经营管理有关人员违反规定，未履行或未正确履行职责致使在“集团管控，风险管理，购销管理，工程承包建设，资金管理，转让产权、上市公司股权、资产，固定资产投资，投资并购，改组改制，境外经营投资”等情形中，造成国有资产损失或产生不良后果的，应当追究相应责任。

二、公司治理政策发展历程

国务院国资委等就中央企业及国有企业的公司治理发布了系列指导性意见和办法，本书将 2004 年以来与公司治理直接相关或相关性比较大的文件进行收集与梳理，旨在了解国有企业公司治理演变过程，掌握最新要求，为工程建设企业中国特色现代企业制度探索提供政策指引。以下分别从政策的发展历程、演变历程、核心内容以及最新要求四个部分展开描述。

（一）发展历程

详见表 2-1。

表 2-1　公司治理政策发展历程时间表

序号	时间	政策文件
1	2004 年	《关于国有独资公司董事会建设的指导意见（试行）》（国资发改革〔2004〕229 号）
2	2009 年	《董事会试点中央企业董事会规范运作暂行办法》（国资发改革〔2009〕45 号）
3	2009 年	《董事会试点中央企业外部董事履职行为规范》（国资发干一〔2009〕50 号）
4	2009 年	《董事会试点中央企业董事报酬及待遇管理暂行办法》（国资发分配〔2009〕126 号）
5	2010 年	《关于进一步推进国有企业贯彻落实"三重一大"决策制度的意见》（中办发〔2010〕17 号）
6	2016 年	《关于推进中央企业信息公开的指导意见》（国资发〔2016〕315 号）
7	2017 年	《关于扎实推动国有企业党建工作要求写入公司章程的通知》（组通字〔2017〕11 号）
8	2017 年	《国务院办公厅关于进一步完善国有企业法人治理结构的指导意见》（国办发〔2017〕36 号）
9	2020 年	《国有企业公司章程制定管理办法》（国资发改革规〔2020〕86 号）
10	2021 年	《中央企业董事会工作规则（试行）》
11	2023 年	《中华人民共和国公司法》

2004 年发布《关于国有独资公司董事会建设的指导意见（试行）》（国资发改革〔2004〕229 号），对国有独资企业的董事会职责义务、董事会的组成、专门委员会组成、董事及外部董事的权责利做了简单说明。

2009年印发《董事会试点中央企业董事会规范运作暂行办法》（国资发改革〔2009〕45号），共十三章一百四十一条。明确国务院国资委主要职责，更新董事会及其专门委员会的组成要求，细化更新董事会、董事会专门委员会、董事、董事长以及总经理的主要职责，对董事会秘书和董事会办事机构、董事会及其专门委员会会议召开、董事会与国务院国资委的沟通协调机制、董事会运作的支持与服务等均做了详细介绍。

2009年印发《董事会试点中央企业外部董事履职行为规范》（国资发干一〔2009〕50号），为试点央企的外部董事提供履职规范清单，包括七条内容：遵规守法，诚实信用；代表股东，尽职尽责；按章办事，正确行权；独立判断，敢讲真话；勤勉敬业，保证时间；加强监督，知情必报；清正廉洁，不谋私利。

2009年印发《董事会试点中央企业董事报酬及待遇管理暂行办法》（国资发分配〔2009〕126号），公司董事报酬及待遇由国务院国资委决定。明确了外部董事年度报酬由年度基本报酬、董事会会议津贴和董事会专门委员会会议津贴等构成，以及相关细则。

2010年出台《关于进一步推进国有企业贯彻落实“三重一大”决策制度的意见》（中办发〔2010〕17号），明确了“三重一大”事项的主要范围和决策的基本程序，对组织实施和监督检查做了规定。

2016年《关于推进中央企业信息公开的指导意见》（国资发〔2016〕315号），对央企信息公开提出六项任务。

2017年中共中央组织部、国务院国资委党委联合发布《关于扎实推动国有企业党建工作要求写入公司章程的通知》（组通字

〔2017〕11号），专门在党建工作入章程方面做了规定，分别面向国有独资、全资、国有资本绝对控股的企业以及国有资本相对控股的混合所有制企业细化工作要求，并进一步强化责任落实，加强工作指导，要着力抓好国有独资、全资和国有资本绝对控股企业党建工作要求写入章程。

2017年印发《国务院办公厅关于进一步完善国有企业法人治理结构的指导意见》（国办发〔2017〕36号），对主体权责做了细化规范说明，包括：理顺出资人职责，转变监管方式；加强董事会建设，落实董事会职权；维护经营自主权，激发经理层活力；发挥监督作用，完善问责机制；坚持党的领导，发挥政治优势。

2020年国务院国资委发布《国有企业公司章程制定管理办法》（国资发改革规〔2020〕86号），是按照《国务院办公厅关于进一步完善国有企业法人治理结构的指导意见》（国办发〔2017〕36号）等文件要求制定的管理办法，对国有企业公司章程的框架做了明确要求，为国有企业进一步构建具有中国特色的公司治理结构、提升公司治理能力，提供了制度保障。提出国有独资、国有全资公司应当明确外部董事人数超过董事会全体成员的半数。国有企业如设置董事会秘书、总法律顾问，应当明确其为高级管理人员。

2021年9月，国务院国资委印发《中央企业董事会工作规则（试行）》，围绕把加强党的领导和完善公司治理统一起来，对进一步加强中央企业董事会建设提出要求、作出规定。明确董事会是企业的经营决策主体，定战略、作决策、防风险，同时，强化了外部董事作决策、强监督的职责，对外部董事在决策中维护国有资本权益、贯彻出资人意志、督促董事会规范有效运行，发挥外部董事召集人沟通桥梁作用等提出明确要求。在此基础上，对董事会向出资人报告企业重要情况、外部董事向出资人报告异常情况等作出了制度性安排。

2023年《中华人民共和国公司法》做了新修改，对股东会职权、董事会职权、企业经理职权、监事会职权均做了修订，为国有独资公司深入改革提供制度支持。

（二）演变历程

1. 逐步加强党建工作在国有企业中发挥的作用

2016年10月习近平总书记强调：坚持党对国有企业的领导是重大政治原则，必须一以贯之；建立现代企业制度是国有企业改革的方向，也必须一以贯之。中国特色现代国有企业制度，“特”就特在把党的领导融入公司治理各环节，把企业党组织内嵌到公司治理结构之中，明确和落实党组织在公司法人治理结构中的法定地位，做到组织落实、干部到位、职责明确、监督严格。

2017年中共中央组织部国务院国资委党委又专门对党建工作融入国有企业公司治理做了工作通知，发布《关于扎实推动国有企业党建工作要求写入公司章程的通知》（组通字〔2017〕11号），一是党建工作入章程事项面向的企业群体更大更具体，由原有的试点央企扩展到国有独资、全资、国有资本绝对控股的企业以及国有资本相对控股的混合所有制企业。二是对文本内容要求更严格更具体，其中国有独资、全资和国有资本绝对控股企业党建入章程中，指出在公司章程中明确党建工作总体要求，写明党组织的设置形式、地位作用、职责权限，写明党务工作机构及人员配备、党建工作经费保障等内容和要求，明确党委（党组）研究讨论企业重大问题的运

行机制。

2021 年 5 月，中共中央办公厅印发了《关于中央企业在完善公司治理中加强党的领导的意见》，后续又发布《中央企业党委（党组）前置研究讨论重大经营管理事项清单示范文本（试行）》等系列政策文件，致力于指导国有企业在党的领导融入公司治理中做深做实。

2. 逐步完善董事会建设的规范性与科学性

为进一步加强中央企业董事会建设，加快完善中国特色现代企业制度，促进制度优势更好转化为治理效能，面向国有独资中央企业制定了《中央企业董事会工作规则（试行）》，对央企一级单位提供董事会的组成与结构。后续接连出台《中央企业外部董事选聘和管理办法》《中央企业董事会和董事评价办法》《进一步落实中央企业董事会考核分配职权的实施意见》《关于中央企业加强子企业董事会建设有关事项的通知》《关于进一步推动国有企业董事会职权有关事项的通知》。一方面对中央企业的董事会组成、结构、外部董事管理、董事评价等均做了详细介绍；另一方面，向下延伸到中央企业的子企业层面的建设，强调董事会建设应建尽建，规模较小或股东人数较少的有限责任公司在特定情形下可不纳入董事会应建范围，应设执行董事一人。

3. 逐步厘清各主体的工作权责

《国有企业公司章程制定管理办法》中明确提出国有企业公司章程的主要内容应当确保出资人机构或股东会、党委（党组）、董事会、经理层等治理主体的权责边界清晰，重大事项的议事规则科学规范，决策程序衔接顺畅。

随后，国务院国资委又相继出台《中央企业党委（党组）前置研究讨论重大经营管理事项清单示范文本（试行）》《中央企业董事会工作规则（试行）》《关于中央企业落实子企业董事会职权有关事项的通知》等相关指导性文件，为进一步厘清各主体工作权责提供指导。

4. 逐步注重经理层任期制与契约化管理

2020 年 8 月，中共中央办公厅、国务院办公厅印发《国企改革三年行动方案（2020—2022 年）》明确要求国有企业 2022 年前全面推广经理层任期制与契约化管理。2021 年针对经理层任期制与契约化推行过程中存在签约主体不明确、目标设定不合理等问题，国务院国资委发布《关于加大力度推行经理层成员任期制和契约化管理有关事项的通知》（国企改办发〔2021〕7 号）进行签订指导。2022 年为更高标准、更高质量推进国有企业经理层成员任期制和契约化管理工作，进一步推动相关契约文本的规范化、科学化、精准化，夯实刚性考核兑现和岗位退出等工作基础，国务院国资委在总结国有企业改革经验的基础上制定了《经理层成员任期制和契约化管理契约文本操作要点》，经理层成员任期制与契约化管理落地得到进一步夯实。

（三）核心内容

1. 把党的领导融入公司治理各环节

《国有企业公司章程制定管理办法》中明确提出要将党的领导融入公司治理的各个环节，具体如下。

（1）党建工作入章程。对于国有相对控股企业的党建工作，需结合企业股权结构、经营管理等实际，充分听取其他股东包括机构

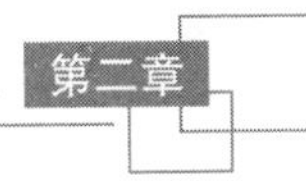

投资者的意见，参照有关规定和该条款的内容把党建工作基本要求写入公司章程。

（2）坚持和完善“双向进入、交叉任职”领导体制。“双向进入、交叉任职”是我国国有企业在建立现代企业制度实践中的创举。其意思是国有独资和国有控股公司的党委成员可以通过法定程序分别进入董事会、监事会和经理班子，董事会、监事会、经理班子中的党员可以依照有关规定进入党委会。《中共中央组织部、国务院国资委党委关于加强和改进中央企业党建工作的意见》（中办发〔2004〕31号）正式提出“双向进入、交叉任职”的概念，2020年《国有企业公司章程制定管理办法》明确了党组织的功能作用——设立公司党委（党组）的国有企业应当明确党委（党组）发挥领导作用，把方向、管大局、保落实，依照规定讨论和决定企业重大事项；明确坚持和完善“双向进入、交叉任职”领导体制及有关要求。设立公司党支部（党总支）的国有企业应当明确公司党支部（党总支）围绕生产经营开展工作，发挥战斗堡垒作用；具有人财物重大事项决策权的企业党支部（党总支），明确一般由企业党员负责人担任书记和委员，由党支部（党总支）对企业重大事项进行集体研究把关。

（3）完善“三重一大”决策制度。“三重一大”决策制度是指重大事项决策、重要干部任免、重大项目安排和大额度资金使用都必须由领导班子集体作出决定的制度，是依法、集体、科学、民主决策，落实党委主体责任、纪委监督责任，加强领导班子和党风廉政建设的一项重要制度。党委会前置研究清单：贯彻党中央决策部署和落实国家发展战略的重大举措；企业发展战略、中长期发展规划，重要改革方案；企业资产重组、产权转让、资本运作和大额投资中的原则性方向性问题；企业组织架构设置和调整，重要规章制度的制定和修改；涉及企业安全生产、维护稳定、职工权益、社会责任等方面的重大事项；其他应当由党委（党组）研究讨论的重要事项。

2. 加强董事会建设，落实董事会职权

加强董事会建设，落实董事会职权，是完善中国特色现代企业管理制度中的重要一环，主要体现在将加强党的领导融入公司治理、完善落实董事会职权配套制度、保障经理层依法行权履职、持续夯实中国特色现代企业制度建设基础等方面。

（1）规范设置决策机构、辅助机构、办事机构。在决策机构层面，一是加强董事会建设，确保中央企业董事会应建尽建，重要子企业除特殊情况外均设置董事会，未设立董事会的需配置一名执行董事。二是规范董事会组成，一般由7~13名董事构成，此外需配备一名职工董事。外部董事人数应当超过董事会全体成员的半数。董事每届任期不超过3年，任期届满考核合格的可以连任。外部董事在同一企业连续任职一般不超过6年。此外注意人员专业结构，确保董事会专业经验的多元化和能力结构互补。在工作机构层面，根据《中央企业董事会工作规则（试行）》，要求董事会应当设立战略与投资委员会、薪酬与考核委员会、审计与风险委员会，根据需要设立提名委员会和其他专门委员会。

（2）落实董事会职权。关于子企业落实董事会职权方面，国企改革三年行动明确要求，国有企业重要子企业要在实现董事会规范运作的基础上，全面依法落实董事会各项权利。一是中长期发展决

策权，包含制定中长期发展规划、制定年度投资计划和培育新业务领域；二是经理层成员选聘权，包括制定经理层选聘工作方案、开展经理层选聘工作、推行任期制和契约化管理；三是经理层成员业绩考核权，包括制定经营业绩考核办法、签订年度和任期经营业绩责任书、科学合理确定经理层成员业绩考核结果；四是经理层成员薪酬管理权，包括制定薪酬管理办法、制定薪酬分配方案、建立健全约束机制；五是职工工资分配管理权，包括制定工资总额管理办法、明确工资总额决定机制，动态监测职工工资有关指标执行情况，统筹推进企业内部收入分配制度改革；六是重大财务事项管理权，包括制定担保管理制度、制定负债管理制度、制定对外捐赠管理制度。

（3）完善董事会运行机制。规范董事会议事规则。董事会要严格实行集体审议、独立表决、个人负责的决策制度，平等充分发表意见，一人一票表决，建立规范透明的重大事项信息公开和对外披露制度，保障董事会会议记录和提案资料的完整性，建立董事会决议跟踪落实以及后评估制度，做好与其他治理主体的联系沟通。董事会应当设立提名委员会、薪酬与考核委员会、审计委员会等专门委员会，为董事会决策提供咨询，其中薪酬与考核委员会、审计委员会应由外部董事组成。改进董事会和董事评价办法，完善年度和任期考核制度，逐步形成符合企业特点的考核评价体系及激励机制。

3. 保障经理层依法行权履职

（1）完善董事会向经理层授权的管理制度。建立规范的经理层授权管理制度，对经理层成员实行与选任方式相匹配、与企业功能性质相适应、与经营业绩相挂钩的差异化薪酬分配制度，国有独资公司经理层逐步实行任期制和契约化管理。根据企业产权结构、市场化程度等不同情况，有序推进职业经理人制度建设，逐步扩大职业经理人队伍，有序实行市场化薪酬，探索完善中长期激励机制，研究出台相关指导意见。国有独资公司要积极探索推行职业经理人制度，实行内部培养和外部引进相结合，畅通企业经理层成员与职业经理人的身份转换通道。开展出资人机构委派国有独资公司总会计师试点。

（2）健全总经理向董事会报告机制。经理层是公司的执行机构，依法由董事会聘任或解聘，接受董事会管理和监事会监督。总经理对董事会负责，依法行使管理生产经营、组织实施董事会决议等职权，向董事会报告工作，董事会闭会期间向董事长报告工作。

4. 强化监督体系建设

（1）制定信息公开工作制度。到2020年中央企业信息公开制度体系和工作体制机制基本健全，信息公开工作流程规范有序，制度化、标准化、信息化水平明显提升，自觉接受社会监督意识普遍增强，社会公众对中央企业国有资本保值增值的知情权、监督权得到保障。中央企业信息公开主要任务：一是全面梳理企业信息公开要求，二是依法确定主动公开的信息内容，三是严格规范信息公开工作程序，四是加强信息公开工作保密审查，五是开展信息公开风险评估工作，六是完善信息公开载体和形式。

（2）健全责任追究制度。对中央企业信息工作开展情况适时进行督导，对不履行主动公开义务或未按规定进行公开的，严肃批评、公开通报；对弄虚作假、隐瞒实情、欺骗公众，造成严重社会影响的，责令其纠正，消除负面影响，并依法追究相关单位和人员责任。

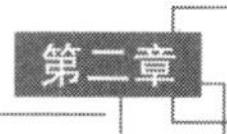

（四）最新要求

根据《国企改革深化提升行动方案》新一轮国企改革要求，要进一步推动中国特色国有企业现代公司治理和市场化经营机制制度化、长效化。要健全中国特色现代企业制度，推动不同层级、不同类型国有企业在完善公司治理中加强党的领导，持续完善董事会运行机制，更广更深落实三项制度改革，推动国有企业真正按市场化机制运营。

1. 在党的领导融入公司治理方面

要充分发挥国有企业党委（党组）把方向、管大局、保落实的领导作用，分层分类动态优化国有企业党委（党组）前置研究讨论重大经营管理事项清单，完善中央企业“三重一大”决策机制，健全推进中央企业在完善公司治理中加强党的领导的制度机制。

2. 在加强董事会建设落实董事会职权方面

要加强外部董事队伍建设，支持中央企业、地方国资监管机构建立跨行业、跨区域、多元化的外部董事人才库。配齐建强董事会，坚持外部董事占多数，不过于追求高比例。完善外部董事评价和激励约束机制，加大专职外部董事与企业现职领导人员双向交流力度，强化规范管理和履职支撑，显著提升外部董事素质和履职能力。

3. 在经理层行权履职方面

要推动国有企业集团公司授权放权与分批分类落实子企业董事会职权有机衔接，规范落实董事会向经理层授权制度，研究出台国有企业董事会工作规则、中央企业董事会授权办法和中央企业经理层工作指引。

4. 在强化监督体系建设层面

要健全以管资本为主的国有资产监管体制。要坚持授权与监管相结合、放活与管好相统一，深化分类改革，推动分类考核与企业功能使命更加精准适应，国资监管与公司治理更好衔接，国资监管更加完善更广覆盖，以管资本为主的国有资产监管体制更加成熟定型。要健全经营性国有资产出资人制度，深化分类考核、分类核算，健全协同高效的国有资产监督体系，提升各级国资监管机构监管水平。

工程建设企业
完善中国特色现代企业制度实践

一、工程建设企业落实中国特色现代企业制度实践概述

当前，国有企业改革发展进入新的历史阶段，建立和完善中国特色现代企业制度助推企业高质量发展，是新时代工程建设企业改革的一项重要课题。中国施工企业管理协会企业家工作委员会通过走访企业、集中座谈、线上访谈、问卷调查、查阅上市公司 2022 年年报等形式，深入调研了中央企业、地方国有企业和民营企业，代表性企业如下。

中央企业：中国建筑、中国中铁、中国铁建、中国交建、中国电建、中国能建、中国化学、中国安能、中国建材，以及中冶科工、中国新兴等。

地方国企：北京建工、北京城建、上海建工、重庆建工、陕西建工、山西建投、湖南建投、浙江建投、云南建投、四川华西、河北建工、安徽建工、广州建筑、特区建工、武汉建工等。

民营企业：天元集团、中亿丰、沙坪建设、大同泰瑞、浙江宝业、浙江中成等。

通过调研，初步了解工程建设企业落实中国特色现代企业制度的实践情况，主要包括以下方面。

（一）坚持党的全面领导，筑牢企业的“根”和“魂”

坚持党的领导、加强党的建设，是国有企业的“根”和“魂”。建立中国特色现代企业制度，关键在于把党的领导融入公司治理各环节，推动党和国家政策方针、重大决策部署转化为企业的战略目标和工作举措，推动党的领导在公司落地生根。

1. 推进党建入章，确立党组织在公司治理中的法定地位

中央企业、地方国有企业及部分民营企业在公司章程中专门设立“公司党组织”章节，明确了公司党委的核心治理主体地位。本级及各下属公司完成章程修订，增添党总支、党支部的有关规定，无论是全资子公司还是控股子公司，实现各领域、全方位的全面覆盖，不留空白、不漏单位，全面完成“党建入章”。落实“双向进入、交叉任职”，全面推行“董事长、党委（党组）书记、法定代表人由一人担任，总经理分设”的主要领导设置模式，实现公司治理结构和组织管理模式的重大转变。在确保外部董事占多数的前提下，除公司主要领导外，党委副书记进入董事会，有效发挥党委领导作用。

2. 优化工作制度，充分发挥公司党委把方向、管大局、保落实作用

一是完善工作制度。把方向、管大局、保落实是发挥党组织领导作用的本质和内涵。严格按照上级党委要求，完善《公司党组织工作规则》《公司党委会议事规则》《公司“三重一大”决策制度实施办法》等基本制度，推动党的领导组织化、制度化、规范化。同时，公司制定《党组织前置研究重大经营事项清单》，重大经营管理事项和权限范围内的人事任免须由党组织前置研究讨论，充分发挥下属单位党组织在人、财、物等重大事项决策方面的“把关定向”作用。二是加强监督检查。公司建立《全面从严治党主体责任清单》《联合监督检查实施办法》《纪委重点监督事项清单》，对下属党组织及所在单位创新开展联合监督检查，包括党中央和上级重大决策

部署落实、党建工作、党风廉政建设、经营生产、质量安全管理等多项内容，使各类监督有机贯通、相互协调，形成合力，推动全面从严治党落到实处，打通贯彻中央决策部署和上级工作要求的“最后一公里”。

（二）建立“1+2+N”制度体系，提升企业治理水平

1. 统筹做好顶层设计，厘清治理主体功能定位

坚持系统思维，以公司章程和《股东向董事会授权清单》为依据，结合公司实际，梳理归纳不同治理主体间权责关系，明确公司党委、董事会和经理层的功能定位：突出党委“把方向、管大局、保落实”的领导作用，重点加强董事会“定战略、作决策、防风险”的决策作用，明确经理层“谋经营、抓落实、强管理”的职责。在此基础上，梳理《党组织权责清单暨研究讨论重大经营管理事项清单》《董事会决策事项清单》《经理层经营权限清单》，汇总形成《公司权责清单》，将决策事项划分为党委决定事项、“三重一大”决策事项、董事会直接决策事项、董事会授权经理层决策事项、一般性经营管理事项等多个类别，并明确了每个决策事项承担决策责任的治理主体。以“一张清单”的形式厘清了各治理主体的权责界面。

2. 优化决策议事流程，健全决策跟踪落实机制

一是优化决策议事流程。公司以《“三重一大”决策制度实施办法》为主线，分别制定了公司党委会议事规则、董事会议事规则、总经理办公会议事规则，完善各治理主体的决策议事流程。以决策事项为单位，建立“提出议案、前置讨论、决策决定、督办考核、总结评估”的闭环管理流程。在充分保障公司党委对重大事项前置研究讨论的前提下，坚持决策主体唯一性的原则，实现权责对等。

以强化国有企业的政治性和经济性相统一为目标，坚持“不同会议不同侧重点”原则，从汇报人、汇报内容、把关标准等方面对各治理主体会议作出差异化安排。党委会一般由公司党委委员汇报，以《公司党组织权责清单》为内容，以“四个是否”（即是否符合党的理论和路线方针政策、是否符合党和国家战略部署、是否有利于实现国有资产的保值增值、是否维护社会公众利益和职工合法权益）作为把关标准，保证企业的政治属性。董事会一般由经理层成员汇报，以董事会决策事项清单为内容，以“四个分析”（即分析决策事项与公司战略的一致性、分析决策事项的合法合规性、分析市场前景与盈亏平衡、分析各类风险）作为决策依据，把握企业的经济属性。经理办公会一般由各职能部门负责人汇报，以经理层经营权限事项清单为内容，侧重决策事项的分解落实、执行见效，提高经营决策效率。在决策过程中，充分发挥工团组织合力，对事关职工切身利益的重大事项，均通过职工代表大会或者其他形式充分听取职工群众的意见和建议；对于重大事项，在决策前充分征求法律顾问的意见和建议，降低决策的法律风险。二是健全决策跟踪落实机制。制定《跟进督办工作管理办法》及《督办工作考评细则》，将公司党委、董事会、经理办公会决策事项统一纳入督办范围，并从落实实效、反馈质量、完成进度等多个维度对督办事项进行考核，并定期对“三重一大”决策事项进行“回头看”，对发现的问题提出整改措施，确保决策过程合规、决策结果落地。

3. 建立“1+2+N”制度体系，提升公司治理能力

“1”是指公司章程，公司章程是企业的根本制度，如同公司的“宪法”，在公司内部具有最高法律地位，是公司制度建设的核心。

"2"是指将公司制度建设分为企业治理和公司运营管理两个层面，企业治理制度主要包括党的领导、董事会建设、经理层履职等方面的基本制度；公司运营管理制度是指按照公司章程和董事会授权，开展日常经营管理工作的基础性制度或指导性文件。"N"是指在"1+2"框架基础上，围绕企业战略规划、投资融资、财务管理、经营生产管控、固定资产管理、采购外协管理、人力资源管理、全面风险管理、安全质量管理、党的建设、纪检审计等方面和环节，梳理形成的若干操作层面的实施办法和管理细则。同时，以各项制度为基础，建立公司合规管理体系，全面、完整、系统地约束和规范企业的经营管理活动，实现了从制度制定、执行到监督检查的闭环管理，形成了符合公司实际的"1+2+N"中国特色现代企业制度体系。

（三）深化"三项制度改革"，激发高质量发展新动能

1. 聚焦能上能下，改革干部管理制度

一是推进干部管理体系建设。坚持党管干部人才，探索建立符合市场经济规律和企业家成长规律的国有企业领导人员管理机制。修订《公司领导人员管理办法》，领导人员按岗位聘任管理，实现干部去行政化、去身份化、去级别化，完善领导人员的选拔、培养、考核、监督、退出等各环节管理流程，让领导人员能上能下有据可依。二是建立市场化的选人用人机制。坚持"能者上、平者让、庸者下"，建立领导人员优进劣退机制，以公开、平等、竞争、择优为原则，全面推进领导人员公开竞聘。通过公开竞聘，进一步优化了公司领导人员队伍结构。三是全面推行经理层任期制和契约化管理。建立健全经理层成员任期制和契约化管理制度，一企一策，差异化设置年度考核和任期考核指标，明确末等调整和不胜任退出的各种

情形。组织各级经营班子成员签订岗位聘任协议书、任期和年度经营业绩考核责任书，明确领导人员能上能下的标准。

2. 聚焦能进能出，规范劳动用工管理

建立以劳动合同为核心、以岗位管理为基础的市场化用工机制，细化完善公司人才引进、内部员工竞争上岗、末等淘汰和不胜任退出等制度，加强员工全职业生涯的规范管理。建立岗位聘用管理制度，签订岗位聘任协议，推动岗位劳动和劳动合同“双合同”管理，实现人员岗位和身份的脱钩，畅通了员工能进能出的通道。

3. 聚焦能增能减，完善激励约束机制

第一，分好工资总额“大蛋糕”。建立与企业战略和经营效益密切挂钩的工资总额管理机制，工资总额分配向经营业绩好的单位倾斜，向关键岗位、核心人才倾斜，实现工资总额增减与经营效益升降同向联动。第二，用好绩效考核“指挥棒”。建立全员量化考核机制，突出绩效考核导向，持续提高员工绩效工资比重，将各级领导人员的变动薪酬比重提高至60%以上。实施差异化薪酬，合理拉开员工收入差距，真正实现绩薪同升同降，收入能增能减。第三，选好薪酬激励的“工具箱”。建立领导人员年薪制、中层管理人员和员工岗位绩效工资制、特殊人才协议工资制等多种薪酬模式，推行绩效工资包干、项目分红、科技成果转化奖励、“揭榜挂帅”等精准激励机制，打破关键岗位核心人才薪酬待遇的“天花板”。

二、上市工程建设企业落实中国特色现代企业制度实践分析

上市工程建设公司按照《中华人民共和国公司法》《上市公司治

理准则》及国企相关要求不断完善自身治理机制，取得了一定的成效。本书以工程建设公司 A 股上市企业为研究对象，截至 2022 年 12 月底，样本组企业共计 149 家。核心观察样本组企业的董事会、党委会（党总部/党支部委员会）、监事会及经理层的建设与运行情况。信息来源均为样本组企业公开披露的 2022 年年报[1]、公司公告、企业管治报告等相关资料，其中涉及党委会（党总部/党支部委员会）还采用了企业官网、企业所属集团官网及主要门户网站的披露信息、新闻等相关信息。

（一）基本信息分析

149 家上市工程建设企业中，民营企业共 80 家，占比超 50%，剩余样本按照企业性质排列依次为地市国资控股、省属国资控股、央企国资控股、外资企业及其他，企业数量分别为 22 家、21 家、20 家、5 家、1 家，占比分别为 14.77%、14.09%、13.42%、3.36%、0.67%（见图 3-1）。

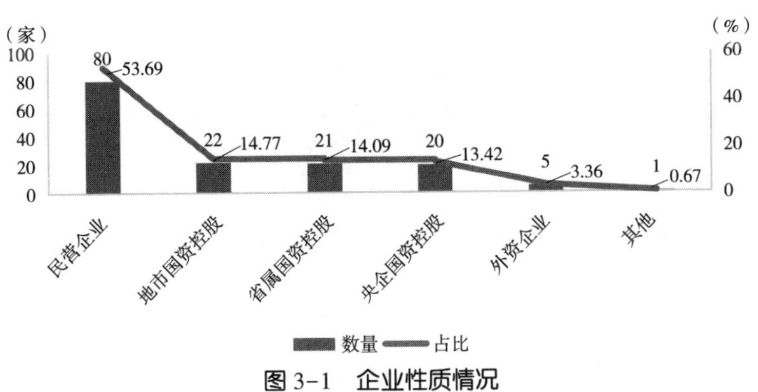

图 3-1　企业性质情况

[1] 上市公司经营类数据及企业划分均来自同花顺数据库。

149 家上市工程建设企业中，按照企业规模分类，大型企业[1]偏多，共 125 家，占比超 80%，中型企业及小型企业数量分别为 23 家、1 家，占比分别为 15.44%、0.67%（见图 3-2）。

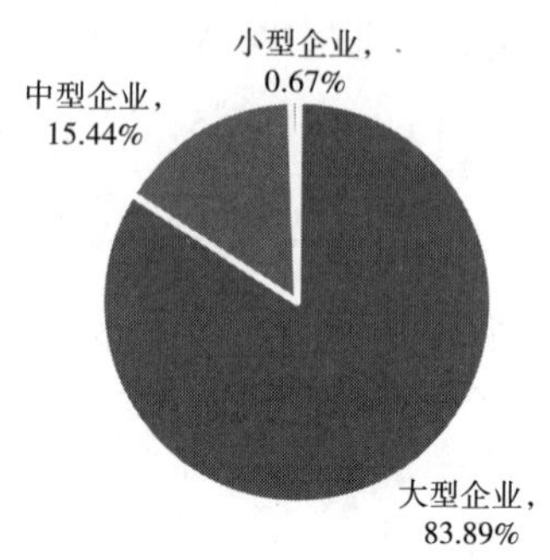

图 3-2　企业规模情况

149 家上市工程建设企业中，按照交易所分类，深交所上市企业共 87 家，占比超 58%，上交所上市企业及北交所上市企业分别为 58 家、4 家，占比分别为 38.93%、2.68%（见图 3-3）。

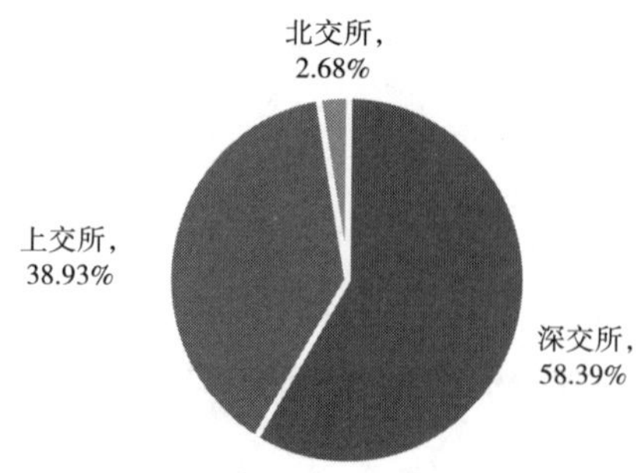

图 3-3　交易所选择情况

149 家上市工程建设企业中，华东地区上市公司共 63 家，占比超 40%，剩余样本按照地区分布降序排列依次为华南地区、华北地区、西南地区、华中地区、西北地区及东北地区，企业数量分别为

［1］ 大中小型企业划分标准来自国家统计局公开资料。

32 家、28 家、10 家、9 家、5 家、2 家，占比分别为 21.48%、18.79%、6.71%、6.04%、3.36%、1.34%（见图 3-4）。

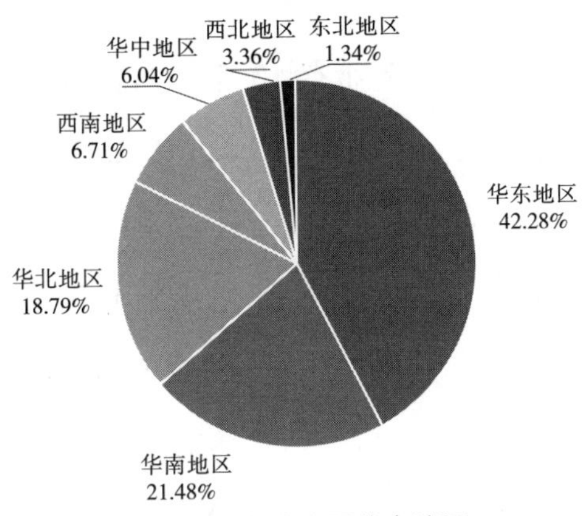

图 3-4 企业地区分布情况

149 家上市工程建设企业中，按照市值区间划分标准，市值在 0~20 亿元（含）的企业有 24 家，占比 16.11%；市值在 20 亿~40 亿元（含）的企业有 56 家，占比 37.58%；市值在 40 亿~60 亿元（含）的企业有 21 家，占比 14.09%；市值在 60 亿~80 亿元（含）的企业有 18 家，占比 12.08%；市值在 80 亿~100 亿元（含）的企业有 7 家，占比 4.70%；市值在 100 亿元以上的企业有 23 家，占比 15.44%（见图 3-5）。

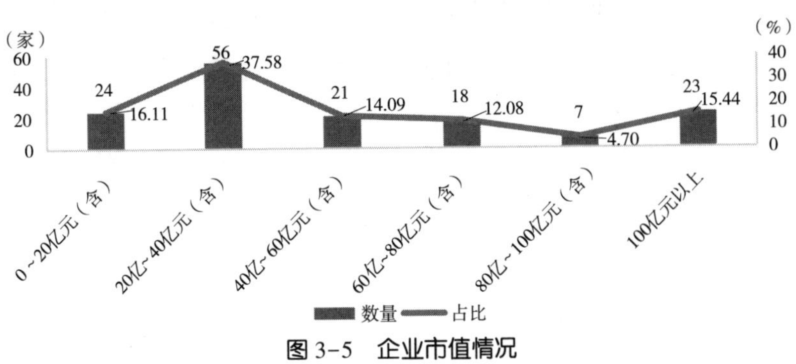

图 3-5 企业市值情况

149 家上市工程建设企业中，按照营业收入区间划分标准，营业收入在 0 到 20 亿元（含）的企业有 66 家，占比 44. 30%；营业收入在 20 亿~40 亿元（含）的企业有 29 家，占比 19. 46%；营业收入在 40 亿~60 亿元（含）的企业有 10 家，占比 6. 71%；营业收入在 60 亿~80 亿元（含）的企业有 4 家，占比 2. 68%；营业收入在 80 亿~100 亿元（含）的企业有 5 家，占比 3. 36%；营业收入在 100 亿元以上的企业有 35 家，占比 23. 49%（见图 3-6）。

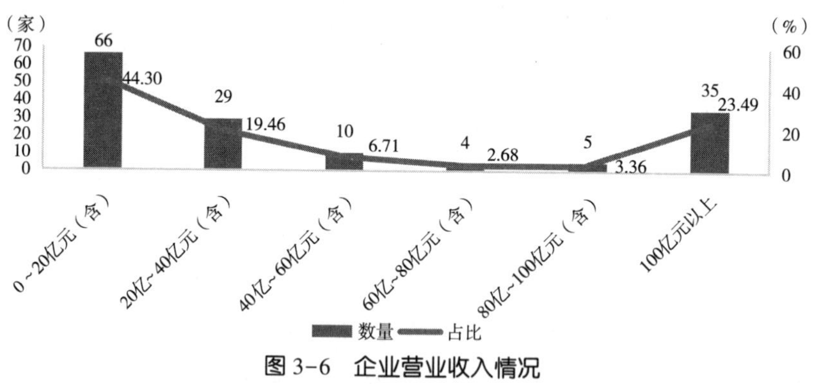

图 3-6　企业营业收入情况

149 家上市工程建设企业中，按照净利润区间划分标准，净利润在-50 亿元（含）以下的企业有 2 家，占比 1. 34%；净利润在-50 亿~0 亿元（含）的企业有 39 家，占比 26. 17%；净利润在 0~50 亿元（含）的企业有 99 家，占比 66. 44%；净利润在 50 亿元以上的企业有 9 家，占比 6. 04%（见图 3-7）。

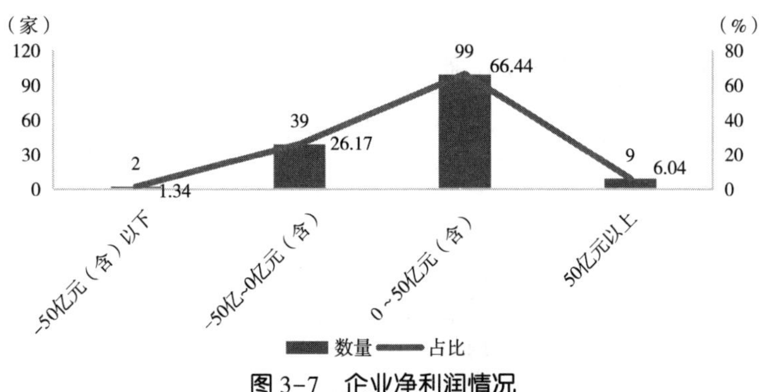

图 3-7 企业净利润情况

（二）董事会建设情况

149 家上市工程建设企业中，均建立了董事会，其中董事会成员平均人数为 8 人，董事会成员人数排名前三的分别为 9 人、7 人、5 人，分别占比 50. 3%、25. 5%、8. 7%（见图 3-8）。实现董事会应建尽建，董事人数最少 5 人，最多 12 人，此外，仅以 2022 年披露的企业信息来看，企业董事会规模与企业资产规模、市值表现、经营效益等因素，均不存在显著的相关关系。

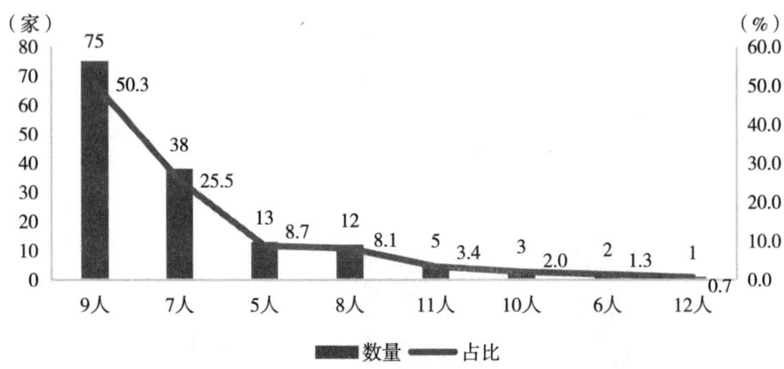

图 3-8 董事会建立情况及成员数量情况

149 家上市工程建设企业中，独立董事平均人数为 3 人，平均占比为 37.9%。独立董事为 2 人的 15 家，占比 10.1%；独立董事为 3 人的 116 家，占比 77.9%；独立董事为 4 人的 17 家，占比 11.4%；独立董事为 5 人的 1 家，占比 0.7%（见图 3-9）。

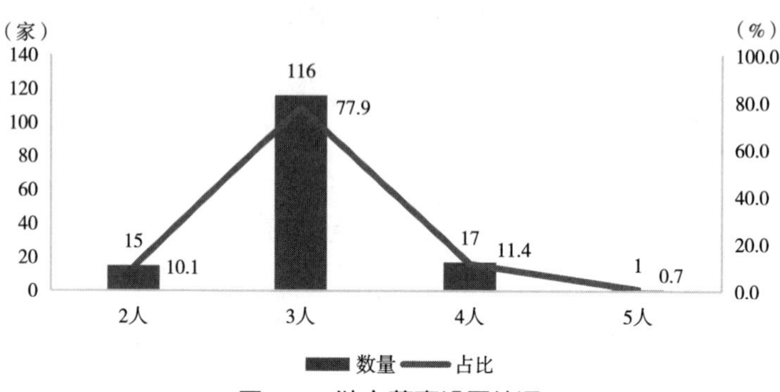

图 3-9　独立董事设置情况

上市工程建设企业外部董事的来源也呈现出多样性的特点。149 家上市工程建设企业中，独立董事共计 451 人。其中来源于高校的独立董事 183 人，占比 40.6%，来源于专业机构的独立董事 147 人，占比 32.6%，来源于其他公司的独立董事 93 人，占比 20.6%（见图 3-10）。总体来看，来源于高校的外部董事占比较高，同时外部董事来源和企业性质息息相关，国资控股企业来源于其他高校和专业机构的外部董事较多。民营企业的外部董事大部分来源于其他企业。

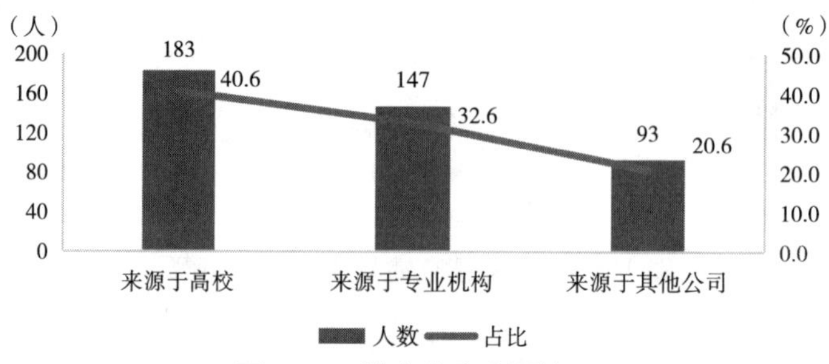

图 3-10　独立董事来源情况

在有效统计的 147 家上市工程建设企业中，总经理在董事会担任职务的有 123 家，占比 83. 7%；总经理未在董事会担任职务的有 24 家，占比 16. 3%（见图 3-11）。总经理进入董事会有助于董事会对企业的财务状况、经营风险等方面充分了解，并能及时进行监督，保障公司两个治理主体的沟通协调通畅，提升决策执行的效率。

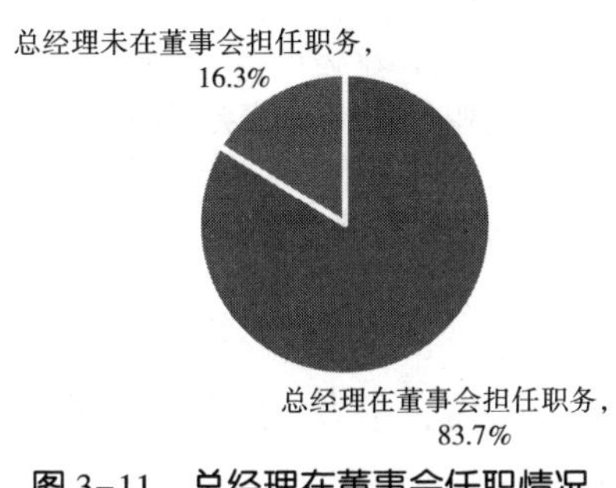

图 3-11 总经理在董事会任职情况

在有效统计的 148 家上市工程建设企业中，副总经理在董事会担任职务的平均人数为 1 人，最多的为 7 人。未有副总经理在董事会担任职务的有 56 家，占比 37. 8%；1 名副总经理在董事会担任职务的有 44 家，占比 29. 7%；2 名副总经理在董事会担任职务的有 29 家，占比 19. 6%；3 名副总经理在董事会担任职务的有 14 家，占比 9. 5%；4 名及以上副总经理在董事会担任职务的有 5 家，占比 3. 4%（见图 3-12）。经理层进入董事会的人数反映了两个治理主体的重叠程度，10%以上的企业存在两个治理主体高度重叠的现象，此类企业需要考虑决策科学性、权力合理利用、监督职能弱化等问题；同时存在少部分企业两个治理主体之间完全无重叠，此类企业需要考虑如何确保两个治理主体之间的协同顺畅且高效，而不仅是决策/执行，或聘任/雇佣的关系。

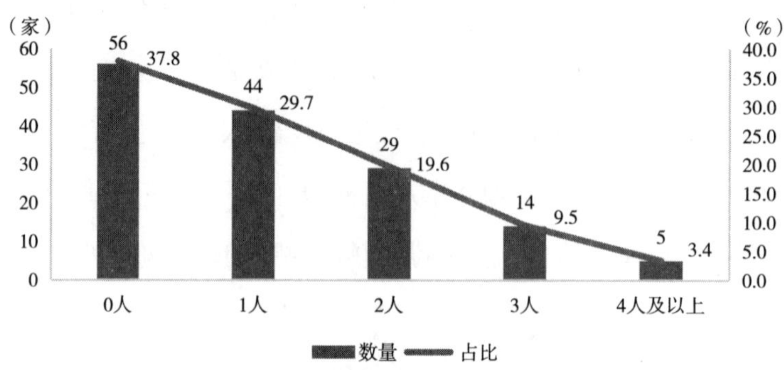

图 3-12　副总经理在董事会任职人数情况

《中华人民共和国公司法》要求两个以上的国有企业或者两个以上的其他国有投资主体投资设立的有限责任公司、国有独资公司的董事会中应当设有职工代表，股份有限公司董事会成员中可以有公司职工代表。但是从统计数据看，董事会中设立职工董事的现象并不普遍，在有效统计的 146 家上市工程建设企业中，未设置职工董事的居多数，有 130 家，占比 89%；设置职工董事的占少数，有 16 家，占比 11%（见图 3-13）。

在董事会中设置职工董事，有利于在治理层面增加职工视角，充分关注并体现对职工利益的保护；但样本企业的实践表现并不积极、不普遍。尽管部分样本企业参照《国务院办公厅关于进一步完善国有企业法人治理结构的指导意见》（国办发〔2017〕36 号）中的治理要求在董事会中设置了职工董事，但受制于职工董事在企业中任职的岗位层级、董事个人的任职经历、对企业经营和管理的理解和洞见水平等因素，容易引发董事不“懂事”的问题，而且职工董事在企业中的岗位层级也不方便其平等地与经营者开展对话或经营探讨等履职活动。因此，更需完善职工董事履职的支撑机制，保

障制度设计达到预期效果。

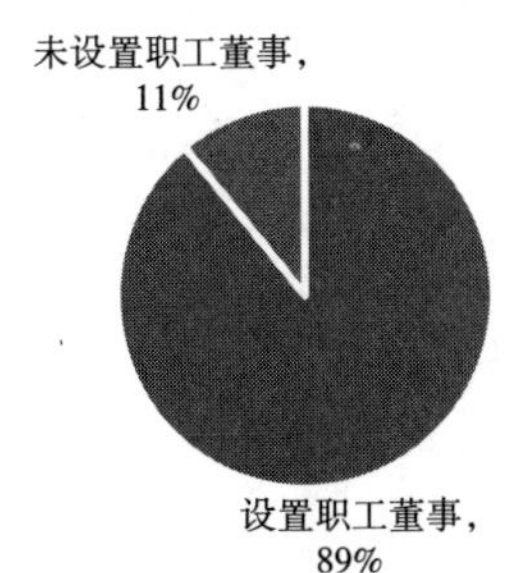

图 3-13 职工董事设置情况

149 家上市工程建设企业中，106 家配备女性董事，占比 71.1%。女性董事总计 177 人，占董事会成员总人数的 15.3%。其中，央企国资控股企业女性董事总计 16 人，占央企国资控股企业董事会成员总人数的 10.1%；省属国资控股企业女性董事总计 29 人，占省属国资控股企业董事会成员总人数的 15.2%；地市国资控股企业女性董事总计 35 人，占地市国资控股企业董事会成员总人数的 18.6%；民营企业女性董事总计 97 人，占民营企业董事会成员总人数的 15.4%（见图 3-14）。

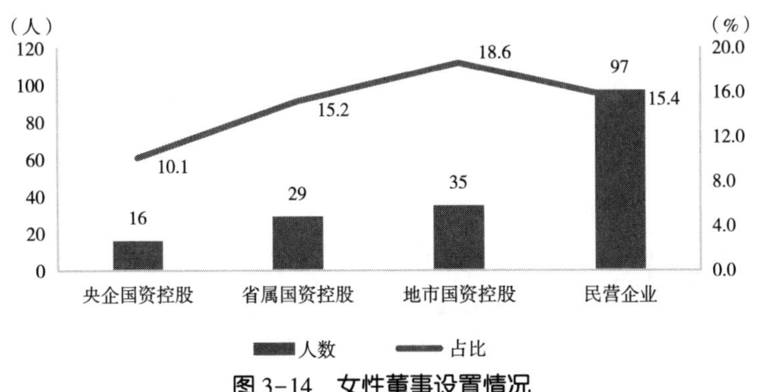

图 3-14 女性董事设置情况

149 家上市工程建设企业中，董事长平均年龄为 54 岁，最高 74

岁，最低34岁。40岁及以下6人，占比5.2%；40~45岁（含）9人，占比7.8%；45~50岁（含）16人，占比13.8%；50~55岁（含）27人，占比23.3%；55~60岁（含）42人，占比36.2%；60岁以上16人，占比13.8%（见图3-15）。

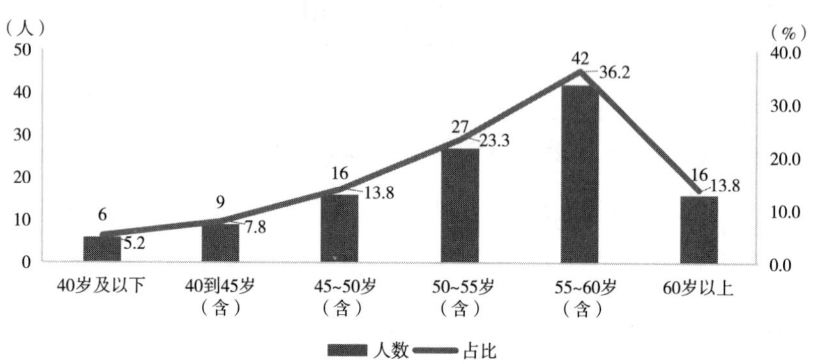

图3-15 董事长年龄分布情况

任期方面，董事长任期平均为5年，任期的P50[1]为3年（见图3-16），其中有21家企业董事长任期超过10年，均为民营企业。通常企业的战略规划以5年为一个阶段，所以董事长任期短于规划不利于战略一致性和稳定性，容易产生“换一任领导换一个思路”的问题。

[1] P代表分位值，即将市场水平由低到高排序。一般以50分位值为中位值，代表市场中间水平。10分位值（P10）：将市场水平按由低到高排序，排在10%低位的市场水平所代表之数字，反映市场的低端水平。25分位值（P25）：将市场水平按由低到高排序，排在25%低位的市场水平所代表之数字，反映市场的较低端水平。50分位值（P50）：将市场水平按由低到高排序，排在50%中位的市场水平所代表之数字，反映市场的中等水平。75分位值（P75）：将市场水平按由低到高排序，排在75%高位的市场水平所代表之数字，反映市场的较高端水平。90分位值（P90）：将市场水平按由低到高排序，排在90%高位的市场水平所代表之数字，反映市场的高端水平。

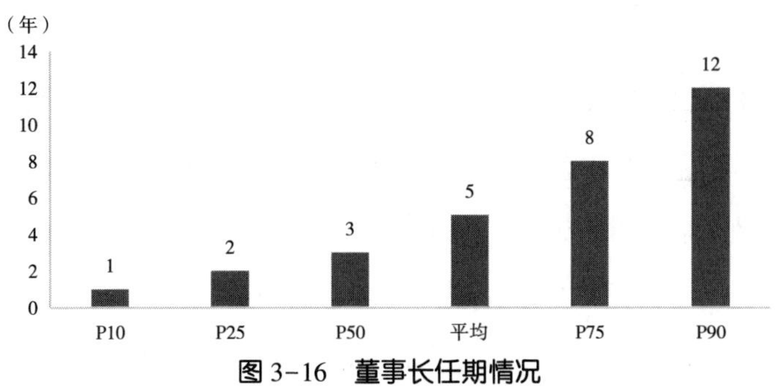

图 3-16　董事长任期情况

根据《上市公司治理准则》，上市公司董事会应当设立审计委员会，并可根据需要设立战略、提名、薪酬与考核等相关专门委员会。149 家上市工程建设企业中，设置审计委员会的有 132 家，占比 88.6%；设置战略委员会的有 117 家，占比 78.5%；设置提名委员会的有 132 家，占比 88.6%；设置薪酬与考核委员会的有 136 家，占比 91.3%；设置其他委员会的有 40 家，占比 26.8%（见图 3-17）。4 个委员会均设置的有 104 家，占比 70.3%。实践中，部分企业积极响应了《国务院办公厅关于进一步完善国有企业法人治理结构的指导意见》（国办发〔2017〕36 号）的有关要求，设立了薪酬与考核委员会和提名委员会。同时，上市公司充分重视企业战略决策和执行监督的需求，战略委员会设置比例也达到了较高水平。

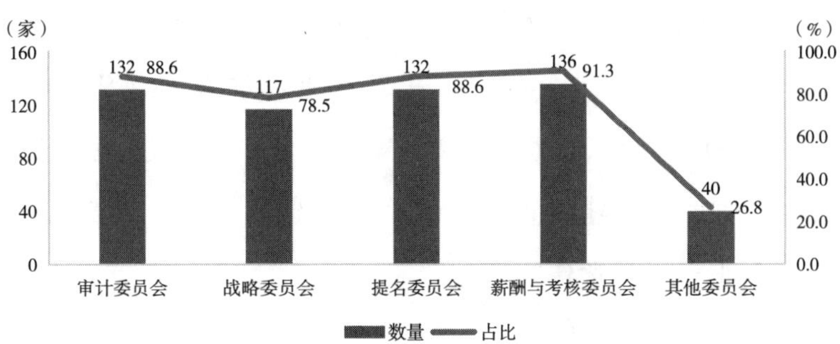

图 3-17　专门委员会设置情况

（三）党组织建设情况

习近平总书记强调，基层党组织是我们党执政的最大组织优势和宝贵资源。在有效统计的148家上市工程建设企业中，设置党委会（党总支/党支部委员会）的有74家，未设置党委会（党总支/党支部委员会）的有74家，各占50%（见图3-18）。90%以上国资控股企业设置了党委会（党总支/党支部委员会），充分发挥党组织把方向、管大局、保落实的重要作用，其中，央企国资控股和省属国资控股企业实现了全覆盖。

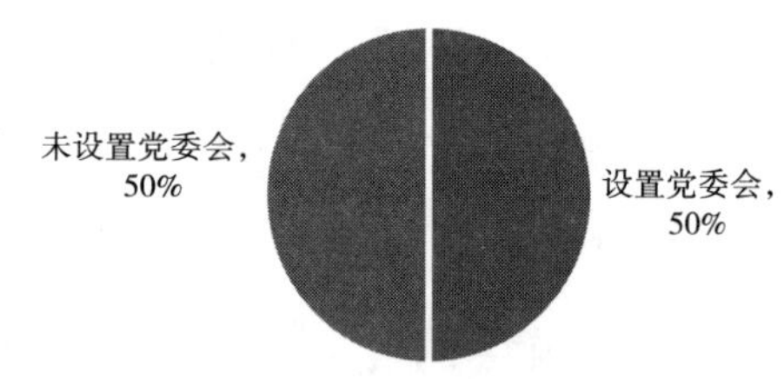

图3-18　党组织设置情况

《国务院办公厅关于进一步完善国有企业法人治理结构的指导意见》（国办发〔2017〕36号）中明确提出“要明确党组织在国有企业法人治理结构中的法定地位，将党建工作总体要求纳入国有企业章程，明确党组织在企业决策、执行、监督各环节的权责和工作方式，使党组织成为企业法人治理结构的有机组成部分”。在有效统计的148家上市工程建设企业中，完成党建入章程的有92家，占比62.2%；未完成党建入章程的有56家，占比37.8%（见图3-19）。其中央企和省属工程建设企业全部完成党建入章程，近20%的地市国资控股企业未实现党建入章程。

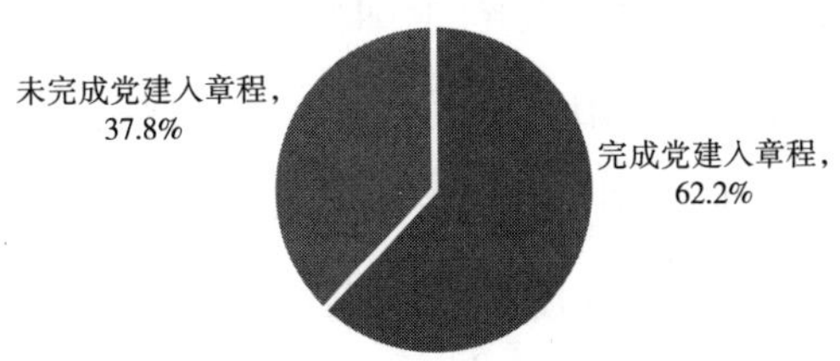

图 3-19 党建入章程情况

在有效统计的 148 家上市工程建设企业中，明确党委前置研究的有 94 家，占比 63.5%；未明确党委前置研究的有 54 家，占比 36.5%（见图 3-20）。党委前置研究讨论制度和“三重一大”决策制度，这两个规范国有企业重大决策事项的制度，在当今国企中有着重要的地位，在确保国企姓党、保障国有资产保值增值等方面发挥着重要的作用。63 家国资控股企业中仅 6 家没有明确党委前置研究，90%以上的企业明确了党委前置研究。

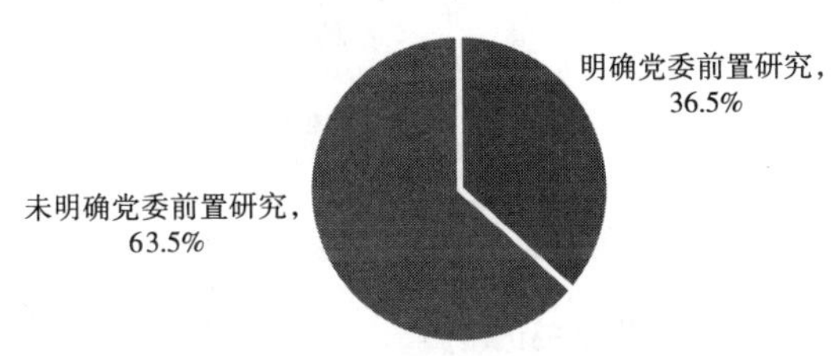

图 3-20 党委前置研究情况

149 家上市工程建设企业中，董事长和党委书记由一人担任的有 52 家，占比 34.9%，超过三分之一的企业在“双向进入、交叉任职”实现了董事长、党委书记“一肩挑”；董事长和总经理由一人担任的有 28 家，占比 18.8%；党委书记和总经理由一人担任的有 7 家，占比 4.7%；党委书记由其他人员（除董事长和总经理）担任的有 62 家，占比 41.6%（见图 3-21）。其中党委书记、董事长和总经理均为同一人的有 2 家。在央企国资控股企业和省属国资控股企业中，董事长和党委书记由一人担任的占比最高，分别有 17 家和 16 家，占央企国资控股企业总数、省属国资控股企业总数的 85%、76.2%。民营企业中，董事长和党委书记由一人担任的有 11 家，占比 17.2%。

尽管由于历史原因，或基于实际需求，未来一定时期内仍会存在上市公司董事长同时在控股股东方任职的情况，但不可否认的是，国企改革三年行动中，把完善中国特色现代企业制度作为重要改革领域之一，要求“选优配强”董事长，更加强调“双向进入、交叉任职”在企业董事长、党委（党组）书记“一肩挑”的发力。这是国企改革赋予企业董事长完善治理结构、提升治理能力的重要使命和任务。

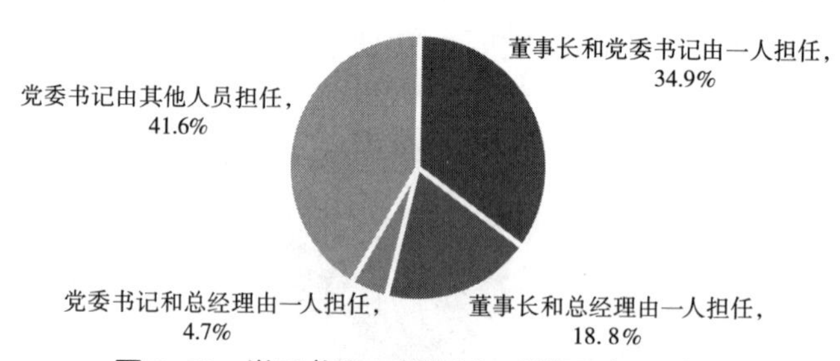

图 3-21　党委书记、董事长、总经理任职情况

（四）监事会建设情况

监事会作为“四会一层”治理结构中不可或缺的组成部分，在上市公司中发挥着治理及运营层面的横纵向监督作用。在有效统计的 148 家上市工程建设企业中，建立监事会的有 147 家，占比 99.3%；未建立的有 1 家，占比 0.7%（见图 3-22）。

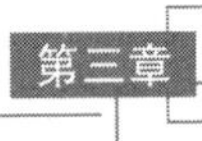

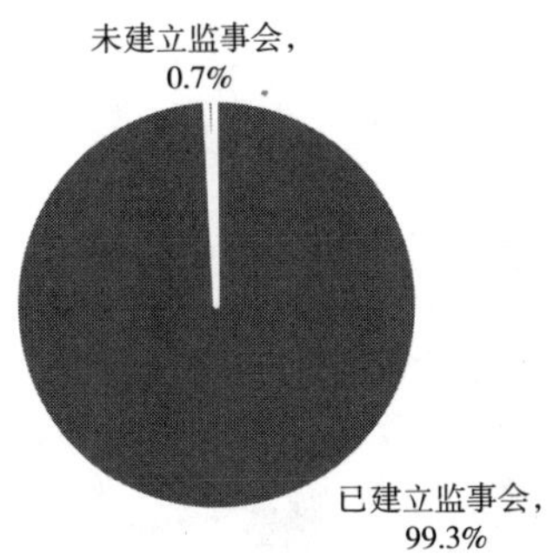

图 3-22 监事会建立情况

在已建立监事会的 147 家企业中，监事会人数排名前三的为 3 人、5 人、4 人，分别占比 82.4%、13.5%、2.0%，平均监事会人数为 3 人，P50 分位为 3 人。从分析结果看，监事会成员设置 3 名的占绝大多数（见图 3-23）。

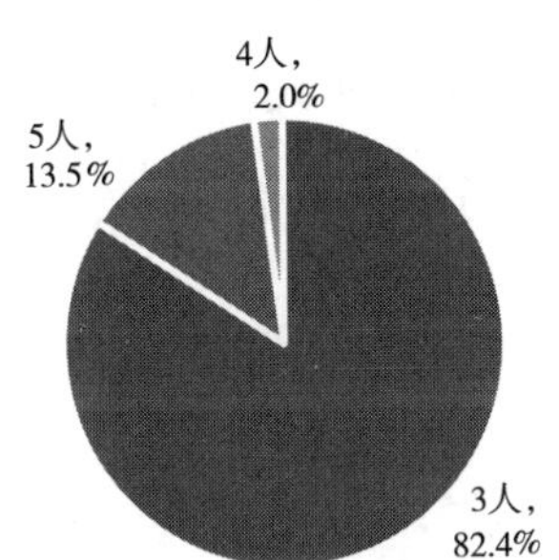

图 3-23 监事会成员数量情况

在有效统计的 139 家企业中，未设置职工监事的有 8 家，占比 5.8%；设置 1 名职工监事的有 107 家，占比 77.0%；设置 2 名职工监事的有 20 家，占比 14.4%；设置 3 名职工监事的有 3 家，占比 2.2%；设置 4 名职工监事的有 1 家，占比 0.7%（见图 3-24）。《上市公司章程指引》文件明确提出"监事会应当包括股东代表和适当比例的公司职工代表，其中职工代表的比例不低于三分之一"，90%

以上的企业职工董事设置满足要求。

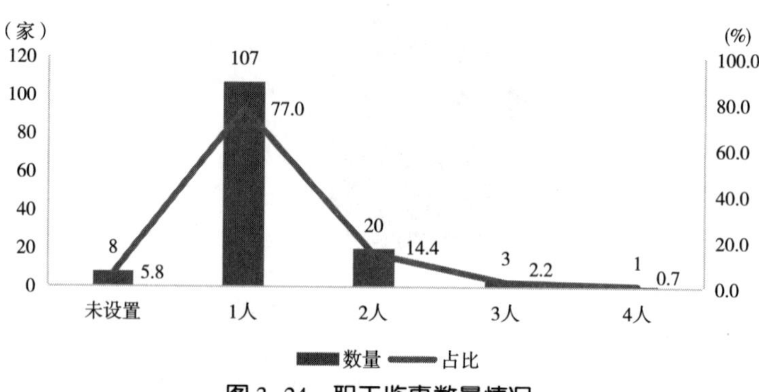

图 3-24 职工监事数量情况

（五）经理层建设情况

参与数据统计的 149 家企业中，建立经理层的有 149 家，占比 100%。平均经理层成员人数接近 7 人，P10、P25、P50、P75、P90 分位分别为 4 人、5 人、7 人、8 人、10 人。经理层成员排名前三位的为 8 人、7 人、6 人，分别占 15.4%、13.4% 和 13.4%（见图 3-25）。

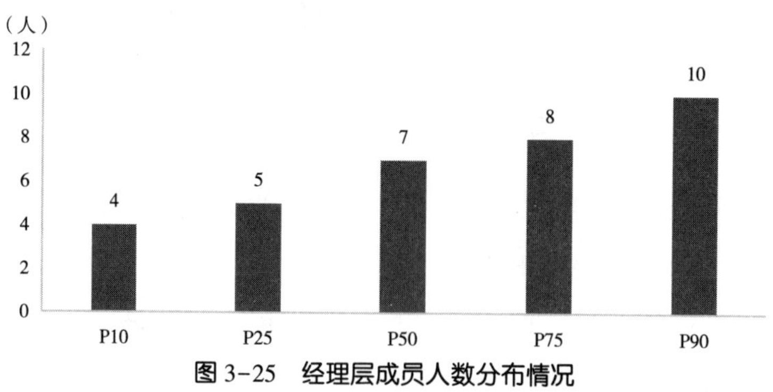

图 3-25 经理层成员人数分布情况

在有效统计的 145 家企业中，总经理的平均年龄为 51 岁，最高 66 岁，最低 32 岁。40 岁及以下 13 人，占比 9.0%；40~45 岁（含）

18 人，占比 12.4%；45~50 岁（含）27 人，占比 18.6%；50~55 岁（含）55 人，占比 37.9%；55~60 岁（含）29 人，占比 20.0%；60 岁以上 3 人，占比 2.1%（见图 3-26）。总经理年龄较高的企业需要考虑增强创新意识、提升行业灵敏度、规范公司治理结构的问题，总经理年龄较小的企业需要考虑经验不足的问题。

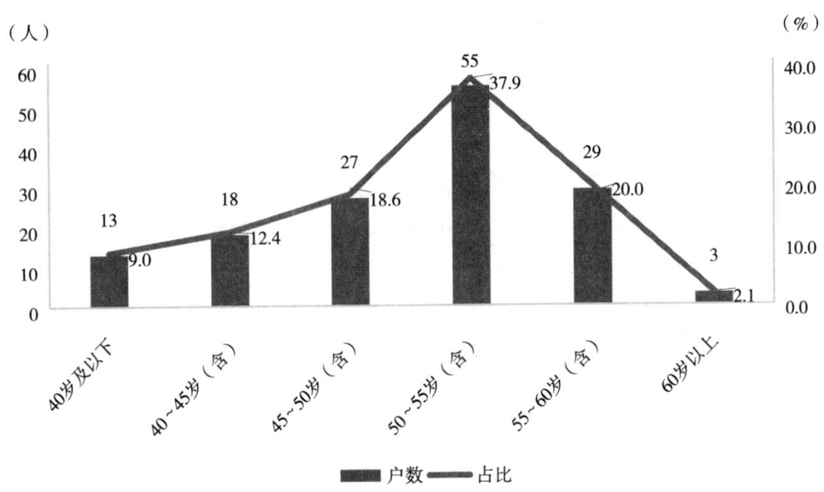

图 3-26 总经理年龄人数及占比情况

在有效统计的 148 家企业中，副总经理最小年龄的平均值为 42 岁，最高 59 岁，最低 28 岁。30 岁及以下 3 人，占比 2.0%；30~35 岁（含）12 人，占比 8.1%；35~40 岁（含）37 人，占比 25.0%；40~45 岁（含）62 人，占比 41.9%；45~50 岁（含）17 人，占比 11.5%；50 岁以上 14 人，占比 9.5%（见图 3-27）。从历史数据情况看，副总经理年龄有逐渐变小的趋势，年纪小的副总经理一般为财务负责人（总会计师/财务总监）。

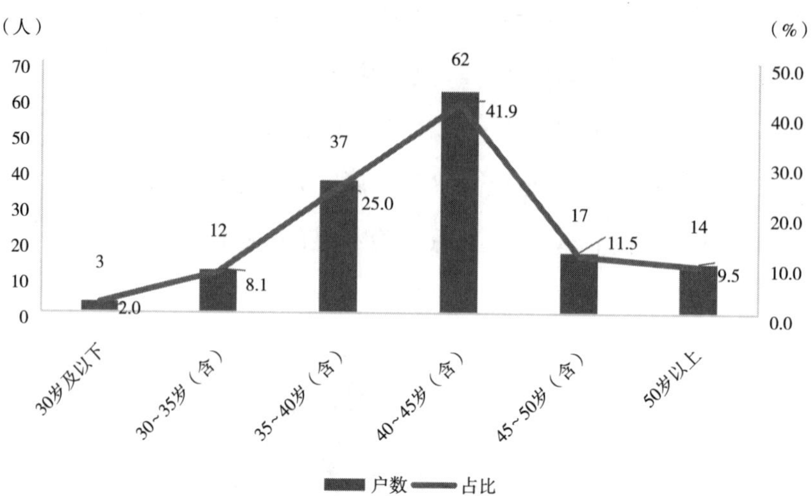

图 3-27 副总经理最小年龄人数及占比情况

三、现代企业制度问卷调查分析

中国施工企业管理协会企业家工作委员会对 85 家代表性工程建设企业进行问卷调查，内容主要聚焦企业基本经营情况和“三会一层”建设情况，问卷有效率接近 100%。

（一）基本信息情况

参与问卷调查的 85 家企业中，民营企业共 33 家，占比超 38%，剩余样本按照企业性质排列依次为央企国资控股、省属国资控股、地市国资控股、其他企业及港资企业，企业数量分别为 23 家、15 家、10 家、3 家、1 家，占比分别为 27.06%、17.65%、11.76%、3.53%、1.18%（见图 3-28）。

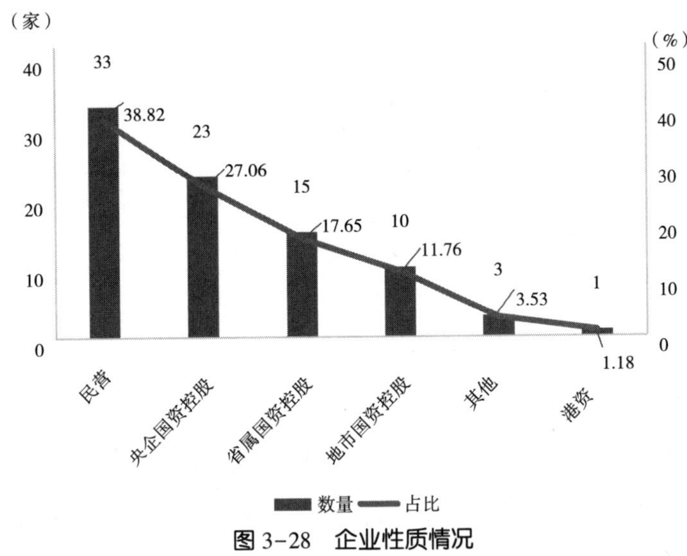

图 3-28 企业性质情况

参与问卷调查的 85 家企业中，按照营业收入区间划分标准，营业收入在 10 亿元（含）以内的企业有 6 家，占比 7.06%；营业收入在 10 亿~50 亿元（含）的企业有 25 家，占比 29.41%；营业收入在 50 亿~100 亿元（含）的企业有 8 家，占比 9.41%；营业收入在 100 亿~200 亿元（含）的企业有 20 家，占比 23.53%；营业收入在 200 亿~500 亿元（含）的企业有 14 家，占比 16.47%；营业收入在 500 亿~1000 亿元（含）的企业有 5 家，占比 5.88%；营业收入在 1000 亿~2000 亿元（含）的企业有 4 家，占比 4.71%；营业收入在 2000 亿~3000 亿元（含）的企业有 2 家，占比 2.35%；营业收入在 3000 亿元以上的企业有 1 家，占比 1.18%（见图 3-29）。

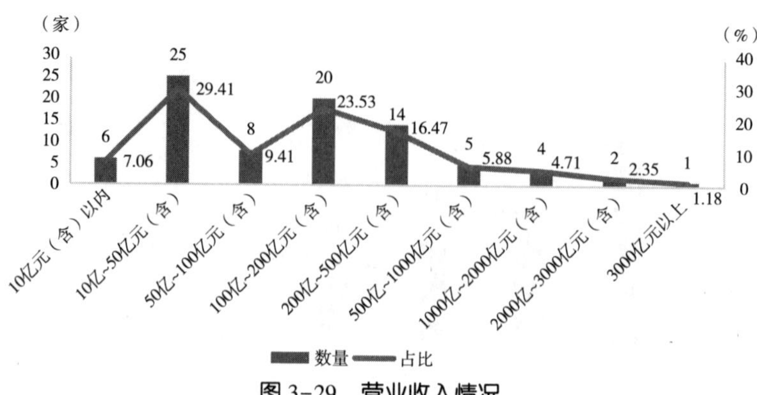

图 3-29 营业收入情况

参与问卷调查的 85 家企业中，按照利润总额区间划分标准，利润总额在 1000 万元（含）以内的企业有 4 家，占比 4.71%；利润总额在 1000 万~2000 万元（含）的企业有 8 家，占比 9.41%；利润总额在 2000 万~5000 万元（含）的企业有 10 家，占比 11.76%；利润总额在 5000 万~10000 万元（含）的企业有 5 家，占比 5.88%；利润总额在 10000 万~20000 万元（含）的企业有 14 家，占比 16.47%；利润总额在 20000 万~50000 万元（含）的企业有 20 家，占比 23.53%；利润总额在 50000 万~100000 万元（含）的企业有 12 家，占比 14.12%；利润总额在 100000 万元以上的企业有 12 家，占比 14.12%（见图 3-30）。

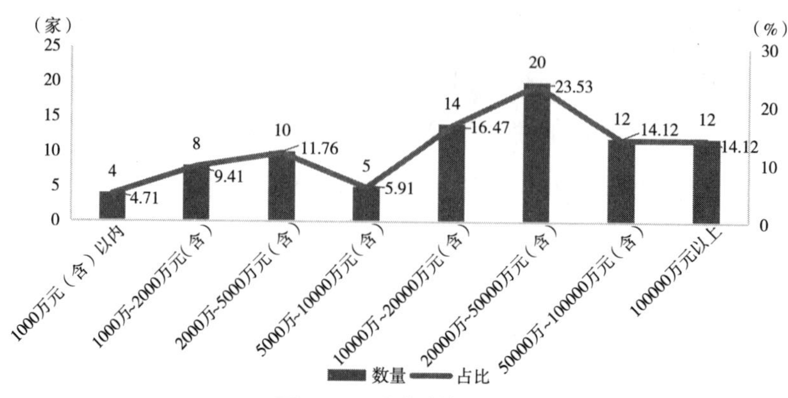

图 3-30 利润总额情况

参与问卷调查的 85 家企业中，按照从业人员数量（平均值）划分标准，从业人员数量在 500 人以内的企业有 8 家，占比 9.41%；从业人员数量在 500~999 人的企业有 8 家，占比 9.41%；从业人员数量在 1000~4999 人的企业有 32 家，占比 37.65%；从业人员数量在 5000~9999 人的企业有 16 家，占比 18.82%；从业人员数量在 10000 及以上的企业有 21 家，占比 24.71%（见图 3-31）。

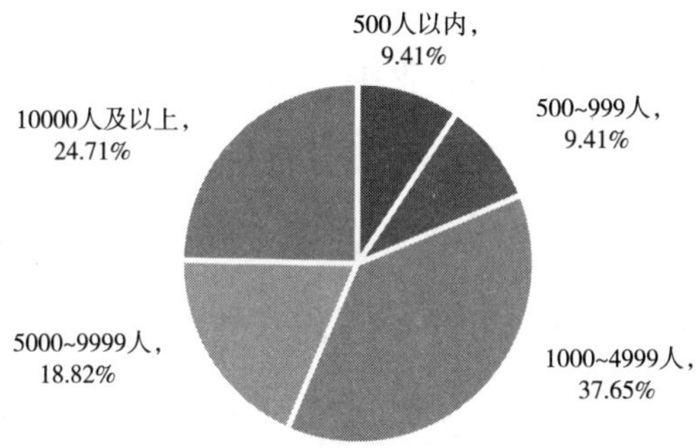

图 3-31　从业人员数量情况

参与问卷调查的 85 家企业中，按照净资产收益率区间划分标准，净资产收益率在 0~2%（含）的企业有 6 家，占比 7.06%；净资产收益率在 2%~4%（含）的企业有 16 家，占比 18.82%；净资产收益率在 4%~6%（含）的企业有 18 家，占比 21.18%；净资产收益率在 6%~8%（含）的企业有 15 家，占比 17.65%；净资产收益率在 8%~10%（含）的企业有 9 家，占比 10.59%；净资产收益率在 10%以上的企业有 21 家，占比 24.71%（见图 3-32）。

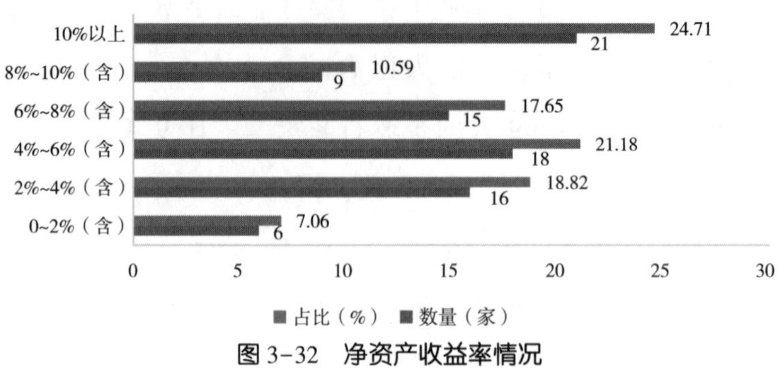

图 3-32　净资产收益率情况

参与问卷调查的 85 家企业中，按照营业现金比率区间划分标准，营业现金比率在 5%（含）以下的企业有 45 家，占比 52.94%；营业现金比率在 5%~10%（含）的企业有 11 家，占比 12.94%；营业现金比率在 10%~15%（含）的企业有 15 家，占比 17.65%；营业现金比率在 15%~20%（含）的企业有 3 家，占比 3.53%；营业现金比率在 20%~25%（含）的企业有 2 家，占比 2.35%；营业现金比率在 25%~30%（含）的企业有 1 家，占比 1.18%；营业现金比率在 30%以上的企业有 8 家，占比 9.41%（见图 3-33）。

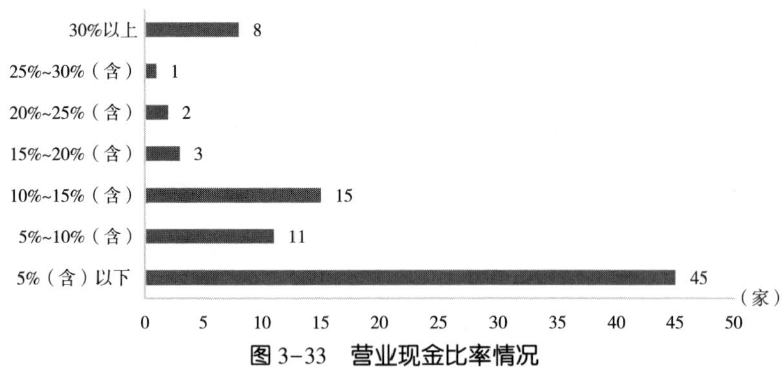

图 3-33　营业现金比率情况

参与问卷调查的85家企业中，按照资产负债率区间划分标准，资产负债率在30%（含）以下的企业有8家，占比9.41%；资产负债率在30%~40%（含）的企业有5家，占比5.88%；资产负债率在40%~50%（含）的企业有5家，占比5.88%；资产负债率在50%~60%（含）的企业有7家，占比8.24%；资产负债率在60%~70%（含）的企业有11家，占比12.94%；资产负债率在70%~80%（含）的企业有18家，占比21.18%；资产负债率在80%~90%（含）的企业有26家，占比30.59%；资产负债率在90%以上的企业有5家，占比5.88%（见图3-34）。

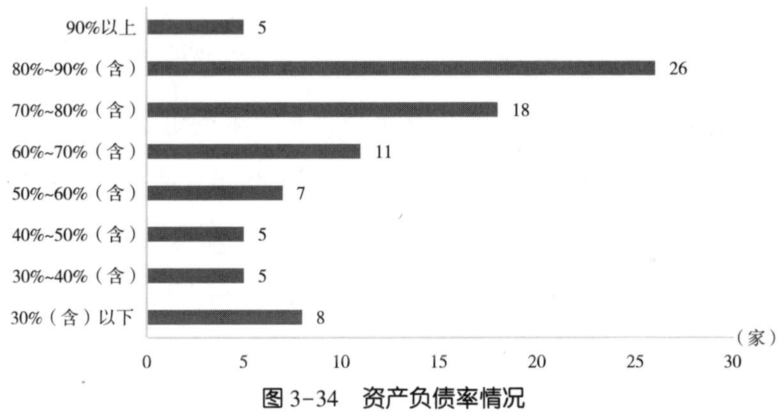

图3-34 资产负债率情况

参与问卷调查的85家企业中，按照研发经费投入强度区间划分标准，研发经费投入强度在0~1%（含）的企业有16家，占比18.82%；研发经费投入强度在1%~2%（含）的企业有11家，占比12.94%；研发经费投入强度在2%~3%（含）的企业有24家，占比28.24%；研发经费投入强度在3%~4%（含）的企业有25家，占比29.41%；研发经费投入强度在4%~6%（含）的企业有6家，占比7.06%；研发经费投入强度在8%~10%（含）的企业有2家，占比

2.35%；研发经费投入强度在10%以上的企业有1家，占比1.18%（见图3-35）。

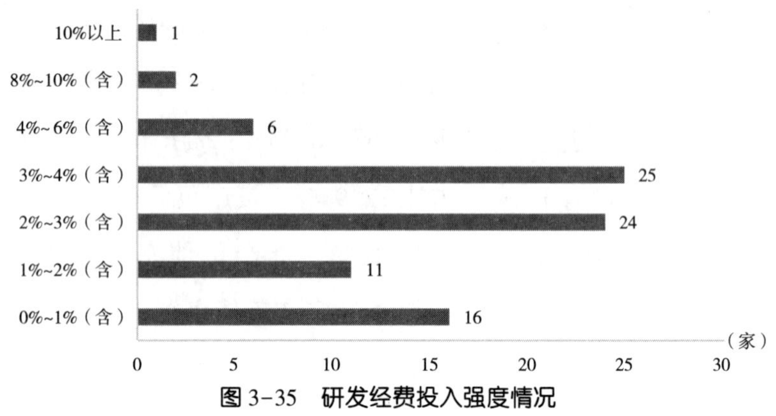

图3-35 研发经费投入强度情况

参与问卷调查的85家企业中，按照全员劳动生产率区间划分标准，全员劳动生产率在人均10万元（含）以下的企业有6家，占比7.06%；全员劳动生产率在人均10万~20万元（含）的企业有11家，占比12.94%；全员劳动生产率在人均20万~30万元（含）的企业有10家，占比11.76%；全员劳动生产率在人均30万~40万元（含）的企业有14家，占比16.47%；全员劳动生产率在人均40万~50万元（含）的企业有14家，占比16.47%；全员劳动生产率在人均50万~60万元（含）的企业有10家，占比11.76%；全员劳动生产率在人均60万~70万元（含）的企业有8家，占比9.41%；全员劳动生产率在人均70万~80万元（含）的企业有2家，占比2.35%；全员劳动生产率在人均80万元以上的企业有10家，占比11.76%（见图3-36）。

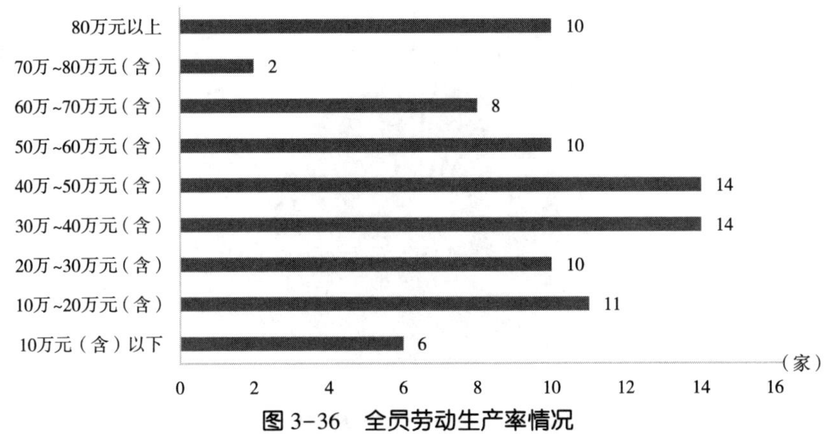

图 3-36 全员劳动生产率情况

（二）董事会建设情况

参与问卷调查的 85 家企业中，董事会建立情况较为良好。建立董事会的有 75 家，占比 88.2%，未建立的有 10 家，占比 11.8%（见图 3-37）。未建立董事会的企业大部分营业收入在 50 亿元以内。

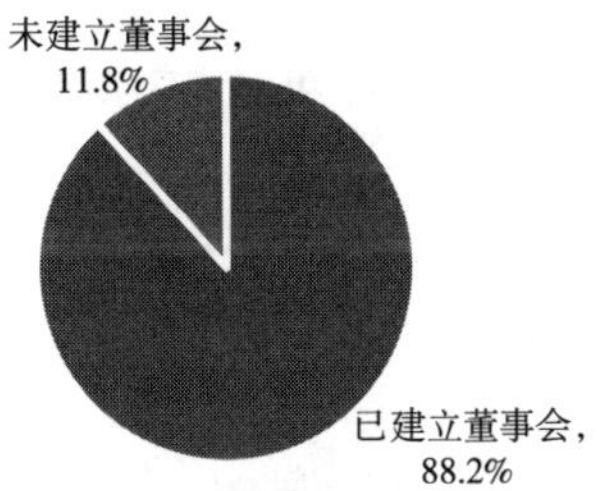

图 3-37 董事会建立情况

在问卷有效的 75 家企业中，董事会人数排名前三位的为 7 人、5 人、9 人，分别占比 37.3%、24.0%、17.3%，平均董事会成员人数接近 7 人，P50 分位为 7 人（见图 3-38）。

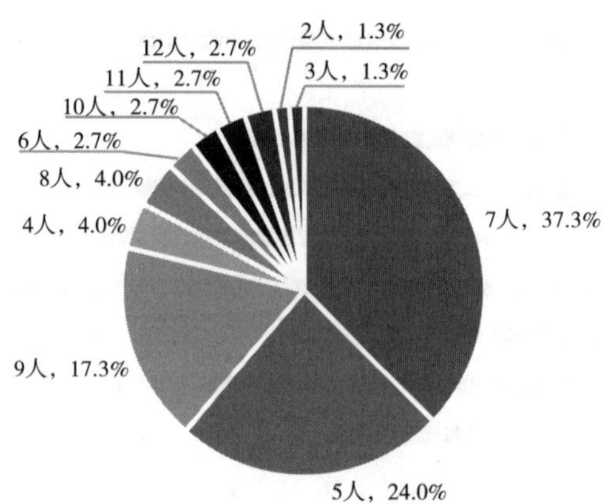

图 3-38　董事会成员数量情况

在问卷有效的 75 家企业中，外部董事占多数（占比高于 50%）的企业有 37 家，占比 49.3%；外部董事占一半的有 3 家，占比 4.0%；外部董事占少数的有 14 家，占比 18.7%；无外部董事的企业有 21 家，占比 28.0%（见图 3-39）。外部董事具有促进和完善公司战略决策、控制和监督公司管理层、改进企业管理的重要作用，九成以上国资控股企业落实了“外大于内”的要求，暂未落实的企业需要按照《国务院办公厅关于进一步完善国有企业法人治理结构的指导意见》的相关要求进一步强化董事会建设。

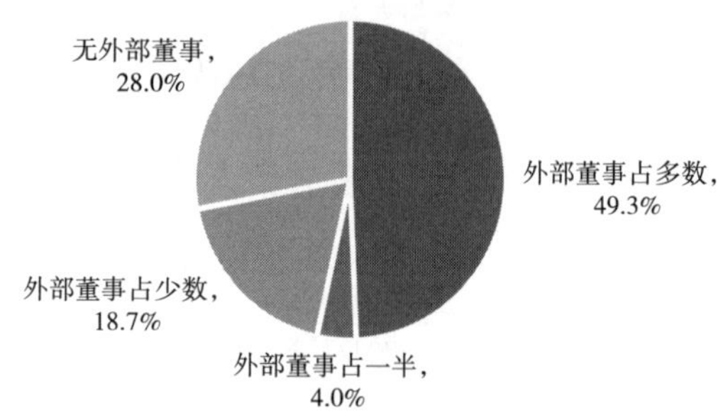

图 3-39　外部董事占比情况

在问卷有效的77家企业中，董事长、党委书记“一肩挑”的企业有59家，占比76.6%；董事长单设，总经理兼任党委书记的有6家，占比7.8%；董事长、党委书记、总经理均单设的有6家，占比7.8%；董事长、党委书记、总经理由一人担任的有4家，占比5.2%；党委书记单设，董事长、总经理由一人担任的有2家，占比2.6%（见图3-40）。国资控股企业全部实现董事长（或执行董事）和党委书记“一肩挑”，严格落实“双向进入、交叉任职”要求，有助于不同治理主体之间相互补充、相互协调、有效沟通。

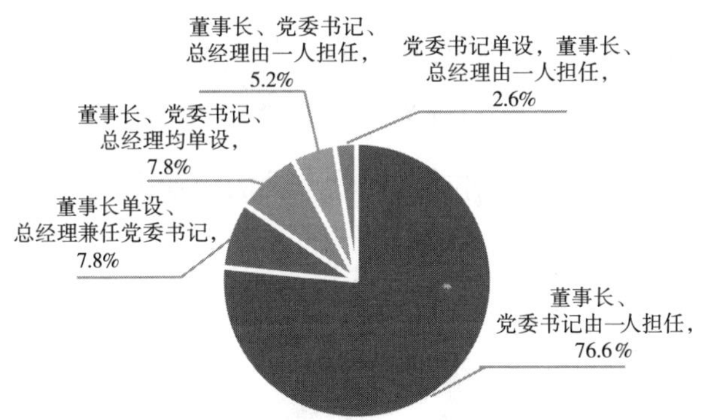

图3-40 董事长、党委书记、总经理任职情况

在问卷有效的77家企业中，设置执行董事的企业有11家，占比14.3%（见图3-41）。设置执行董事，且执行董事、党委书记、总经理由一人担任的情况尚不存在；执行董事、党委书记由一人担任的有1家，占比9.1%；设置执行董事，总经理兼任党委书记的有3家，占比27.3%；设置执行董事，且党委书记分设的有4家，占比36.4%；另外党委书记单设，执行董事兼总经理的有1家，党支部书记由副总担任的有1家，党委书记和总经理分任的有1家。

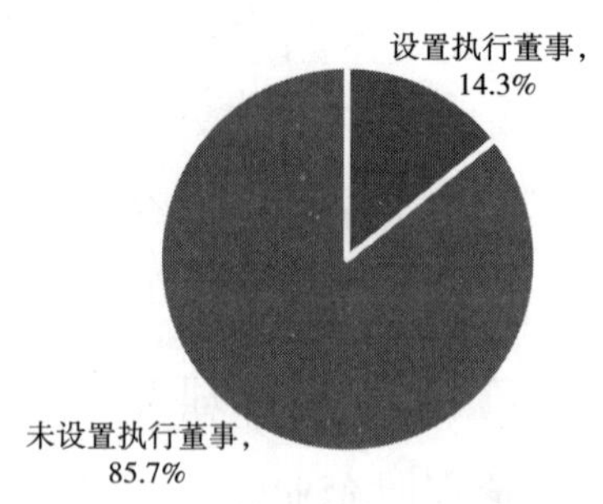

图 3-41　执行董事设置情况

在问卷有效的 75 家企业中，已有明确的董事会议事规则的有 69 家，占比 92%；未建立议事规则或已建立董事会议事规则，但表示现有议事规则仍具有优化空间的有 6 家，占比 8%（见图 3-42）。董事会议事规则有助于规范董事的行为，理顺公司管理体制，明晰董事会的职责权限，未建立议事规则或有优化空间的企业需要及时制定与完善。

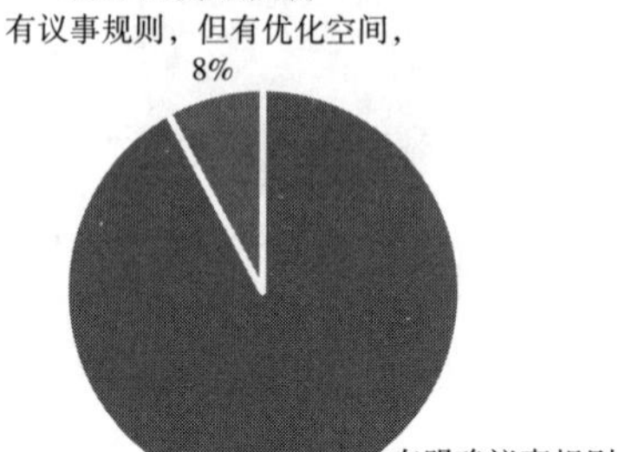

图 3-42　董事会议事规则建立情况

参与问卷调查的 85 家企业中，表示董事会有效落实中长期发展决策权的有 72 家，占比 85%；表示董事会尚未落实中长期发展决策权的有 13 家，占比 15%。表示董事会有效落实经理层成员选聘权的有 60 家，占比 71%；表示董事会尚未落实经理层成员选聘权的有 25 家，占比 29%。表示董事会有效落实经理层成员业绩考核权的有 64 家，占比

75%；表示董事会尚未落实经理层成员业绩考核权的有 21 家，占比 25%。表示董事会有效落实经理层成员薪酬管理权的有 62 家，占比 73%；表示董事会尚未落实经理层成员薪酬管理权的有 23 家，占比 27%。表示董事会有效落实职工工资分配管理权的有 59 家，占比 69%；表示董事会尚未落实职工工资分配管理权的有 26 家，占比 31%。表示董事会有效落实重大财务事项管理权有 69 家，占比 81%；表示董事会尚未落实经理层成员薪酬管理权的有 16 家，占比 19%（见图 3-43）。

董事会有效实施的权力按照落实程度由大到小分别为中长期发展决策权、重大财务事项管理权、经理层成员业绩考核权、经理层成员薪酬管理权、经理层成员选聘权、职工工资分配管理权。

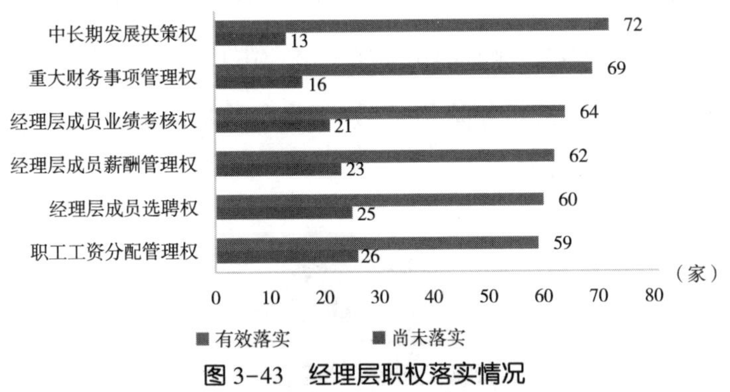

图 3-43 经理层职权落实情况

在问卷有效的 75 家企业中，已建立董事会向经理层授权事项清单的企业有 74 家，占比 99%，其中，具有明确授权事项清单的公司有 59 家，占样本总量的比重为 79%，授权事项清单有待进一步细化的公司 15 家，占样本总量的比重为 20%；表示尚未建立董事会向经理层授权事项清单的仅有 1 家，占比 1%（见图 3-44）。国企改革三年行动中明确“到2022年，国有企业全面建立董事会向经理层授权的管理制度”，全部国资控股公司均已按要求落实，有助于保障经理层依法依权履职。

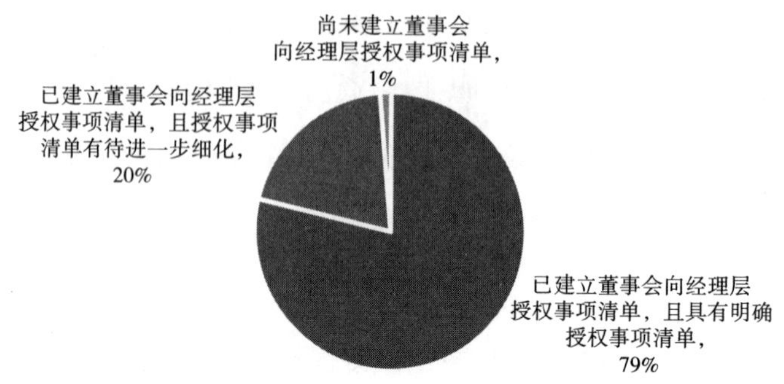

图3-44　董事会向经理层授权事项清单建立情况

在问卷有效的75家企业中，表示董事会在定战略、作决策、防风险方面发挥优秀作用的有43家，占比57%；发挥良好作用的有29家，占比39%；发挥一般作用的有3家，占比4%（见图3-45）。为此，董事会可以在董事会队伍建设、明确科学决策流程、优化对经理层授权放权等方面发力。

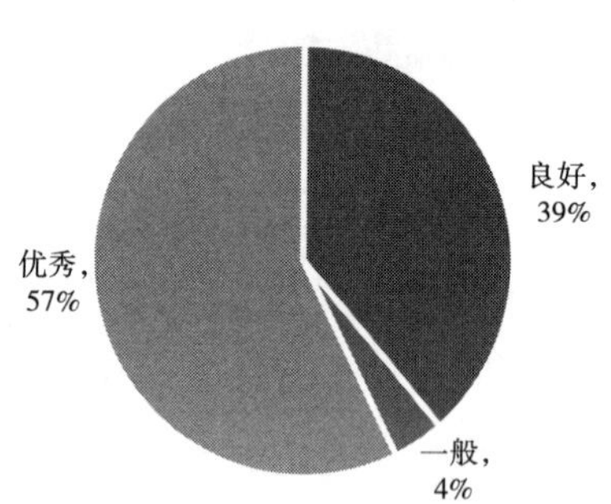

图3-45　董事会作用发挥情况

在问卷有效的21家央企国资控股企业中，表示董事会在定战略、作决策、防风险方面发挥优秀作用的有16家，占比76.2%；发

挥良好作用的有 5 家，占比 23.8%；发挥一般作用的有 0 家。在问卷有效的 15 家省属国资控股企业中，表示董事会在定战略、作决策、防风险方面发挥优秀作用的有 10 家，占比 66.7%；发挥良好作用的有 4 家，占比 26.7%；发挥一般作用的有 1 家，占比 6.7%。在问卷有效的 10 家地市国资控股企业中，表示董事会在定战略、作决策、防风险方面发挥优秀作用的有 4 家，占比 40%；发挥良好作用的有 6 家，占比 60%；发挥一般作用的有 0 家。在问卷有效的 25 家民营企业中，表示董事会在定战略、作决策、防风险方面发挥优秀作用的有 11 家，占比 44%；发挥良好作用的有 12 家，占比 48%；发挥一般作用的有 2 家，占比 8%（见图 3-46）。

整体来看，央企国资控股企业董事会在定战略、作决策、防风险方面发挥的作用优于省属国资控股企业、民营企业和地市国资控股企业。

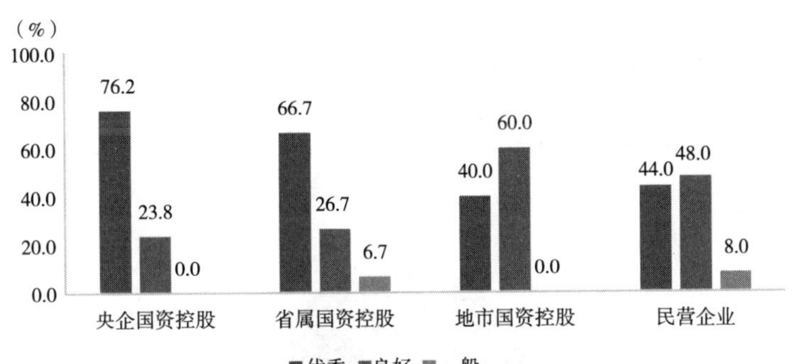

图 3-46　不同性质企业董事会作用发挥情况

在问卷有效的 24 家小型企业中，表示董事会在定战略、作决策、防风险方面发挥优秀作用的有 12 家，占比 50%；发挥良好作用的有 10 家，占比 41.7%；发挥一般作用的有 2 家，占比 8.3%。在问卷有效的 39 家中型企业中，表示董事会在定战略、作决策、防风险方面发挥优秀作用的有 23 家，占比 59%；发挥良好作用的有 16 家，占比 41%；发挥一般作用的有 0 家。在问卷有效的 12 家大型企业中，表示董事会在定战略、作决策、防风险方面发挥优秀作用的有 8 家，占比 66.7%；发挥良好作用的有 3 家，占比 25%；发挥一般作用的有 1 家，占比 8.3%（见图 3-47）。整体来看，大型企业董事会在定战略、作决策、防风险方面发挥的作用优于中型企业和小型企业。

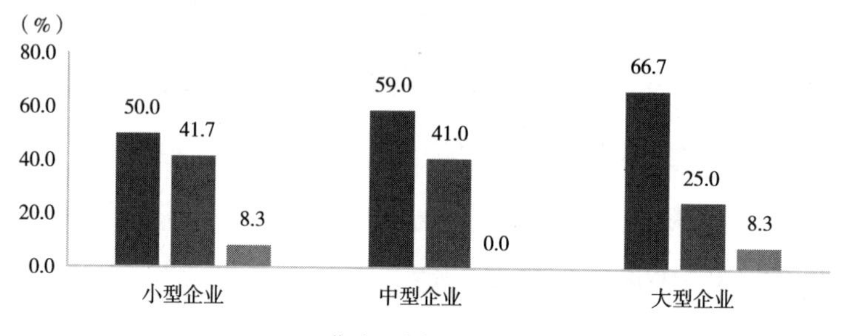

图 3-47　不同规模企业董事会作用发挥情况

（三）党组织建设情况

参与问卷调查的 85 家企业，均已经建立党组织，占比 100%（见图 3-48）。

图 3-48　党组织建设情况

在问卷有效的 68 家企业中，党委会成员人数最多的前三名为 7 人、5 人、9 人，分别占比 28%、19%、16%（见图 3-49），平均党委会成员人数接近 8 人，P50 分位为 7 人。

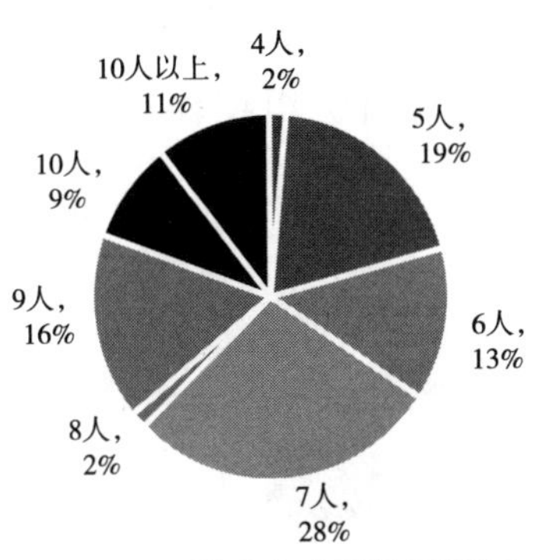

图 3-49　党委会成员数量情况

参与问卷调查的 85 家企业中，已建立党组织前置研究事项清单的有 73 家，占比 86%；尚未建立党组织前置研究事项清单的有 12 家，占比 14%（见图 3-50）。所有国资控股企业均明确了党委前置研究，有效落实党组织把方向、管大局、保落实的领导作用，推动中国特色现代国有企业制度不断完善。

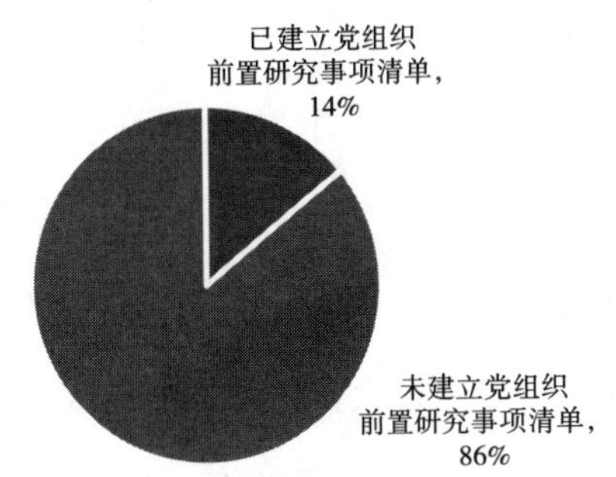

图 3-50　党组织前置研究事项清单建立情况

参与问卷调查的85家企业中，表示党组织在把方向、管大局、保落实方面发挥优秀作用的有57家，占比67%；发挥良好作用的有24家，占比28%；发挥一般作用的有4家，占比5%（见图3-51）。对此，企业党组织应当严格落实《中国共产党党和国家机关基层组织工作条例》要求，充分发挥党组织领导核心和政治核心作用。

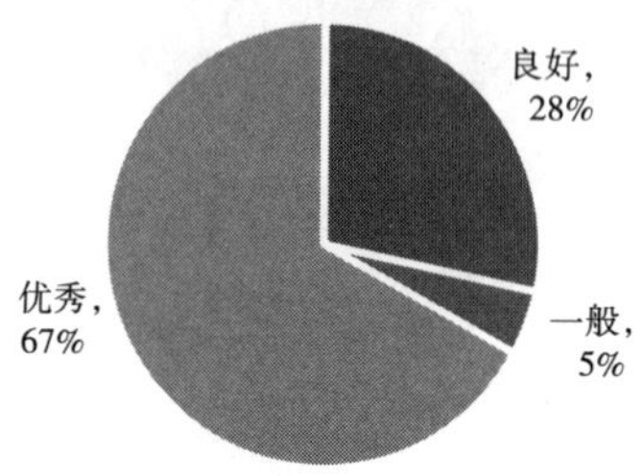

图3-51 党组织作用发挥情况

参与问卷调查的23家央企国资控股企业中，表示党组织在把方向、管大局、保落实方面发挥优秀作用的有19家，占比82.6%；发挥良好作用的有4家，占比17.4%；发挥一般作用的有0家。参与问卷调查的15家省属国资控股企业中，表示党组织在把方向、管大局、保落实方面发挥优秀作用的有9家，占比60%；发挥良好作用的有6家，占比40%；发挥一般作用的有0家。参与问卷调查的10家省属地市国资控股企业中，表示党组织在把方向、管大局、保落实方面发挥优秀作用的有7家，占比70%；发挥良好作用的有3家，占比30%；发挥一般作用的有0家。参与问卷调查的33家民营企业中，表示党组织在把方向、管大局、保落实方面发挥优秀作用的有20家，占比60.6%；发挥良好作用的有9家，占比27.3%；发挥一般作用的有4家，占比12.1%（见图3-52）。整体来看，认为党组织在把方向、管大局、保落实方面发挥优秀作用的占比最大的为央

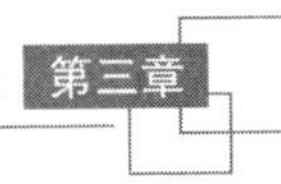

企国资控股企业，地市国资控股企业次之，国资国企均认为党组织在把方向、管大局、保落实方面发挥的作用在良好及以上。

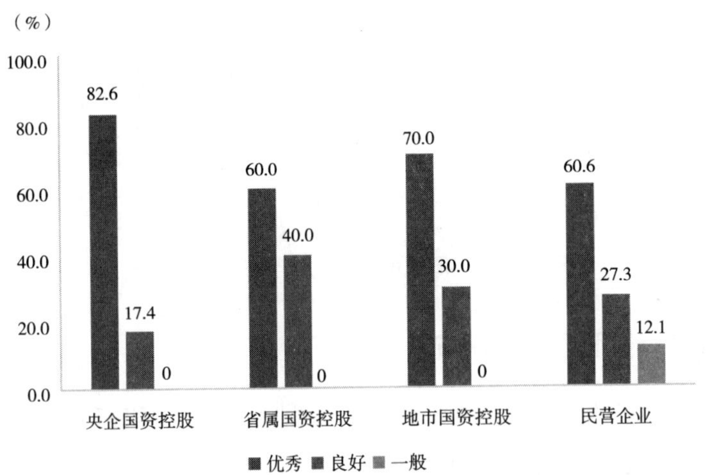

图 3-52　不同性质企业党组织作用发挥情况

参与问卷调查的 31 家小型企业中，表示党组织在把方向、管大局、保落实方面发挥优秀作用的有 20 家，占比 64. 5%；发挥良好作用的有 8 家，占比 25. 8%；发挥一般作用的有 3 家，占比 9. 7%。参与问卷调查的 42 家中型企业中，表示党组织在把方向、管大局、保落实方面发挥优秀作用的有 29 家，占比 69%；发挥良好作用的有 12 家，占比 28. 6%；发挥一般作用的有 1 家，占比 2. 4%。参与问卷调查的 12 家大型企业中，表示党组织在把方向、管大局、保落实方面发挥优秀作用的有 8 家，占比 66. 7%；发挥良好作用的有 4 家，占比 33. 3%；发挥一般作用的有 0 家（见图 3-53）。

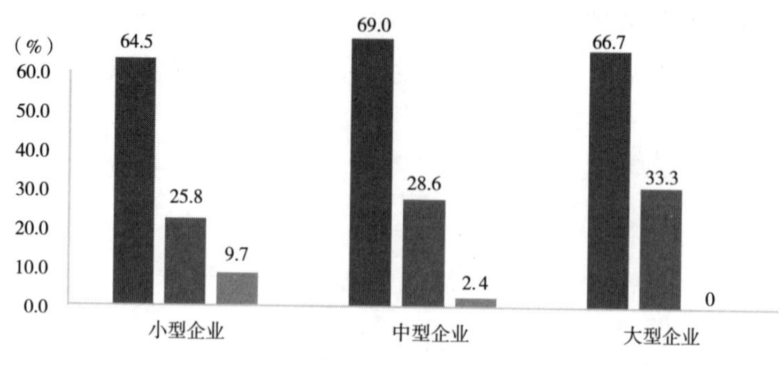

图 3-53　不同规模企业党组织作用发挥情况

（四）经理层建设情况

参与问卷调查的 85 家企业中，经理层成员人数排名前三位的为 9 人、8 人、6 人，分别占比 17%、12 和 10%，平均经理层成员人数接近 11 人，P10、P25、P50、P75、P90 分位分别为 5 人、7 人、9 人、12 人和 20 人。经理层人数主要为 10 人以下，经理层人数过少可能存在管理精力有限、管理不精细的问题，人数过多可能导致沟通效率低下、决策缓慢的问题，所以企业需要匹配企业规模、经营难度、专业兼容性等因素配置（见图 3-54）。

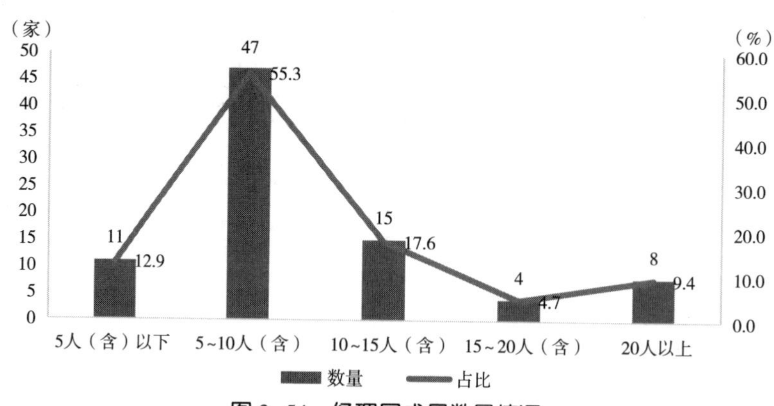

图 3-54　经理层成员数量情况

参与问卷调查的 85 家企业中，已经建立经理层任期制与契约化管理机制的有 69 家，占比 81%；未建立经理层任期制与契约化管理机制的有 16 家，占比 19%（见图 3-55）。46 家国资控股企业中仅 2 家没有实行经理层任期制和契约化管理，未实行的企业需要按照国企改革要求及时建立经理层任期制与契约化管理机制。

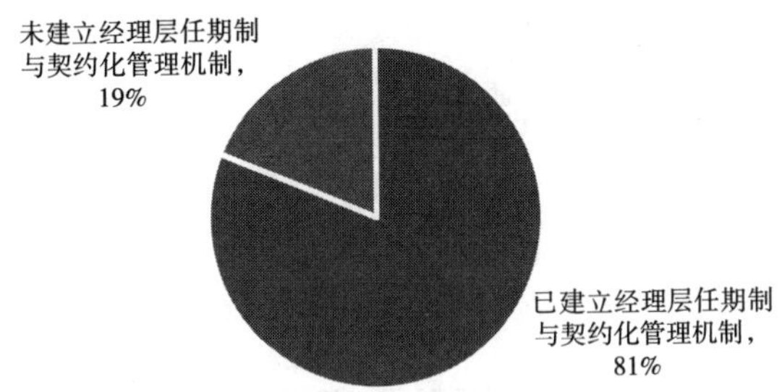

图 3-55 经理层任期制与契约化管理机制建立情况

已经建立经理层任期制与契约化管理机制且问卷有效的 63 家企业中，签约人数平均为 11 人，签约数量最多的前三名为 6 人、9 人和 10 人，分别占比 12%、10% 和 9%。P10、P25、P50、P75、P90 分位分别为 5 人、6 人、9 人、14 人和 23 人（见图 3-56）。

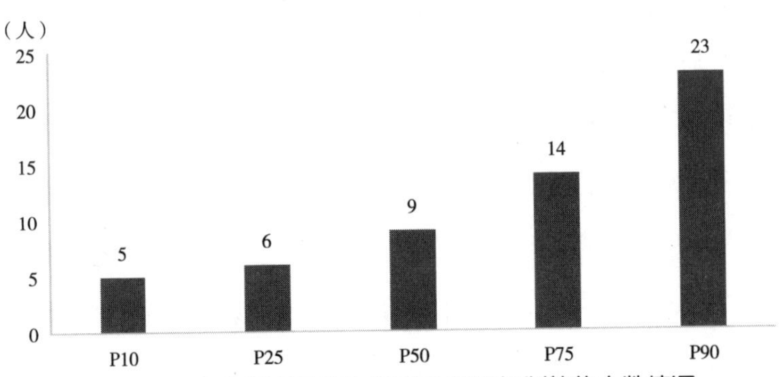

图 3-56 经理层任期制与契约化管理机制签约人数情况

参与问卷调查的85家企业中，表示经理层在谋经营、抓落实、强管理方面发挥优秀作用的有55家，占比65%；发挥良好作用的有29家，占比34%；发挥一般作用的有1家，占比1%（见图3-57）。对此企业可以在建立科学规范的管理体系、开展领导力培训和专业技能提升课程和加强信息共享和交流等方面入手，提升经理层的履职能力。

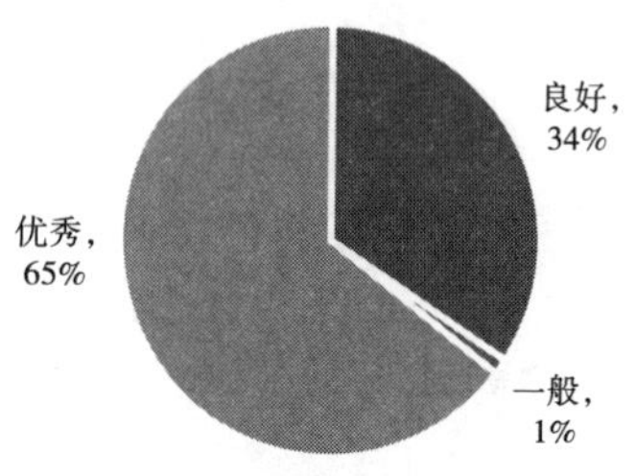

图3-57 经理层作用发挥情况

参与问卷调查的23家央企国资控股企业中，表示经理层在谋经营、抓落实、强管理方面发挥优秀作用的有19家，占比82.6%；发挥良好作用的有4家，占比17.4%。参与问卷调查的15家省属国资控股企业中，表示经理层在谋经营、抓落实、强管理方面发挥优秀作用的有10家，占比66.7%；发挥良好作用的有5家，占比33.3%。参与问卷调查的10家地市国资控股企业中，表示经理层在谋经营、抓落实、强管理方面发挥优秀作用的有7家，占比70%；发挥良好作用的有3家，占比30%。参与问卷调查的33家民营企业中，表示经理层在谋经营、抓落实、强管理方面发挥优秀作用的有16家，占比48.5%；发挥良好作用的有16家，占比48.5%，发挥一般作用的有1家，占比3%（见图3-58）。

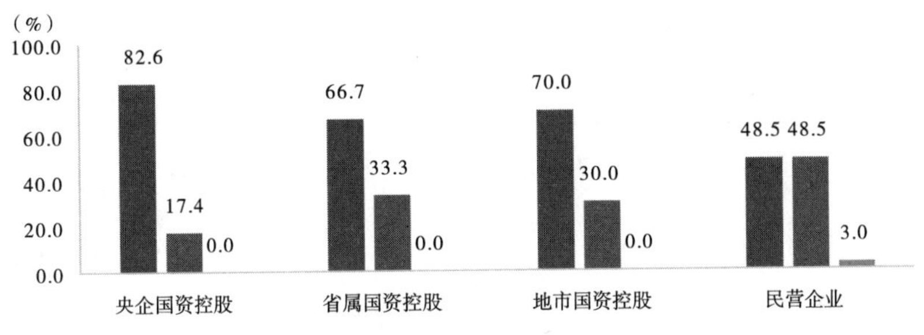

图 3-58 不同性质企业经理层作用发挥情况

参与问卷调查的 31 家小型企业中，表示经理层在谋经营、抓落实、强管理方面发挥优秀作用的有 17 家，占比 54.8%；发挥良好作用的有 13 家，占比 41.9%；发挥一般作用的有 1 家，占比 3.2%。参与问卷调查的 42 家中型企业中，表示经理层在谋经营、抓落实、强管理方面发挥优秀作用的有 30 家，占比 71.4%；发挥良好作用的有 12 家，占比 28.6%；发挥一般作用的有 0 家。参与问卷调查的 12 家大型企业中，表示经理层在谋经营、抓落实、强管理方面发挥优秀作用的有 8 家，占比 66.7%；发挥良好作用的有 4 家，占比 33.3%；发挥一般作用的有 0 家（见图 3-59）。整体来看，中型企业对经理层在谋经营、抓落实、强管理方面的满意度最高，大型企业次之。

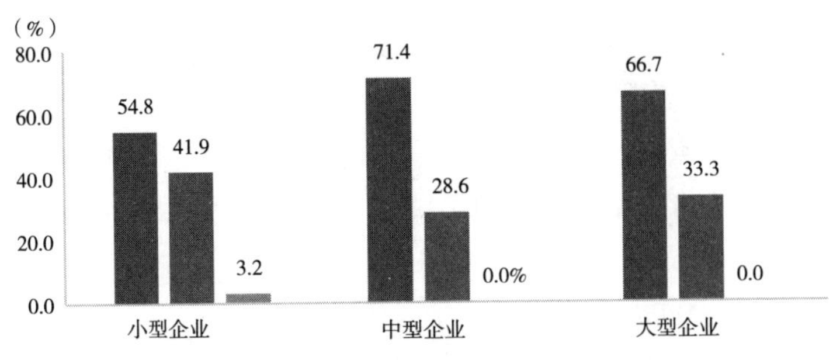

图 3-59 不同规模企业经理层作用发挥情况

（五）公司治理整体问题分析

参与问卷调查的85家企业中，在研究公司治理方面存在的主要问题时，表示尚未建立一支专职董监事队伍的有20家；认为没有根据全资、控股、参股企业的不同，实施不同治理机制的有18家；认为外部董事发挥作用有限的有16家；认为党委班子与董事会（或领导班子）、经理层成员高度重叠，存在重复决策的有16家；认为党组（党委）、董事会、经理层等各治理主体的权责边界还不够清晰的有9家；表示外部董事支撑服务不到位的有8家；认为董事会（或执行董事）对经理层授权不足的有7家；认为党组（党委）前置研究事项模糊或泛化的有5家；认为党组（党委）决策事项仍然过多，没有很好发挥把方向、管大局、保落实的领导作用的有5家；认为董事会（或执行董事）没有真正做实，不能真正有效发挥作用的有5家；认为"双向进入、交叉任职"的领导体制没有结合企业实际进行差异化的有4家；表示公司治理方面存在其他问题的有11家（见表3-1）。

表3-1 公司治理方面存在的问题汇总

序号	问题	数量（家）
1	尚未建立一支专职董监事队伍	20
2	没有根据全资、控股、参股企业的不同，实施不同的治理机制	18
3	党委班子与董事会（或领导班子）、经理层成员高度重叠，存在重复决策	16
4	外部董事发挥作用有限	16
5	党组（党委）、董事会、经理层等各治理主体的权责边界还不够清晰	9
6	外部董事支撑服务不到位	8

续　表

序号	问　　题	数量（家）
7	董事会（或执行董事）对经理层授权不足	7
8	党组（党委）前置研究事项模糊或泛化	5
9	党组（党委）决策事项仍然过多，没有很好发挥把方向、管大局、保落实的领导作用	5
10	董事会（或执行董事）没有真正做实，不能真正有效发挥作用	5
11	“双向进入、交叉任职”的领导体制没有结合企业实际进行差异化	4
12	其他问题	11

从整体情况看，为提升工程建设企业中国特色现代企业制度建设水平和运行效率，需要提升董事、监事的行权履职能力，严格各治理主体成员的选聘工作，明确各治理主体之间的权责边界，并充分发挥外部董事、监事的监督作用，并随行业、规模等企业特点适用不同的治理机制。

第四章

工程建设企业完善中国特色现代企业制度的问题与发展

一、问题与不足

（一）行政干预仍然存在

当前我国的工程建设企业改革工作取得了阶段性的成功，大部分企业已完成了公司制改革工作。但从企业的实际运作来看，现代企业制度的运用管理仍存在不足，很多企业并没有充分发挥现代企业制度的优势，权责不清，企业组织架构模式没有发挥实际运作效能。特别是一些政府平台类国有企业，其具有特殊的历史使命，在社会主义经济建设大发展时期起到了高效的推进作用，在角色定位的转变上具有一定的难度，对企业实现自主经营管理产生不利的影响。加之，企业在综合管理决策中，企业内部治理机制形同虚设，企业市场竞争意识薄弱，风险抵御能力不强。

（二）制度的建设及落地仍待压实

中央对国企改革进行了“1+N”的顶层设计，立足进一步持续巩固中国特色现代企业制度等改革重点，出台了配套文件，构建符合国有企业实际运转情况的国资监管制度体系。国有企业普遍按照改革要求出台了一系列的制度及办法，以期更好地指导实际工作，推动国有企业的发展更上一层楼，但仍然存在着诸多不足。一是只注重填补空缺未注重已出台制度的梳理，未及时开展“立改废释”工作，部分新旧制度之间存在矛盾，导致在实际开展工作中，还存有一些工作漏洞，不利于国有企业的持续化发展。二是大量制度未真正发挥管理能效，制度落实待加强，部分制度甚至是“形同虚设”。国企以改革为契机集中出台了大量制度，如何实现“从纸面落实到地面”是现阶段亟须解决的问题，制度的执行尚未形成常态化、流程化的执行机制，制度规定与实际操作之间存在脱节现象。因此，需要进一步改革现有的各项制度，作出相关针对性举措，以此来指导实践，推动国有企业制度的进一步发展。

（三）治理主体的权责边界不清晰

存在未厘清企业各治理主体权责的问题，具体体现在企业对董事会、经理层等治理主体的权责边界界定模糊、企业经营管理事项不加区分、层层上会、企业内部决策流程不够顺畅，不利于企业各项工作的高效运转，不利于企业治理主体明确相互权责，不利于激发人员积极性和主动性，容易造成相关工作出现混乱，阻碍企业高质量发展。

（四）人员配置及约束机制不完善

国有企业的市场化人力配置有短板，企业董事会在进行人事决策时，自身权限会受到一定的限制，未建立起适合的职业经理人体系。人力资源管理受企业管理层主观决策影响较大。人才发展的动能受到制约，企业高层管理的相应考核体系与激励措施并不完善，人员的积极性不能得到有效调度，薪酬水平与企业经营情况挂钩的黏度不够，导致管理的积极性及危机感不足。

（五）授权与放权未充分到位

授权放权“较为保守”“流于形式”，存在授权金额不明确、授权范围不清晰等问题。企业大量的决策审批权集中在上级主管部门或者企业个别高层管理者手中，授权放权未充分到位，未真正落地，未体现层次化管理，不能充分激发企业管理人员的动力。

（六）监管方式不够严密

监管方式不够严密，监管力度仍待加强。一是联动监督力度有待加强。监督的频率和广度不足，监督范围主要集中在重大投资、工程建设等领域，未充分发挥监督的效力。二是事后监督问责力度有待加强，项目后评价机制不健全，未建立有效的责任追责机制。三是监管手段相对落后，未建立信息化的血管系统，各种统计及分析仍处于手工台账阶段，未打通各项业务及数据之间的通道，数据统计深度、广度存在局限，不能给监管及决策提供及时有效的依据。

二、障碍与困境

（一）不同企业性质发展状况差异较大

中央企业、地方国有企业以及民营企业受资源禀赋、自身发展阶段、管理要求等众多因素影响存在明显的发展不平衡。中央企业中国特色现代企业制度明显优于地方国有企业以及民营企业，民营企业受体制机制影响，中国特色现代企业制度仍存在理解和实践上的偏差。

（二）存在治理主体重复决策问题

突出表现在对同一议案，党委会、办公会、专委会及董事会可能需要重复研究，虽然党委前置更偏重于“四个是否”，董事会更注重在决策中把握风险与收益的平衡性，但同一议案很难精确区分不同角度，往往造成一个议案包打天下。董事会的研究往往成了“外部董事的研究”，内部董事很少发言。同时，对专门委员会的定位还需要进一步深入探索，《中央企业董事会工作规则（试行）》明确：“专门委员会作为董事会的专门工作机构，对董事会负责，为董事会决策提供咨询和建议。”专门委员会是咨询机构，但在实际操作过程中，专门委员会在一定程度上已经成为前置机构，进一步加重了重复研究的问题。

（三）党管干部与董事会选聘经理层问题

有序落实子企业董事会六项重点职权是当前一项工作重点。六项重点职权中，经理层成员选聘权的落实一直是一个难点。董事会选聘经理层与党管干部原则之间如何有效衔接，还需要深入研究。目前，经理层成员选聘权并未实质性落实，董事会选聘经理层成员更多是党委研究决定后进行的程序性工作。

（四）企业管控与公司治理两条线融合问题

国有企业的管控长期以来以行政管控为主，尤其对于全资、控股企业，总部管什么、放什么，已经形成了一条完整的管控链条。公司治理条线，更多是发挥董事会独立自主决策的作用，激发企业主动发展意识。两条线如何做好融合，谁为主、谁为辅，如何优势互补等，针对这些企业治理的深层次问题还需要作出进一步探索。

三、未来发展建议

（一）坚持党的全面领导，做到与完善公司治理有机统一

确立企业党组织在公司治理结构中的政治核心地位，是中国特

色现代企业制度最为鲜明的特征和本质要求。在我国的特殊体制下，由于国有企业中所有者缺位导致法律上的委托人通常没有动力也没有能力监督和约束代理人。党组织可以代替委托人对内部控制的建立、健全进行监督，缩短委托代理链，节省监督成本，提高监督和决策效率，促进内部控制在企业中更好发挥作用。

1. 保证党组织参与企业重大问题决策权力的实现

就党组织本身而言，要主动地参与国有企业重大事项的规划和年度计划，参与企业改革发展和生产经营全过程，要对治理层实施监督权，确保决策的顺利落实；要提高党组织工作人员的职业能力，使其不仅具备政治素养还具备经济思维，可以高质量地履行自身权限。就国有企业而言，要明确党组织参与决策的具体事项，完善党组织参与重大问题决策的程序、步骤，创建党组织与治理层沟通的桥梁；确保党组织在决策前、决策时、决策后三个阶段的知情权、参与权、表达权和决策权的实现。决策前，董事长、总经理与党委（党组）书记应进行充分沟通，党委（党组）会应根据具体事项展开集体研究；决策时，党组织成员要认真履行职责，尊重党组织的意志；决策后，党组织工作要做好监督工作，落实会议决策。

2. 健全党组织参与企业公司治理的制度保障

随着改革的深入，国有企业纷纷组建起股份制公司制企业，引进西方企业管理模式，但我国所要建立的是有别于西方的具有中国特色的现代企业制度，党组织是制度构建的充分必要条件，中国特色现代企业制度的构建离不开党的领导，因此必须完善党组织参与的制度保障。党组织嵌入公司治理结构时会与“新三会”原来的职权产生重叠，对此必须以法律的形式确定国有企业党组织参与企业治理的主体资格和职责范围；对《中华人民共和国公司法》等相关法律进行修改，凸显党组织的政治核心地位和领导核心地位，使其行使权力有法可依；要把党的领导写入公司章程，对党组织参与重大问题决策的主要内容和程序作出明确规定，使它和公司管理体系、制度体系协调一致。

3. 把提高决策效率作为关注重点

在企业实践中，由党委（党组）前置研究讨论后，再由董事会等治理主体决策的重大经营管理事项，决策效率低是当前亟待解决的问题。建议对重大经营管理的具体事项，基于“各有侧重、兼顾整体”原则，按照党委（党组）、董事会、经理层的职能定位来划分各治理主体的决策点。审议时，党委（党组）重点把关“四个是否”：是否符合党的路线方针政策，是否契合党和国家的战略部署，是否有利于提高企业效益、增强企业竞争实力、实现国有资产保值增值，是否有利于维护社会公众利益和职工群众合法权益。董事会重点把关“四性”：合法合规性、与出资人要求的一致性、与企业发展战略的契合性、风险与收益的综合平衡性。

（二）遵循市场经济规律，做到按市场化运营

市场经济是一种解放社会生产力的经济管理手段。企业要遵循市场经济规律，使用好这个管理手段，才能更好地解放生产力，国外企业如此，民营企业如此，我国国有企业也不例外。在管理企业时，如果企业拥有足够的自主权，成为真正的市场主体，就可以激发企业活力。在企业管理时，如果能够使用“无形的手”对员工进行激励和约束，就可以激发人的内生动力。

第一，多措并举做实三项制度改革，用人的活力提高企业效率。

效率劣势既具有普遍性，又具有严重性。从根本原因来看，还是人的因素，解决问题的关键在三项制度改革。一是对改革者建立“三项机制”（容错机制、激励机制和约束机制），使想改革的干部“敢改”“愿改”，不想改革的干部“想改”或“走人”。二是确保改革方案公开公平公正，要建立征求职工意见建议、党组织维护职工合法权益的制度安排。三是要做大蛋糕，让干部职工参与分享改革红利。

第二，多措并举做实董事会和经理层，充分发挥董事会和经理层在治理功能中的作用。一是按“把方向、管大局、保落实”“定战略、作决策、防风险”的职责定位，厘清党委（党组）与董事会的权责边界，并建立科学的决策流程。二是结合中国实际和具体企业情况，按照“谋经营、抓落实、强管理”的职责定位对经理层授权。三是建设好规范董事会，提高董事会科学决策能力。四是建设好使用好外部董事队伍，既要发挥在防风险上的“外部人”作用，也要发挥在定战略上的“内部人”作用。

（三）完善民主管理制度，确保职工主人翁地位的落实

我国国有企业与一般私有企业不同，它所寻求的是企业利益相关者的共赢，而劳动者利益在企业利益链上处于底端，因此要求国有企业管理制度除了自身的自然属性外还必须具备社会属性，必须发挥党组织政治核心作用，以维护公有资本与非公有资本利益，以保障职工民主管理权力顺利实现。

1. 加强民主管理制度的嵌入

党组织作为企业内部独立的组织形态，可以对企业民主管理制度的落实情况进行及时监督和督促；党组织在参与企业民主管理制

度时，应该坚持民主集中制原则，使党组织成为职工与决策层之间的沟通平台，及时向决策层反映最广大职工的利益诉求。职代会是企业职工行使民主管理的主要途径，必须提高职代会占全体职工人数的比率和职代会召开的频率，使职工的诉求得以充分表达。工会承担着维护职工群众的合法权益和民主权利的责任，但企业在进行民主制度建设时往往会忽视工会的作用，工会也是企业加强民主管理制度建设的关键一环，必须加以重视。

2. 加强企业民主管理制度保障

每一项决议的推行都需要相关制度来进行规范和支撑，企业推行民主管理的决议也不例外，必须加强相应的民主管理制度建设。首先是注重职代会建设，坚持制度先行、制度为准，做到一切工作有据可依、有章可循。其次要完善企业民主选举制度，建立民主推举后备干部制度，将工会人员、职工代表和纪委人员的选举作为企业民主选举的重点工作，加强选举的全面覆盖。最后完善平等协商和集体谈判制度，规范协商程序和手段，尊重个体意见。

（四）强化国有企业资产监管力度，确保国有资本保值增值

我国的经济体制逐步由计划经济向社会主义市场经济转变，国有资产监管体制也必然会相应发生调整。应以“管资本”为主的思路，加快国有资本的股份化、证券化步伐，增强其流动性，按照现代市场经济中政府政策工具的要求，构造国有资本管理体制和出资企业的治理结构。

1. 加强党组织对国资监管机构的监督

针对国有企业改制过程中发生大量国有资产流失的情况，专门设立了国有资产监督管理机构来加强对国有资产的管理，制度的建

设重点也放在了如何对企业行使监督权，但忽视了国有资产监督管理机构同样需要监督。国有资产监管机构以出资人的身份对国有企业进行投资，对其投资权的授予是为了提高国有资本投资回报率，使国有资本保值增值，因此其投资行为必须有意义，必须在规定范围内行使权力。以往对完善国有资产监督管理制度的侧重点主要是集中在制度本身，而忽视了一项好的制度想要达到理想效果就离不开监管制度的配套。党是国有资产监管机构实施监督行为的最优实施者，其理由有二：其一是党独立的优势地位，使其比其他部门更适合担任监督的角色，企业、职工不好对国有资产监管机构这个“股东”的投资行为实行监督；社会公众更是难以了解内部情况，也无法对海量投资实现全面监督；政府部门与国有资产监管机构属于上下级，难以独立进行监督。其二是党组织本身的先进性，党的领导是历史和人民的选择，始终以最广大人民的根本利益作为出发点和落脚点，由党担任监督职责，可以更好实现国有资产保值增值。

2. 加强国资监管机构对企业内部的监督

政府不断强调国有资产监管机构的侧重点应该由“管企业”转向“管资本”，在国有企业中仅扮演出资人的角色，并不参与企业的日常经营管理，但这并不意味着对国有企业听之任之，而应该是把权力更多地向监督权上倾斜，必须掌握企业的日常经营状况、重大资产变动等相关情况。从监督管理方面加强对国有资产的管理，也可以有效降低国有资产在改制过程中发生流失或减值。对此必须做到以下三点：一是要完善国有资产的审计制度，理清内部审计、外部审计、出资人审计三者的关系，监督检查在审计人员和离职人员，延长追诉期，对重点项目重点审计；二是要加大对国有资产监管机构的监管力度，要定时检查有关事项的实施状况、过程以及效果，以便及时解决改制过程中发生的资产问题；三是要发挥外部监管的作用，要想减少国有资产的流失，就必须把出资人的监督管理、政府监督管理和审查国有企业遵守纪律综合起来，才能高效、系统、全面审计以及监管正在改革中的国有企业的资产。

第五章

工程建设企业
三项制度改革推进情况
调研分析

工程建设企业以“提高企业活力效率取得明显成效”为目标，聚焦“三能”，扎实推进“三项制度改革”，市场化选人用人、劳动用工、收入分配体系基本形成，不断释放企业发展活力。但是员工公开招聘比例未实现100%全覆盖、管理人员退出比率较低等问题依旧存在，同时在职业发展、薪酬和业绩考核方面的制度建设和落实仍需进一步优化。

一、员工能进能出方面

在问卷有效的85家企业中，公开招聘比例[1]为100%的有38家，占比44.7%；90%（含）~100%的有20家，占比23.5%；80%（含）~90%的有11家，占比12.9%；50%（含）~80%的有6家，占比7.1%；低于50%的有10家，占比11.8%（见图5-1）。

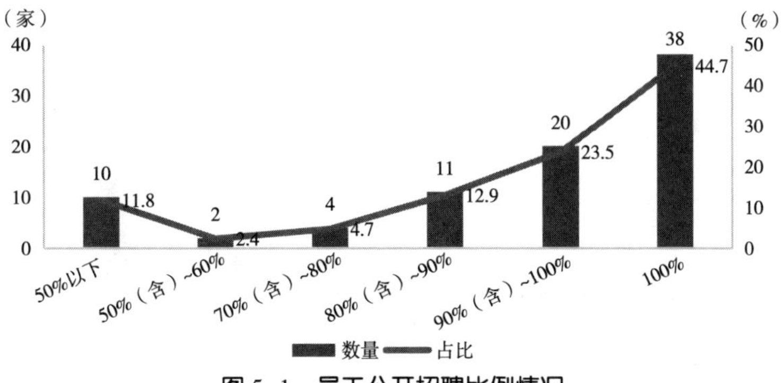

图5-1 员工公开招聘比例情况

[1] 公开招聘含校园招聘和社会招聘，新进员工不包含收购或成建制转入，以及因公调动，接受军转干部，安置退役士兵、随军家属等政策性新增人员。

在问卷有效的85家企业中，员工主动离职率为10%以上的有9家，占比10.6%；5%～10%（含）的有18家，占比21.2%；2%～5%（含）的有27家，占比31.8%；低于2%（含）的有31家，占比36.5%（见图5-2）。

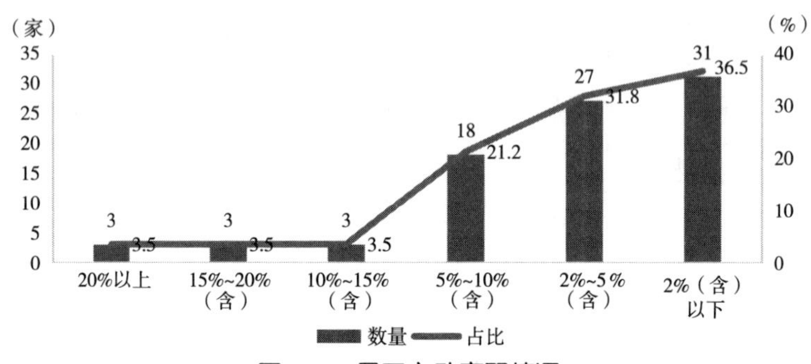

图5-2 员工主动离职情况

在问卷有效的85家企业中，员工被动离职率（因考核不合格、违规违纪等）为15%以上的有2家，占比2.4%；5%～10%（含）的有7家，占比8.2%；2%～5%（含）的有15家，占比17.6%；低于2%（含）的有61家，占比71.8%（见图5-3）。

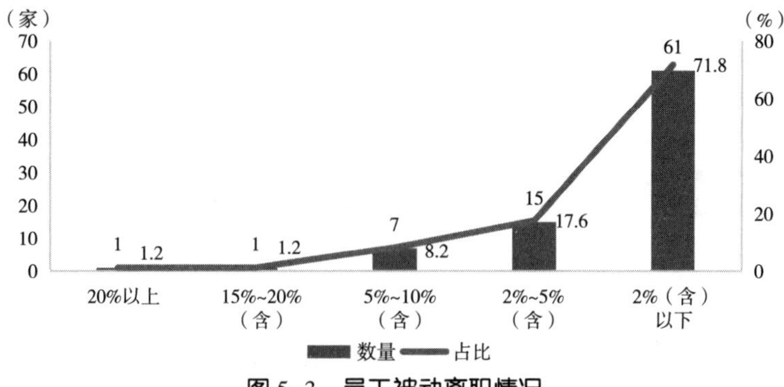

图5-3 员工被动离职情况

二、管理人员能上能下方面

在问卷有效的85家企业中，管理人员[1]占比为30%以上的有9家，占比10.6%；20%~30%（含）的有16家，占比18.8%；10%~20%（含）的有25家，占比29.4%；5%~10%（含）的有22家，占比25.9%；低于5%（含）的有13家，占比15.3%（见图5-4）。

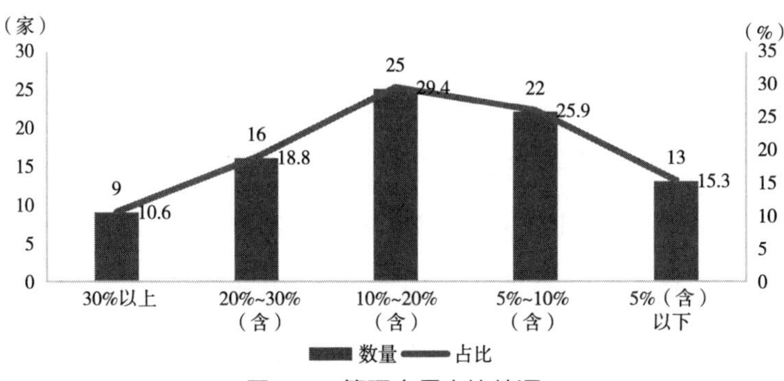

图5-4　管理人员占比情况

在问卷有效的85家企业中，管理人员退出[2]比率为10%以上的有7家，占比8.2%；5%~10%（含）的有6家，占比7.1%；2%~5%（含）的有22家，占比25.9%；低于2%（含）的有50家，占比58.8%（见图5-5）。

[1] 管理人员指本企业部门（含内设机构）负责人（含副职）及以上人员（含领导班子）、控股子企业（合并报表范围）的部门负责人（含副职）及以上人员（含领导班子）。

[2] 管理人员退出是指通过加强考核、推行末等调整或不胜任退出制度等免职、降职、降级的管理人员，不含因退休、因公调动、个人离职等原因导致的退出。

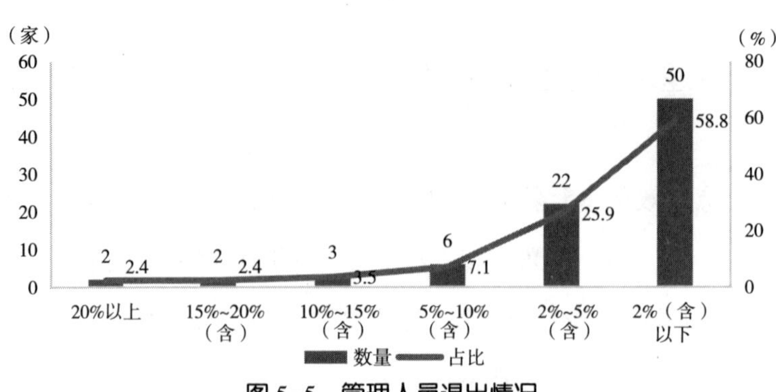

图 5-5　管理人员退出情况

三、收入能增能减方面

在问卷有效的85家企业中，收入差距倍数[1]比率为2以上的有21家，占比24.7%；1.8~2（含）的有12家，占比14.1%；1.6~1.8（含）的有4家，占比4.7%；1.4~1.6（含）的有14家，占比16.5%；1.2~1.4（含）的有19家，占比22.4%；低于1.2（含）的有15家，占比17.6%（见图5-6）。

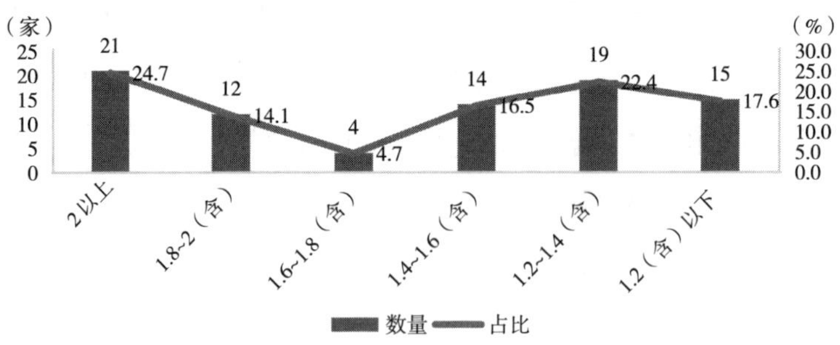

图 5-6　收入差距倍数情况

[1] 收入差距倍数（万元）是经理层成员年化后收入最高值和收入最低值的比值。

问卷有效的85家企业中，浮动工资占比为70%以上的有12家，占比14.1%；60%~70%（含）的有15家，占比17.6%；50%~60%（含）的有10家，占比11.8%；40%~50%（含）的有8家，占比9.4%；30%~40%（含）的有8家，占比9.4%；20%~30%（含）的有13家，占比15.3%；低于20%（含）的有19家，占比22.4%（见图5-7）。

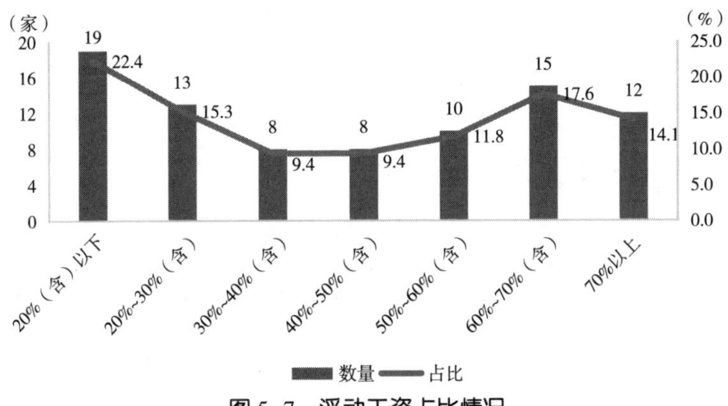

图5-7　浮动工资占比情况

问卷有效的85家企业中，已经开展中长期激励的有56家，暂未开展中长期激励的有29家（见图5-8）。已经开展中长期激励的企业中，有27家企业采用了一种工具，29家企业采用了两种及以上工具。

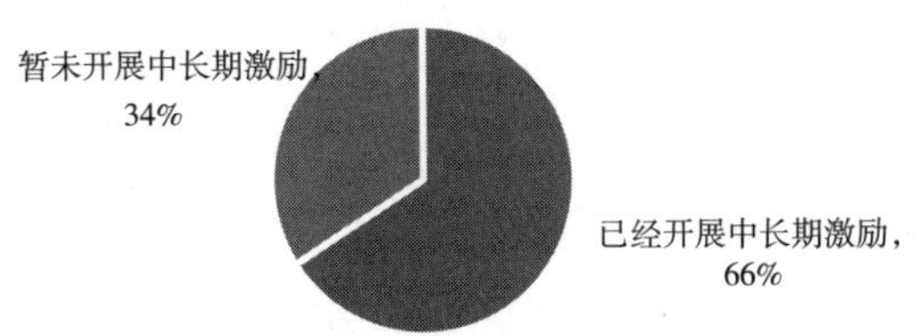

图5-8　中长期激励开展情况

公司组织架构设置方面，在问卷有效的 85 家企业中，认为公司各部门未能充分履职，部分职能弱化，未达到公司总部要求的有 23 家，占比 27.1%；认为工作忙闲不均现象明显的有 21 家，占比 24.7%；认为部门或岗位设置时，太多考虑任职者的因素，而忽略科学合理性的有 16 家，占比 18.8%；认为部门间相互推诿现象严重，沟通协作有障碍的有 14 家，占比 16.5%；认为部门职责切分与归属不合理，部门职责权利不匹配的有 11 家，占比 12.9%；认为管理层级过多，层层上报的有 6 家，占比 7.1%；认为部门设置过多，分工过细的有 6 家，占比 7.1%；认为公司管理幅度过小，领导多，干活人少的有 5 家，占比 5.9%（见表 5-1）。

表 5-1　公司组织结构存在问题情况

序号	公司组织结构中存在的主要问题	数量	占比（%）
1	公司各部门未能充分履职，部分职能弱化，未达到公司总部的要求	23	27.1
2	工作忙闲不均现象明显	21	24.7
3	部门或岗位设置时，太多考虑任职者的因素，而忽略科学合理性	16	18.8
4	部门间相互推诿现象严重，沟通协作有障碍	14	16.5
5	部门职责切分与归属不合理，部门职责权利不匹配	11	12.9
6	管理层级过多，层层上报	11	12.9
7	部门设置过多，分工过细	6	7.1
8	管理幅度过小，领导多，干活人少	5	5.9
9	其他	19	22.4

职业发展通道设置方面，在问卷有效的 85 家企业中，认为公司目前公司提供了较好的职业发展通道的有 51 家，占比 60%；认为不同岗

位之间流动少，难以人尽其才的有 23 家，占比 27.1%；认为缺乏能上能下的机制，晋升机会少的有 13 家，占比 15.3%；认为缺乏人才培养机制，能力提升慢的有 12 家，占比 14.1%；认为职业发展通道单一，只有管理通道的有 12 家，占比 14.1%；认为公司发展缓慢，空缺岗位少的有 6 家，占比 7.1%（见图 5-9）。

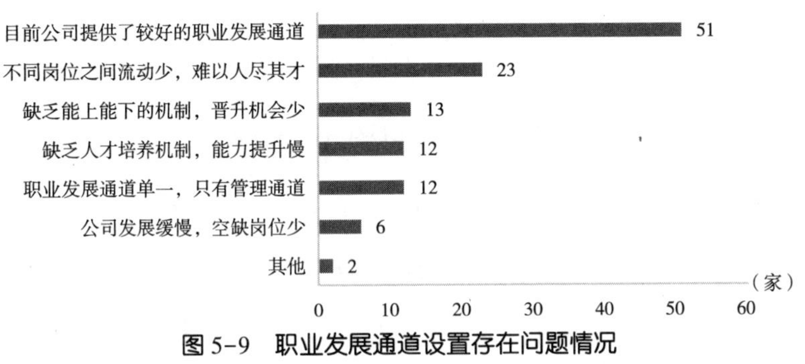

图 5-9 职业发展通道设置存在问题情况

在薪酬体系设计方案，认为公司与外部同行相比薪酬水平偏低的有 24 家，占比 28.2%；认为公司薪酬体系没问题的有 22 家，占比 25.9%；认为薪酬缺乏激励性，奖励手段单一的有 21 家，占比 24.7%；认为无法体现部门业务差异贡献的有 20 家，占比 23.5%；认为职级和工作年限对薪酬起到主要工作的有 15 家，占比 17.6%；认为薪酬提升存在“天花板”的有 14 家，占比 16.5%；认为付薪理念陈旧，太偏重经济指标完成情况的有 10 家，占比 11.8%；认为薪酬管理中奖励与处罚不对等的有 7 家，占比 8.2%；认为无合理的薪资晋升通道的有 7 家，占比 8.2%；认为部门内各岗位薪酬差距不合理的有 6 家，占比 7.1%；认为薪资等级间差距不合理的有 4 家，占比 4.7%（见图 5-10）。

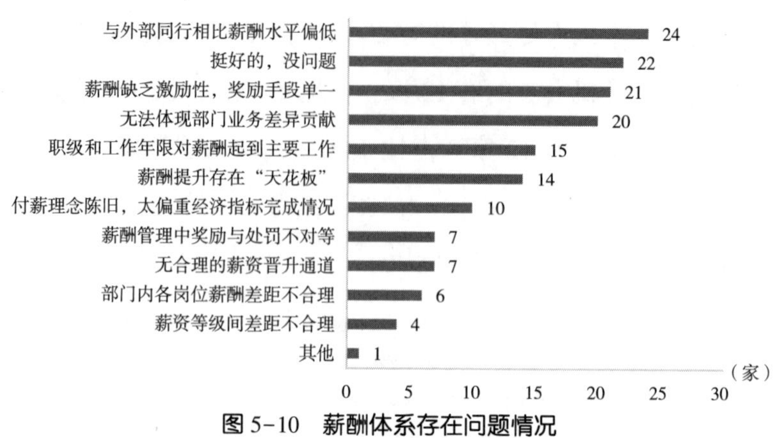

图 5-10 薪酬体系存在问题情况

业绩考核方面，认为目前业绩考核没问题的有 37 家，占比 43.5%；认为体系模糊、不系统，专业性欠缺的有 17 家，占比 20%；认为企业与员工绩效目标设置难以达成一致的有 16 家，占比 18.8%；认为绩效结果没有得到运用的有 14 家，占比 16.5%；认为考核目标值过高，难以实现的有 11 家，占比 12.9%；认为绩效结果未与员工沟通的有 9 家，占比 10.6%；认为绩效结果兑现力度较小的有 9 家，占比 10.6%；认为领导不重视的有 3 家，占比 3.5%（见图 5-11）。

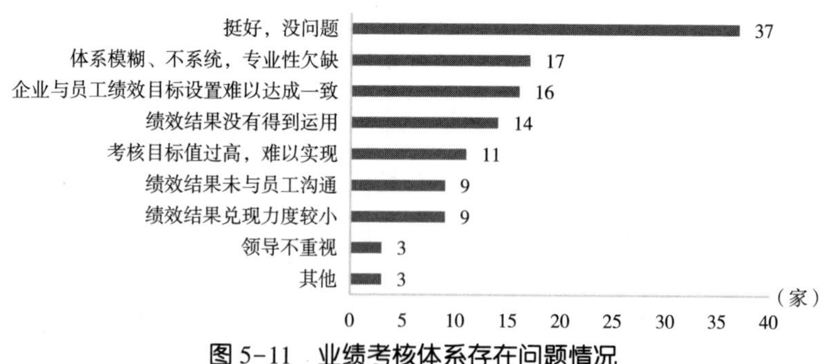

图 5-11 业绩考核体系存在问题情况

第六章

工程建设企业完善中国特色现代企业制度典型案例

全面完善中国特色现代企业制度
推动建设世界一流企业
——中国建筑股份有限公司

中国建筑股份有限公司（以下简称“中国建筑”或“公司”）是中央直接管理的国有企业中第一家整体上市的建筑业企业。公司坚持以习近平新时代中国特色社会主义思想为指导，深入贯彻落实习近平总书记关于国有企业改革发展和党的建设的重要论述，立足新发展阶段、贯彻新发展理念、构建新发展格局，扎实推进公司治理改革，加快建立“权责法定、权责透明、协调运转、有效制衡”的公司治理机制，加快构建中国特色现代企业制度，创建世界一流企业，推动企业高质量发展。

一、企业基本情况

中国建筑集团有限公司（以下简称“中建集团”）正式组建于1982年，前身为原国家建工总局，成员单位的历史可追溯至新中国成立之初。2007年，中建集团发起设立中国建筑，2009年实现在A股整体上市。公司主营业务涵盖房屋建筑工程、基础设施建设与投资业务、房地产开发与投资业务、勘察设计业务和境外业务。目前，中建集团有约40家二级机构，包括8个工程局、7个大型勘察设计院、以中海地产为代表的房地产开发企业，以及多家专业公司。经营区域遍布国内各省份及海外一百多个国家和地区。

2022 年，公司新签合同额接近 4 万亿元、营收迈上 2 万亿元台阶，位居《财富》世界 500 强第 9 位、中国企业 500 强第 4 位、《工程新闻纪录》（ENR）全球最大 250 家国际承包商第 7 位。2019 年，中建集团被国务院国资委选为创建世界一流示范企业。2021 年，包括中国建筑在内的 3 家单位入选国务院国资委公司治理示范企业，位列央企第一。此外，在资本市场，中国建筑是上证 50 指数、富时罗素中国 A50 指数、MSCI 中国 A50 互联互通指数中的建筑企业优秀代表。

二、改革背景

（一）完善中国特色国有企业现代公司治理成为推进落实国企改革的主要举措

自 2020 年起，国务院国资委先后开展国企改革三年行动、国企改革深化提升行动，将完善中国特色国有企业现代公司治理、加强董事会建设、落实董事会职权等作为主要任务。中国建筑作为国资央企，深入推进落实国企改革的有关要求，通过健全治理制度、完善治理结构、优化治理机制等举措促进治理主体权责更加清晰、治理主体作用更好发挥、治理主体运转更加协调。

（二）完善上市公司治理成为提高上市公司质量的重要基础

2020 年，国务院出台《关于进一步提高上市公司质量的意见》。其后，国务院国资委和证监会分别推进提升央企控股上市公司质量和上市公司治理专项行动。公司深入落实有关行动要求，固本强基、谨守底线、远离乱象，推动企业在经营发展过程中决策更加科学有序，执行更加精准有效，监督更加规范有力，筑牢防范和化解重大风险的底线，树立良好的资本市场形象，为维护资本市场秩序贡献自身力量。

（三）完善中国特色现代企业制度成为建设世界一流企业的必然要求

中国建筑是创建世界一流示范企业唯一整体上市的行业代表。现代企业制度是国际上通行的公司运行规则，国有企业完善中国特色现代企业制度，既有利于公司适应国际市场规则，保持竞争中立；也为国有企业广泛参与国际合作竞争、提升国际竞争力提供保障，加快建设世界一流企业。

三、完善中国特色现代企业制度的实践举措

（一）在完善公司治理中加强党的领导

公司深入贯彻落实“两个一以贯之”精神，把“党的领导融入公司治理”作为一项重要任务推进，从制度建设、实践做法等方面持续进行探索，推动制度框架体系不断成熟，党组织与其他治理主体运转更加协调。

1. 在章程中明确党组织功能定位

公司在章程中明确党组织功能定位、具体权责和前置研究讨论的要求和程序，在公司治理结构中明确和落实党组织的法定地位，推动中国特色现代企业制度更加成熟定型。

2. 权责清单全覆盖

公司构建“四规则五清单”[1] 治理结构框架和标准化的决策运行体系，并充分整合后形成“中建集团决策事项清单”和“中建股份决策事项清单”。清单纵向覆盖各治理主体具体决策事项，横向集成事项分类、行权主体、行权方式、行权路径等核心要素，同时统筹将法律审核、合规审查等要求纳入，以明晰治理的方式，形成企业管理事项权责矩阵图，使党组、董事会、经理层等各治理主体权责事项逻辑闭合、责任明晰、程序贯通、权责交圈，进一步便利、提升内部管理执行。

3. 党组织对重大经营管理事项进行实质性讨论

党组织对重大经营管理事项进行前置研究讨论时，围绕“是否符合党的理论和路线方针政策，是否贯彻党中央决策部署和落实国家发展战略，是否有利于促进企业高质量发展、增强企业竞争实力、实现国有资产保值增值，是否有利于维护社会公众利益和职工群众合法权益”的“四个是否”标准开展研究讨论，高度关注、谨慎审议“三重一大”事项。

4. 董事会自觉维护党组织发挥作用

为推动重大经营管理事项的议案酝酿更充分，在议案审议方面，董事会审议的重大经营管理事项，100%经过党组会前置研究讨论；董事会自觉拥护党组织发挥作用，党组会意见作为相关董事会议案的必备内容；进入董事会的党组织领导班子成员按照党组会形成的

[1] “四规则”是指制定“党组织工作规则”“董事会议事规则”“总经理办公会议事规则”“‘三重一大’管理办法”等4份支柱性文件，“五清单”是指编制“党组织决定事项”“党组织前置研究事项”“董事会决策事项”“总经理办公会决策事项”“‘三重一大’决策事项”等5份清单。

意见发表意见。

（二）提升董事会运行质效

公司尊重和维护董事会作为经营决策主体的地位，通过探索建立规范、高效的运行机制，持续推动董事会、董事会专门委员会及独立董事发挥作用，实现治理效能的提升。

1. 建立制度把好议案审核关

近年来，证券监管和国资监管对上市公司完善公司治理、规范董事会运行提出更高、更细的要求，并加大违规追责的处罚力度。为此，公司规范董事会议案管理，制定《董事会议案管理办法》，从源头上提升董事会运行质量。一是构建议案闭环管理。聚焦董事会议案的征集、申请、受理审查、送达审阅、审议表决、监督落实等六个关键环节，明确具体管理要求，压实责任分工。二是明确议案合规性审查流程。梳理董事会议案审议的各类监管要求，综合制作标准化董事会议案审核单，明确合规性审核的步骤流程。三是规范议案必备内容。针对实践中存在的议案内容不全面、重点不突出等问题，充分考虑信息披露的需求，规范董事会议案共性内容以及重点议案的特殊性内容。

2. 建强机制发挥董事会功能作用

公司通过构建汇报沟通机制，保障董事会充分发挥“定战略、作决策、防风险”的功能作用。一是抓牢关键环节开展战略管控。公司年初召开年度高层务虚会，年中召开独立董事年度务虚会，根据需要不定期召开专题会议研讨战略规划。同时，每年听取战略规划执行情况汇报，对公司战略执行情况予以指导监督。二是构建决策管理闭环。决策前深入沟通研判，建立“4+2+2”事前沟通机制[1]；决策中注重会议实效，以现场会议为主，公司高管对所分管领域事项进行汇报，董事会专门委员会主任委员代表专门委员会报告相关审议意见，各位董事根据自身专业分别发表意见，并形成明确意见建议；决策后强化督办反馈，及时形成董事会管理纪要和督办事项清单，并进行清单化销项管理，董事会每季度听取决策事项的执行情况和管理建议落实情况的专项汇报。三是点面结合防控风险。董事会统筹推进合规、法律、风险“三位一体”建设。每年审议公司重大风险评估报告以及法治工作报告，同时，为规范管理财务公司所涉及关联交易，每半年对公司财务有关风险进行持续评估。

3. 建优机构有效运行董事会专门委员会

中国建筑根据董事会职权和自身发展需要持续强化专门委员会作用，更好发挥其专业把关和咨询建议作用，有力提升董事会决策质量。一是动态健全专门委员会设置和职责。近两年，将董事会人事与薪酬委员会分拆为提名、薪酬与考核委员会，并增设监督委员会，进一步加强董事会人事任免、薪酬考核与监督职责。近期，公司也正在研究将 ESG（环境、社会和公司治理）管理纳入董事会专门委员会职责中。二是优化人员安排。为强化独立董事发挥作用，经逐步完善调整，公司全体独立董事均进入董事会专门委员会履职。三是有效运行专门委员会。专门委员会聚焦各自专业职责，为董事会提供更好的专业支撑保障。近 5 年累计召开会议约 90 次，审议议题 200 余项，占董事会审议议题约 3/4。除审议事项外，审计与风险

[1] “4+2+2”事前沟通机制即“四步走”递进式分阶段报送，包括“基本信息—项目可研—汇报材料—正式议案”；总部业务主管部门和实施主张单位“两个主体”共同汇报；提前做好效益分析和风险分析“两个分析”。

委员会至少每半年与第三方专业审计机构进行沟通，听取年度审计和半年度审阅情况的汇报；每半年听取公司重大事项实施情况专项审计情况；每季度听取内部审计工作报告。

4. 健全举措促进独立董事充分发挥作用

中国建筑多措并举发挥独立董事在“参与决策、监督制衡、专业咨询”方面的作用，提升董事会建设质量。一是建立独立董事专题沟通会机制，一方面推动独立董事提前介入重大议题，促进议案论证更充分；另一方面推动独立董事掌握重大事项情况，促进管理举措更完备、风险分析更深入。2022 年公司召开独立董事专题沟通会 17 次，研究议题 70 项。二是强化独立董事调研规划和成果运用。独立董事以企业发展战略为纲，重点面向企业改革发展方向、关键领域、重点难点开展调研。在调研成果上强调落实落地，每次调研结束后形成调研报告，分别对公司层面和被调研单位层面提出有针对性的意见建议。第三届董事会成立的两年多来，公司独立董事共调研基层企业 30 多家，累计提出相关工作建议 80 余条。公司独立董事还结合调研成果，深入分析规律，总结经验做法，并向国务院国资委进行了相关专题报告。三是协助独立董事对上市公司重点事项充分发表意见。2022 年，独立董事共发表 21 项独立董事意见和 4 项事前认可意见，涵盖对外担保、关联交易、股票解锁以及股权激励等内容。

（三）激发经理层活力

经理层是公司重要决策的执行者和落实者，我们通过科学有效的授权和子企业董事会建设，支持经理层及子企业更好发挥自身作用，全力以赴谋经营；通过中长期激励，进一步激发经理层及广大员工干事创业的热情，共享企业发展成果。

1. 打造董事会授权的闭环管理体系

公司董事会对授权事项进行了深入细致研究，制定专项授权方案并持续评估完善，推动授权的科学性、有效性。一是依法合规划定授权范围。梳理公司董事会的28项职权。其中，13项根据法律法规不得授权；8项综合考虑后，暂不授权。由此，确定7项主要授权事项。将其中的重大交易事项细化为6大类、11项，制定专项授权方案进行授权。二是分层分类制定授权额度标准。综合考虑各类授权事项的风险大小、重要程度、发生概率等因素，分别确定其实际授权额度标准，主要授权指标包括归母净资产0.5%、1%、2%三档。三是结合实际规范授权对象行权要求。经理层研判认为重要、必要的事项，可以进一步提交董事会审议；若某一授权事项同时适用不同分类，提交适用标准中最高级别的决策机构审批。此外，在授权管理制度中对董事长专题会的参会人员、会议运行等作出了原则性规定，兼顾灵活性和可行性。四是建强机制完善授权监督优化。授权对象每半年向董事会及其监督委员会汇报授权决策执行情况。建立授权评估完善机制，从“授权范围的完整性、授权标准的科学性、授权执行的规范性”三个维度对授权方案进行评估，根据评估结论完善授权方案。

2. 持续推动股权激励

2013年，在国务院国资委鼓励企业试点股权激励的政策背景下，中国建筑成为建筑行业首家整体上市的限制性股票激励央企试点单位，制订了为期十年的中长期激励计划，连续实施了4期限制性股票激励。一是精选指标严格设定授予和解锁条件。在业绩指标

方面，结合国务院国资委考核要求和公司发展需要，选定净资产收益率、净利润增长率、经济增加值等作为股权激励的业绩指标。在业绩条件方面，根据公司所处发展阶段，同时设置固定数据指标和A股同业上市公司的相对比较指标。二是聚焦核心，精准确定激励范围和对象。聚焦核心业绩指标作为子企业激励名额的主要分配依据。在个人层面，突出覆盖核心人才，将二、三级企业主要经营管理者、一线优秀项目经理、高端专家、高技能人才、关键岗位骨干员工等纳入激励范围，并重点向海外、新兴等战略板块倾斜。三是加强考核，有效发挥激励和约束作用。每期股权激励都必须跨越5个财务年度才可全部解锁，激励对象个人前一个财务年度考核结果达到合格及以上方可全部或部分解锁，更大限度激活了核心骨干员工的主动性、积极性和创造性，逐步形成利益共享、风险共担机制。四是立足市场，激励股票来自二级市场回购。实施的四期股权激励都采取从二级市场直接回购股票的方式，有利于资本市场维稳、股东价值回报以及市值管理水平提升。

四、完善中国特色现代企业制度的启示

（一）坚持党的领导是发挥国企公司治理优势的根本

中国的公司治理发端于国有企业改革，在国有企业建立现代企业制度过程中逐步发展，并随着上市公司群体的发展壮大而不断完善，迄今已走过30余年的历程。在此过程中，将党的领导融入公司治理逐渐成为最具中国特色的一项国企治理制度安排。在推进完善国有企业公司治理的过程中，企业不仅需要坚持党的领导，将其作

为治理优势的根本，还需要持续探索，将党的领导更好融入公司治理，充分将这一制度优势转化为公司治理效能。

（二）营造良好的治理文化是实现世界一流治理的关键

新时代企业改革发展的目标远大、任务艰巨，更需要企业练好内功，筑牢治理和管理基础。公司始终将建立健全公司治理的结构和有关制度机制作为治理基础，并努力营造良好的治理文化。作为公司治理的核心组织载体，董事会在其中发挥重要的作用，各位董事需要独立、有效、专业地履职尽责，共同形成开放、包容、规范、有效的董事会文化。同时，公司上下尊重并支持各治理主体充分发挥功能作用，将治理文化与管理文化、企业文化协同起来，共同形成促进公司发展的“软实力”。

（三）追求卓越、推动企业高质量发展是完善公司治理的最终目标

在改革中，设立“三会一层”的公司治理结构本身不是公司完善治理的最终目的。公司始终致力于通过设立一个符合公司实际的权力制衡结构，并有效运行，促进公司治理能力转化为治理效能，最终推动企业高质量发展、实现经营目标。在此过程中，公司结合企业实际对公司治理体系进行持续地完善，使之与公司发展阶段、发展需求更加匹配；同时，从市场和多元化股东处汲取智慧和力量，研究并回应市场需求，以价值创造与价值实现为导向推动公司治理更加完善。

把牢根魂优势 推动治理现代化 以治理体系能力现代化加快建设 科技型管理型质量型世界一流企业

——中国交通建设集团有限公司

中国交通建设集团有限公司暨中国交通建设股份有限公司（以下简称“中交集团”）是全球领先的特大型基础设施综合服务商，主要从事交通基础设施的投资建设运营、装备制造、房地产及城市综合开发等，从事相关业务已有100多年历史，产品和服务遍及150多个国家和地区，是唯一一家集国有企业党建工作联系点、国有资本投资公司试点和交通强国建设试点于一身的中央企业。公司在香港、上海两地整体上市，是世界最大的港口设计建设公司、世界最大的公路与桥梁设计建设公司、世界最大的疏浚公司、世界最大的集装箱起重机制造公司、世界最大的海上石油钻井平台设计公司；是中国最大的国际工程承包公司、中国最大的高速公路投资商，连续17年荣膺ENR全球最大250家国际承包商中国企业第一名，是唯一荣获国务院国资委业绩考核“18连A”的建筑央企，2023年居《财富》世界500强第63位。

中交集团作为国家交通基础设施建设的主力军，始终深入学习贯彻习近平总书记关于国有企业改革发展和党的建设的重要论述精神，全面落实“两个一以贯之”要求，加快推动治理体系和治理能力现代化，不断提升中国特色国有企业现代公司治理新优势。中交集团连续保持国务院国资委中央企业董事会评价“优秀”等级，中国特色现代企业制度更加成熟定型。正以“治理现代”的新姿态，加快建设具有全球竞争力的科技型、管理型、质量型世界一流企业。

一、理清脉络权责、优化体制机制，推动党的领导融入公司治理求真做实见效

中交集团全面落实“两个一以贯之”，推动党的领导与公司治理在融入上下功夫、在结合上做文章、在发展上求实效，制度优势不断转化为治理效能。

（一）强化顶层设计，完善公司治理结构体系

一是提高政治站位，把牢公司治理正确方向。始终把学习贯彻落实习近平总书记重要指示批示精神作为重大政治任务，制定《深入贯彻落实习近平总书记重要指示批示实施办法》，动态完善《习近平总书记重要指示批示汇编》，形成18个专题、988条学习清单。切实引导各级党组织和广大党员内化于心、外化于行，把牢公司治理正确方向。二是理清脉络结构，清晰公司治理逻辑链条。规范各治理主体权责，理顺并形成党的领导融入公司治理的层层逻辑。按照“决策制度化、制度清单化、清单流程化、流程信息化”的总体思路，构建并持续升级主线清晰、层层递进、逐级细化、全面落实的“1234N”制度体系，即1个完善公司治理中加强党的领导的意见，2个议事决策机制办法，党委、董事会、经理层3个议事规则，4个议事清单，N个基本制度、专项规章和流程图，确保党的领导融入公司治理各环节。三是把握关键环节，畅通公司治理行权路径。聚

焦决策、执行、监督三大环节，厘清党委与其他治理主体关系。在决策环节，重大经营管理事项必须经党委前置研究讨论。在执行环节，以督查督办推动经理层落实公司党委意见建议，保障经理层依法行使经营管理权。在监督环节，形成党内监督为主导，纪检、巡视、审计、监事会等各类监督有机融合的“大监督”体系。

（二）创新体制机制，明晰公司治理实践路径

一是推动“全面融入”，构建以章程为基础的制度体系。集团及所属二级子企业全面完成党建工作要求入章程；制定公司权责手册，涵盖权责事项490项，实现对关键事项和关键节点全覆盖；制定《关于加强和改进混合所有制企业党的建设工作的指导意见（试行）》等配套制度30多项，实现相对控股企业党组织和党建工作制度全覆盖，并探索在境外企业灵活开展党建工作。推动战略规划、经营计划、商业模式全面贯彻党的路线方针政策、落实高质量发展要求。二是推动“交叉任职”，夯实党的领导体制支撑。推动二级子企业党委书记、董事长全部由一人担任，专职副书记进入董事会且不在经理层任职。推动符合条件的149户子企业全部实现董事会“应建尽建”，外部董事占多数比例达100%。坚持党管干部原则与董事会选聘经理层有机结合，在经理层选聘考核中邀请董事参加、听取意见建议，有效调动各方积极性。三是细化“权责清单”，确保党对重大事项把关定向。制定《“三重一大”决策制度实施办法》《“三重一大”事项决策权责清单》，修订完善《党委（常委）会议事规则》《董事会议事规则》《总经理（总裁）办公会议事规则》以及议事目录清单，规范党委发挥作用的方式，推动各治理主体决策事项权限具体化、规范化、程序化。

（三）融入中心工作，提升公司治理效能

一是强化党委决策贯彻执行。明确经理层落实党委（常委）会意见建议、研究决策或组织实施重要事项的职责，全面推行经理层目标任务管理办法，构建部门、事业部、子企业全覆盖的目标任务管理体系，实现目标任务动态编制、控制、考评，确保公司党委部署执行到位、考核到位。二是强化重大专项问题推进。公司党委系统梳理公司发展中的重大难题，动态成立若干专项工作组，制定解决处置方案，通过加强指导、统筹优质资源，确保对重大问题重点跟踪、及时跟进。针对重点工作成立了“专项工作组”，其中针对振华重工高质量发展，研究制定《关于推动振华重工高质量发展的实施意见》，工作组专题跟进，推动振华重工运营指标大幅改善。三是强化党的领导全级次穿透。树立大抓基层的鲜明导向，坚持“一项目一阵地”“一支部一堡垒”“一领域一标杆”，“天鲲号”党支部入选中央企业第二批基层示范党支部；提炼出“党建+脱贫攻坚”“党建+区域发展”“党建+一带一路”等多种类型党建模式和经验。创新“三保四创两提升”基层党建工作载体，推动党建与中心工作同频共振、互融互促。

二、探索管控模式、精准授权放权，加快实现由管理向治理、由“管资产”向“管资本”转变

中交集团强化总部建设，规范企业授权放权，明晰集团与各级子企业的功能定位和权责界面，打造更加现代化的管控体系，推动由管理向治理、由“管资产”向“管资本”转变。

（一）全面重塑总部功能，打造“最强大脑”

一是推进总部功能调整。对集团公司总部定位进行重塑，建设“党建引领型、战略管控型、价值创造型、服务监督型、和谐奋进型”“五型”新总部，战略管控能力更加强化、引领作用更加突出、管控能力更加高效，实现“精总部、大体系、强支撑、高效率”。开展“制度建设年”活动，采用系统性思维、结构性方法，梳理完善总部职能模块35项、管理事项153项、规章制度646项。开发制度管理数字化系统，实现规章制度全生命周期监管与分级分类归档管理，为总部行权履职夯实基础。二是实现“管办分离”。分出“前台”和“后台”部门，“后台”管理部门重点围绕定制度、定规则、定体系、定标准以及强监督等方面，强化业务管理职能，确保始终“管到位”；“前台”发展部门重点围绕方案策划、资源整合、组织实施等方面，强化增量发展职能，确保始终“业绩优”。新成立资本运营部，实现资本运营功能上移。新设国内直营业务、国际直营业务、轨道交通、新产业发展、房地产等五大事业部，推动具体生产经营事项下沉，完成了业务管理与发展主体从“专业事业部”到“功能事业部”再到“公司化事业部”的升级。通过管办分离，进一步强化了总部的业务管理和增量发展职能，总部运转效率明显提升。三是打造上下联动的组织体系。建立与“管资本”相适应的区域型组织和项目管理体系，着力夯实落地的“最后一公里”。以构建功能一体化、利益一体化、配置一体化的“精区域”工作格局为目标，推动区域总部与区域投资公司从一体化运行模式向区域协同发展模式转型，落实区域市场发展责任和区域投资价值创造责任，优化区域市场经营模式和资源配置方式。树牢项目是成本中心的理念，推进项目全生命周期标准化管理，通过优化项目资源配置，提高项目管理水平，构建“科技驱动型、标准引领型、质量效益型”项目管理体系。总结形成了一整套体系化的总承包项目管理支撑、扁平化管理总体原则，实现了创新、创效、创先、创牌“四创合一”的良好效果。

（二）精准推进授权放权，全面“激发活力”

一是因企施策，深入推进企业分类改革。在子企业对自身所处行业性质进行定性判断，以及对主业资产比重进行定量计算的基础上，科学开展子企业功能界定与分类工作，作为中交集团推进子企业分类改革发展、分类指导监管、分类薪酬分配、分类考核评价的重要依据。二是分类管控，做到管住管好和保值增值。通过推动分层分类管控，不断提升管控能力。对于全资和控股子企业管控，从市场经营、保障服务、资源配置 3 个功能维度，对可管控与授权事项进行分类管理。建立起子企业绝对禁止事项、自主决策事项、需审批备案事项等不同类别的授权放权“管控光盘”，建立管控事项清单，形成管控授放权工具库，夯实管控基础。三是差异化授权，做到因企施策和管牢底线。按照“放得下、接得住、管得好、动态调”的思路，因企施策授权放权。通过建立行权能力评价标准，对子企业行权能力进行评价，全面评估其承接授权能力，有针对性确定授权放权事项；守牢边界红线，做到“三个不放”，即出资企业法人治理结构不到位的不放，出资企业制度体系不健全的不放，发生年度亏损、重大风险事件、违规行权的不放。通过构建全流程授权放权体系，确保把该放都放下去，把该管的管起来，既激发企业活力，又提升监督的灵活性和有效性。通过对所属中交一公局集团授予 5

方面17项自主决策权，持续增强一公局集团市场自主性，极大激发其市场活力。一公局集团已成为新签合同额、营业额“双千亿”、利润总额超20亿元的重要子企业标杆。

（三）科学民主决策，增强“治理效能”

一是突出科学民主依法决策。推动中交集团和上市公司中国交建董事会始终坚持科学民主和依法合规决策，既保证决策效率和质量，又防止出现违反上市公司监管要求的情况，规避发生合规风险，全面实现规范化运行。严格落实法律法规、公司章程以及各类监管规定，坚持依法决策，不触碰合规红线。注重决策前期的研究论证，坚持外部董事沟通汇报会制度，重大议题在正式提交董事会前向外部董事进行汇报，提前研判风险，修改完善方案，提高董事会的审议效率和决策水平。严格落实董事会议事决策程序，在会议过程中每位董事都认真参与讨论，充分发表意见，根据自己的判断审慎、独立行使表决权。二是着力完善法人治理体系。建立党委会、董事会、经理层一张治理清单，严格按照公司章程和系列议事决策制度规定处理好董事会与其他治理主体的关系。对需要党委会前置研究、总裁办公会审议的重大经营管理事项，必须完善党委会和总裁办公会的过会程序和审议意见，再提交董事会决策。对董事会授权范围内的事项，规范授权的形式与要求，促进经理层依法行权履职，提高经营决策效率。对提交董事会审议决策的事项，一方面完善会前沟通汇报机制，保证外部董事有充足的时间了解议案，对议案风险进行把关，提高正式会议决策效率和质量；另一方面督促有关部门做好董事会决议的落实，将董事会决议纳入督办系统，确保决议得到及时贯彻执行。三是全面提高上市公司质量。开展提高央企控股上市公司质量专项工作，全面优化上市公司治理。构建以同时兼顾上海、香港两地上市规则的关联交易管理办法为核心，日常性实施细则、一次性实施细则和评优惩处细则为支撑的“1+3”制度体系，建立“年初有计划、月度有监督、季度有交流、年度有考核”的全生命周期闭环交所上市公司信息披露A级评价。

三、坚持守正创新、系统重塑提升，加快推动所属企业董事会建强做实

全面落实国务院国资委完善公司治理、推动董事会建设向所属子企业延伸的要求，强化顶层设计、抓实过程管理、突出“形神兼备”，应建尽建范围内149户子企业董事会得到系统性重塑、整体性提升。

（一）推动“应建尽建”，高站位统筹董事会建设

一是系统谋划顶层设计。中交集团党委始终高度重视公司治理体系和治理能力现代化，把建强做实所属子企业董事会作为落实习近平总书记“两个一以贯之”要求的重大任务专项研究、系统谋划。全面落实国务院国资委三年改革行动部署，主要领导亲自主持召开所属子企业董事会建设推进会，建立部门联动、上下贯通的专项工作组，明确目标、细化路径。三年改革行动以来，研究制定了《关于完善子企业法人治理结构的实施方案》《关于完善子企业董事会建设的实施方案》《高质量建强做实子企业董事会的工作方案》《高质量深化子企业董事会建设的工作方案》等系列顶层设计文件，做到全面统筹、有序推进。二是科学推动“应建尽建”。系统对标国务院国资委董事会“应建尽建”标准要求，全面摸底公司所属企业

董事会建设现状，按照分步分类、差异化建设的思路，初步构建规范型董事会、合规型董事会、基础型董事会 3 种类型并纳入应建尽建范围。即实行战略管控及投资决策事项多的重要子企业、股权多元化企业、股权单一但出于治理制衡及高质量发展需要有必要纳入的企业，综合确定应建尽建名单并动态调整，确保清单科学、符合发展需要。三是创新研究配置模式。全面提升子企业董事会人员配置科学化水平，结合全资、控股、实际控制、参股等不同企业类型，创新构建“1+6+X”董事会人员设置标准模式。即通过“基数+变数+调节系数”方式，“一企一策”确定董事会成员数量范围。按照人事相宜、人岗匹配原则，建立外部董事配置清单，实现专兼职结合、正副职兼顾，确保所属子企业董事会均配备 1 名主营业务以及 1 名财务或审计等专业背景外部董事，实现董事会专业经历多元和能力结构互补。

（二）推动“规范运行”，高标准推进董事会形神兼备

一是全面建章立制。把牢公司章程这个“根本大法”，两次动态修订《中交集团出资企业公司章程指引（试行）》，及时纳入最新改革成果。区分单一股东和多元股东、党委和党支部（党总支）、董事会和执行董事等不同企业治理主体类型，确保公司章程与治理机构科学匹配。制定《所属企业公司章程管理办法（试行）》，立足完备性、有效性、特殊性 3 个维度 27 项评估指标，对 56 家重要子企业公司章程逐一评估，提出 2088 条意见，全面增强公司章程严肃性。制定《所出资企业董事会工作规则》《所出资企业董事会议事规则指引》《所出资企业董事会专门委员会议事规则指引》《所出资企业董事会评价办法》等 20 多项制度，建立董事会运行保障、考核评价全流程管理体系。所属子企业把制度建设作为基础，初步构建了以公司章程为基础的“1+N”制度体系。二是推动规范运作。夯实规定动作，全面提升标准化规范化水平。把牢权责清晰这个前提，指导所属子企业全面建立党组织前置研究讨论重大经营管理事项清单、党委会议事清单、“三重一大”事项清单、董事会及经理层议事清单，系统理清董事会与各治理主体权责边界，为依法合规行权提供保障。把握会议决策这个核心环节，制定《所出资企业董事会会议资料示范文本》，总结凝练涵盖董事会会议及专门委员会运行的16类文件以及11类议案材料模板，以全流程标准体系确保会议决策标准规范。目前，公司所属子企业已全面建立议事清单、全面落实标准模板，董事会规范性持续提升。2023年对所属43户二级子企业开展全覆盖评价，90%达到“良好”及以上等级。三是差异化落实职权。制定《关于落实所出资企业董事会职权实施方案》《所出资企业授权管理办法》《子企业落实董事会职权“工作到位”标准》，梳理形成62条到位标准和57条实践成果，有力指引子企业规范落实董事会职权。目前，中交集团应建尽建范围内的149户子企业，均已不同程度落实了董事会6项职权。其中，“双百”“科改”企业，有序落实全部6项职权；其他重要子企业依据董事会规范运行情况及企业行权能力，差异化落实经理层成员选聘权或职工工资分配权之外的4～5项职权，确保落实董事会职权与企业发展合理匹配。

（三）全面“建强队伍”，高质量选优配强外部董事

一是严格选聘任用。始终坚持党管干部原则，突出政治标准和专业能力，切实选优配强所属企业外部董事。严把任职条件，按照

“身份专职、能力专业、履职专管、职责专用”原则，突出选拔经验丰富、熟悉企业、业务专长的干部。拓宽来源渠道，制定《外部董事人才库管理办法》，完善外部董事遴选、入库、培育、管理、使用机制，建立“1 主+2 辅”外部董事人才库入库渠道，形成了 176 人的外部董事人才库，初步实现素质优良、数量充足、结构合理。二是注重提升能力。制定派出外部董事履职细则，全面规范外部董事权利义务，细化外部董事履职重点环节事项，实现履职清单化、条目化；建立履职提示和风险提示机制，对履职瑕疵或股东关注事项，发放履职提示函，提升工作针对性和有效性，3 年来针对重大事项报告、重点领域履职已发出提示函近 20 份。坚持每年不少于两次的常态化培训，已连续通过“现场+属地”“线上+线下”形式举办 4 次，通过学习理论、剖析案例提升履职能力。三是严肃管理考核。制定外部董事管理服务、履职支撑、考核评价工作制度，形成外部董事选拔聘用、薪酬激励、履职待遇、支撑保障全过程制度体系。坚持定性与定量结合、考人与考事兼顾，构建日常考评、内部测评、出资人测评多维度评价体系，将考核结果作为外部董事薪酬激励、续聘解聘的重要依据，做到奖优罚劣。2022 年度派出外部董事考核评价中 65 个岗位评定为“优秀”等次，6 个岗位评定为“称职”等次，绩效薪酬倍差达 1.21 倍。

（四）抓实“体系支撑”，高水平支撑外部董事履职

一是强化机制支撑。初步构建“2+2+N”履职支撑体系。第一个“2”即设置派出外部董事办公室，主管派出外部董事日常履职管理、政策指导和日常服务。成立专职外部董事党支部，全面加强对专职外部董事的政治引领、管理监督和支撑服务。第二个“2”即建立外部董事召集人机制，着力增强外部董事凝聚力，强化与公司总部、内部董事及经理层协调沟通，畅通“上情下达”“下情上达”通道。创新建立外部董事工作组机制，将专职外部董事分为若干工作组，对所任职企业重大复杂、难以独立判断的事项集体研究讨论，充分发挥派出外部董事重大决策智囊作用。“N”即推动企情问询、OA（办公自动化）系统、工作调研等工作机制向所属子企业延伸。建立外部董事季度沟通会制度，每季度通报重点工作进展，提示重点关注问题。3 年来，组织季度沟通会 11 次。二是突出数智赋能。建立董事会管理信息平台，运用数智化手段提升管理效率。整合所属子企业董事会人员信息、制度建设、机构设立、政策文件等 21 项工作模块，实现云管理。在线记录出资企业董事会会议组织情况、议案审议情况、外部董事调研情况等董事会日常运行信息，以及外部董事履职报告、日常沟通等履职登记信息，确保重要工作按计划推进。每季度生成外部董事履职情况统计报表，实现大数据分析并为考核提供支撑。三是鼓励守正创新。鼓励所属子企业在做实“规定动作”的基础上大胆探索，对董事会建设主动深化、守正创新。所属中交上航局等多家子企业全面建立外部董事沟通会制度，对重大复杂议案提前与外部董事沟通，有效提升董事会运行效率；所属中交机电局制定《外部董事履职信息支撑明细表》，细化与外部董事相关的会议、文件，实现分类管理、即时呈报，确保履职信息充足。所属中交投资严把程序合规、论证评审和执行落实 3 个关口，建立了投资决策全流程工作体系；所属中交房地产、中交天航局等单位抓实董事会决议落实全过程，建立工作台账、每月督办反馈，确保决议件件有落实。

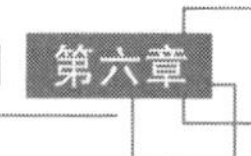

加快推动治理体系和治理能力现代化是国有企业特别是中央企业加快建设世界一流企业的共同追求。中交集团将始终坚持以习近平新时代中国特色社会主义思想为指导，深化落实“两个一以贯之”，不断完善中国特色国有企业现代公司治理，为建设“产品卓越、品牌卓著、创新领先、治理现代”的世界一流企业贡献更多“中交方案”。

运用党建“五度工作法”
推动加强党的领导和完善公司治理相统一

——中国能源建设集团有限公司

中国能源建设集团有限公司（以下简称“中国能建”）是一家为中国乃至全球能源电力、基础设施等行业提供系统性、一体化、全周期、一揽子发展方案和服务的综合性特大型集团公司，主营业务涵盖传统能源、新能源及综合智慧能源、水利、生态环保、综合交通、市政、房建、房地产（新型城镇化)、建材（水泥、沙石骨料等)、民爆、装备制造、资本（金融）等领域，具有集规划咨询、评估评审、勘察设计、工程建设及管理、运行维护和投资运营、技术服务、装备制造、建筑材料为一体的完整产业链。公司连续9年进入世界500强，在ENR全球工程设计公司150强、国际工程设计公司225强、全球最大250家工程承包商排名中位居前列，在90多个国家和地区设立了200多个境外分支机构，业务遍布世界140多个国家和地区。2015年12月10日首次公开发行H股并在香港联合交易所有限公司主板挂牌上市，2021年9月28日，在上海证券交易所主板挂牌上市。

中国能建深刻领会“两个一以贯之”重要论述的深刻内涵，通过高、宽、深、厚、温党建“五度工作法”，切实把握完善公司治理中加强党的领导的实现路径，以党建独特优势为中国能建系统改革、

整体转型提供了强大支撑，为企业高质量发展提供了坚强保证。

一、突出高度，党旗领航促发展

在完善公司治理中加强党的领导，完善公司治理是基础，加强党的领导是关键。中国能建坚持以政治建设为统领，从政治、治理、战略高度，确保党的领导、党的建设在企业改革中充分体现和加强。一是坚持政治高度。把加强党的政治建设摆在“第一位置”，把学深悟透习近平新时代中国特色社会主义思想作为“第一任务”，把学习贯彻落实习近平总书记重要讲话、指示批示精神作为“第一议题”，系统构建“传达学习→研究部署→贯彻落实→跟踪督办→报告反馈”闭环机制（见图 6-1），把旗帜鲜明讲政治贯穿企业发展全过程，切实做到知行合一、形神合一、言行如一、表里如一、始终如一。二是坚持治理高度。坚持和完善“双向进入、交叉任职”领导体制，全面推行党委书记、董事长“一肩挑”，高效推动“党建进章程”“三重一大”决策、党委前置研究讨论等制度规范落地。坚持总揽而不包揽，细化完善“三重一大”决策、党委前置研究讨论、董事会决策、总经理办公会决策“四张清单”，完善党委会议事规则、股东大会议事规则、董事会议事规则等 21 项企业治理制度，明晰党组织与其他治理主体的权责边界，实现子企业董事会应建尽建和外部董事占多数，扎实推进混改、科改示范行动。三是坚持战略高度。中国能建党委主动求变、积极作为，出台《全面加强党的领导、加快高质量发展、深化系统改革和加强科学管理的若干意见》，全面实施“1466”战略，以党的战略部署引领未来发展方向。积极融入国家发展大局，深入贯彻习近平总书记“四个革命、一个合作”能源安全新战略和碳达峰、碳中和“30·60”战略，主动服务区域协调发展战略，全力当好重大工程建设主力军、“一带一路”建设排头兵，在打赢脱贫攻坚战、全面推进乡村振兴中积极作为，切实当好党和人民可以信赖、可以依靠的央企典范。

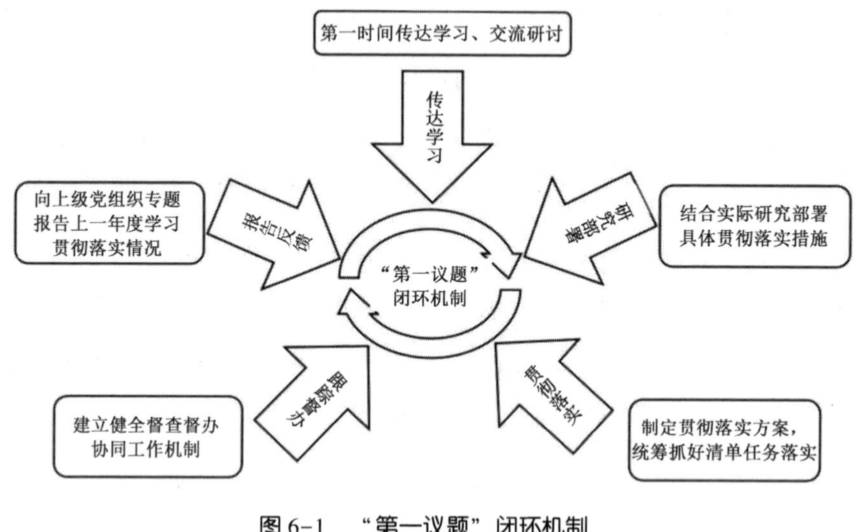

图 6-1 “第一议题”闭环机制

二、拓展宽度，强根铸魂塑优势

党的基层组织是贯彻落实党的路线方针政策的基础，更是企业推动改革发展的基础。中国能建明确提出“大党建”工作理念，以宽格局、宽视野、宽触角，充分将党的政治优势转化为企业发展优势、创新优势、竞争优势。一是拓宽格局，健全责任体系。抓牢责任链这个关键基础，建立“公司总部、子企业党委、基层党支部（总支）”党建三级责任体系，集团总部突出党建引领，子企业党

委抓实基本组织、基本队伍、基本制度，基层党支部（总支）履行好基础职责，落实好“最后一公里”。抓牢党委这个关键主体，深化落实党委主体责任清单、前置研究讨论事项清单、党委班子成员“一岗双责”清单，层层压实党建工作责任制。抓牢落实这个关键环节，强化监督问效，发挥党内监督主导作用，加强企业内控体系建设，不断优化“大监督”机制效能，用监督传导压力，用压力推动落实。二是拓宽视野，完备制度体系。突出“简约、高效、好用”系统重构企业制度体系，全面推进所属各层级制度有效承接党内法规和上级规章制度，实现党建制度与生产经营等管理制度的相辅相成、相互促进、相互保障。坚持动态跟踪，逐级开展对所属党组织制度建设整体评价。三是拓宽触角，严密组织体系。紧密结合企业产权关系、经营模式、用工方式等深刻变化，持续强化适应性党组织建设，根据新建重组单位、混合所有制企业、上市公司等不同特点创新构建组织网络，把党组织建立到重大工程、重大项目、重大任务和车间班组，提升党组织覆盖的有效性。坚持点面结合，培育和命名226个“五强两到位”示范党支部，持续提升党委规范化、党支部标准化建设水平。

三、开掘深度，双向融合创价值

中国能建坚持以价值创造为旨归，紧紧围绕提高企业效益、增强竞争实力、实现保值增值提升党建工作实效，在党建与生产经营深度融合上深化探索，有效破解了“两张皮”问题，以高质量党建作出高价值贡献。一是构建深度融合新机制。坚持党建工作积极融入生产经营、生产经营主动对标党建要求，把坚持党的领导、加强党的建设作为贯穿公司改革发展管理各项工作的关键内容。创造性建立价值创造“六个一”行动机制，每年结合企业重点任务确定主题内容，从不同角度、维度深化融合互促。立足工程企业特点，广泛开展“实践在支部”“创岗建区”等创先争优主题实践活动，引导党组织和党员冲锋在前、勇挑重担。二是找准深度融合切入点。强化穿透管理和精准施策，加强对工程项目、境外单位、混合所有制企业、困难企业等重点领域党建经营融合总体统筹，出台四大重点领域党建指导意见，全力打造党建特色品牌，以融合产生乘数效应、推动价值倍增。三是用好深度融合指挥棒。把推进深度融合有机嵌入各级党委全面从严治党主体责任清单，作为各级党委巡视巡察的重要内容，把融合责任明确到各级党组织、分解到各职能部门。制定实施《党建工作责任制考核评价办法》，把党组织和党员围绕企业改革发展、生产经营和急难险重任务发挥作用情况作为重要考核内容，坚持和完善党建经营“双向评价、一票否决”联动机制，强化考核结果运用，确保管党治党、治企兴企两个责任“一肩挑”“挑起来”。

四、培植“厚度”，固本培元强动能

中国能建全面落实党管干部、党管人才原则，聚焦培养、吸引、使用、评价、激励等重点环节，以“激发干部人才队伍活力”为主线，为推进企业改革发展提供持续保障。一是增强队伍的厚度。严把政治标尺，在党员干部“育、选、管、用”各环节充分发挥党委领导作用和市场机制优化配置作用，配优建强企业改革发展所需的各级领导班子。拆除“部门墙”和人才流动障碍，开展总部全体起立、全员竞聘，党委班子成员全程参与。突出抓好年轻干部培养，建立“配位子”“加位子”“腾位子”年轻干部使用机制，明确“十四五”年轻干部比例规划。大力实施“人才强企”战略，深化人才管理等体制机制变革，通过推进董事会对经理层选聘权、鼓励支持引进“高精特新”人才、构建科学有效薪酬激励体系等，构建人才吸引集聚机制。二是增强能力的厚度。健全完善以能力为核心的干部人才培养机制，将组织意志、行业发展、企业发展和个人发展有效融合，打造“四位一体”培养体系。把人才在基层锻炼服务、创新创业作为职务晋升、岗位评聘等重要依据，推动跨层级、跨单位、跨板块、跨职能的多岗位锻炼，统筹整合培训资源，加强培训信息化、数字化建设，分层分类开展专业能力与综合素质培训，系统提升员工能力素质。三是增强理论的厚度。把开展课题研究作为指导党建工作、破解实践难题的有力抓手，成立党校、管理学院、国企党建研究院，建立博士后工作站，构建“强平台、大政研、专业化、开放型”党建研究工作体系，以高质量成果赋能高质量党建。

五、传递“温度”，以人为本聚合力

中国能建充分把握思想政治工作的本质意义，以企业文化建设为抓手，充分发挥党组织的凝聚力、战斗力，将思想政治工作优势转化为职工奋斗奋发的动力源泉，转化为治理效能。一是文化建设有温度。坚持思想政治工作与企业文化建设相统一，构建“贯通初心使命教育、思想政治教育、心理关怀教育，促进理论武装与党性修养相结合”的思想政治工作体系。系统打造以争先、实干、创新、协同、合规“五大文化”为内核的卓越文化体系。创新开展“初心能见”“能建 24 小时”等系列文化活动。出版“人文能建”系列企业文化丛书，推进文化与各项工作的融合渗透深植。二是凝聚力量有温度。深化“党建带工建，党建带团建”作用，切实把职工民主管理和监督融入企业管理体制机制，坚持和完善职工代表大会制度，常态化开展职工建言献策。广泛开展“岗位成长在一线”“号手岗队”“爱献做”等活动，实施“健康能建”行动，培养一批高技能人才和大国工匠，深化青年精神素养提升工程，求最大人心、最大合力、最大公约数，画最大同心圆。三是关爱职工有温度。创新实施抗疫职工关爱、人文关怀等行动，用心用情用力解决职工“急难愁盼”问题。疫情以来，“建好一组关爱热线、送去诚挚爱心问候、织就网上连心桥、开展危机干预”工作体系有效运转，热线援助、慰问帮扶累计超过 13 万人次，加强对境外员工的关心关爱和心理疏导，组成四级跨国联动的心理援助团队成功化解境外员工心理危机，被国务院国资委誉为“以人民为中心的生动范例”。

中国能建以党建“五度工作法”切实把党的领导融入公司治理各环节，实现了党建工作与公司治理的相互融合，走出了一条坚决贯彻党中央精神、体现时代要求、符合中国能建实际的特色党建之路、改革发展之路和治理能力现代化之路，多年来连续保持国务院国资委经营业绩和党建考核双 A 级。

以考核为导向优化公司治理体系
推进企业真正按市场化机制运营

——中国化学工程集团有限公司

中国化学工程集团有限公司（以下简称“中国化学工程”）是国务院国资委监管的大型中央企业集团，是我国化工领域资质最齐全、功能最完备、业务链最完整、知识技术密集的国际工程公司，是石油和化学工业工程领域的国家队，是最早实施“走出去”战略的中国企业，在油气服务领域稳居全球第一。中国化学工程承建了我国90%的化工项目、70%的石油化工项目、30%的炼油项目，业务遍布全球80多个国家和地区，在国内外建设了7万多套化工装置。集团有33家二级企业、2家上市公司，拥有13个国家级企业技术中心。2013年后的一段时期，中国化学工程曾受化工建筑市场萎缩影响，经营规模大幅下滑，效益大面积亏损，甚至到了资不抵债的边缘，同时长期积累的问题凸显，集团总部管控力低下，体制机制不灵活。近年来，中国化学工程实施打造工业工程领域综合解决方案服务商、高端化学品和先进材料供应商“两商”战略，深化企业改革，强化公司治理顶层设计，在战略上明确总部主要履行业务管理、要素管理、考核监督三大职能，二级企业负责市场化生产运营，推进三级公司生产经营一体化建设。以考核为导向，优化现代企业制度建设，推动企业真正按市场化机制运营，产生了喜人的

"化学反应"。

一、强化考核导向作用，优化责权利一体的公司治理体系

一是公司治理与党建考核结合，推进强化党的领导，落实党建工作责任制。每年度分层级从"日常工作评价、企业自评、现场检查、党组织书记述职评议考核"等维度实施党建考评，促进所属二级企业全面贯彻"两个一以贯之"，在完善公司治理中加强党的领导，全面完成"党建进章程"，不断完善党委决策事项和前置研究讨论重大经营管理事项清单及"三重一大"决策制度，党建责任制有效落实。集团公司在国务院国资委党建考核中连续 4 年获评"A"级。

二是授权放权与考核监督结合，推进公司治理内在联动。构建了较完善的公司治理体系，所属二三级企业董事会应建尽建，全集团分级建立了 140 余人的外部董事人才库，全面推行外部董事召集人制度。集团 145 家二三级企业的 624 名经理层成员全部实现任期制、契约化管理或职业经理人制度。所属交建公司、土木公司、生态公司等二三级企业推行职业经理人制度，共选聘职业经理人 173 人。强化集团公司向下级董事会、同级董事会向经理层"两个授权"，向下级董事会授予对经理层成员的业绩考核权、薪酬分配权和包括总经理在内的经理层成员的任免建议权，对实施职业经理人制度的企业授予董事会对职业经理人的任命决定权。所属企业董事会依据经理层职能分类授权，组织经理层及经理层成员在每年初和任期之初签订年度和任期经营业绩责任书。同时，结合"两个授权"，

强化考核监督，推进授权“授得出、接得住、管得好”。加强对领导人员经营管理业绩考核评价与合规、廉政、风险防控等监督管理；加强集团公司对下级董事会、同级董事会对经理层及成员的考核。二三级企业董事会对经理层成员从“经营业绩指标”“业务职能指标”“专项指标”和“约束指标”等方面，实施年度考核与每三年为一周期的任期考核“两期考核”。职业经理人任前必须签订经营指标协议，以契约将个人职位、收入与其经营考核业绩直接挂钩。

三是市场化选人用人与绩效考核结合，推进员工队伍绩效管理。实施新录用员工100%公开招聘制度；实施全员定期竞聘上岗，“三年一竞聘、起立再就位”。结合市场化选人用人，集团公司总部及所属二三级企业本部每季度、年度开展员工绩效考核，建立按业绩考核分配薪酬和考核末位调整机制，绩效薪酬是基本薪酬的2倍以上，推动建立全员经营责任制。

二、强化考核细化量化科学化，提升公司治理针对性精准性

一是集团公司对成员企业“一企一策”分类考核，推动企业科学发展。不同类企业采取不同考核办法，同类企业按照发展阶段等设置不同指标。对天辰公司、华陆公司、装备公司等入选“科改”“双百”专项工程的5家所属企业设置保级争优指标专项考核，对工程建设类企业均设置工程精细化考核指标，对财务公司单独设置对关联交易、资金安全等方面的考核指标。对工程科技、西南科技公司等成立时间不长、经理层配备不足的企业，业绩考核权重减少，重点考核公司治理规范性。考核设置加分项，鼓励所属企业董事会

超前完成重点任务、承担集团专项工作。

二是实施经理层成员“一岗一策”精准考核，促进经理层任期制与契约化管理有效实施。组织二三级企业经理层成员每人每年“一人一岗、一岗一策”签订差异化经营业绩考核指标，全面承接集团公司下达给企业董事会的经营任务和重点工作。对经理层成员年度经营业绩考核不合格的提醒谈话；对任期内有 2 次年度经营业绩考核结果不合格的组织调整，解聘、中止任期；是混改企业职业经理人的，由董事会解聘，同时解除劳动合同。

三是实施管理人员 360 度全视角、等级比例强制分布的业绩考核，引导广大员工敬业奉献。集团总部及成员企业本部树立“PMP”付薪理念，根据员工岗位价值（Position）、劳动力市场价位（Market）、组织与个人绩效（Performance），确定员工薪酬，浮动薪酬占比超 2/3。“以岗定薪、一岗一薪、易岗易薪”。采用因素计分法评估岗位价值。综合上级、同级、下级及其他业务相关方 360 度全视角评价意见，合理确定不同评价主体评价权重；从工作数量、质量、协同、时效等多维度量化考核标准。考核等级比例强制分布，考核等级为 A 的不超过 25%，考核等级为 C 以下的不低于 10%。考核结果为 A 和 C 的绩效薪酬差距最大能达到 40%，考核为 D 的不得领取绩效薪酬。

四是实施外派董事、纪检、财会领导人员差异化考核，加强专责监督人员履职聚焦再监督。对集团外派董事及所属企业总会计师、纪委书记等肩负监督职责的人员，突出专业领域、专项履职的差异化考核，以集团分管领导和主管部门考核权重占比为主，兼顾同级评价意见；考核等级优秀比例不超过 25%，良好比例不

超过50%，合格、不合格比例不低于25%。对年度考核排名后两位的提醒谈话，对任期内两次考核排名后两位的组织调整。确保董事、财务、纪检监督的独立性，破除同级监督难题，筑牢企业经营发展底线红线。

三、强化考核成果刚性运用，推动真正建立市场化“四能”运营机制

一是推动“机构层级能升能降”。集团近五年先后有6家二级企业因考核业绩不佳降级为三级企业管理，4家三级企业因考核成绩优异升级为二级企业管理。

二是推动“干部能上能下”。集团公司党委书记、董事长结合2022年考核结果，亲自约谈测评考核靠后的二级企业班子成员及专项考核靠后的20余名干部。近五年，集团公司对连续两年未完成经营考核指标、慢作为、巡视整改落实不力的10家二级成员企业的21名正职、18名副职干部予以免职降职等处理。所属企业先后解聘10名考核不合格的职业经理人。

三是推动“员工能进能出”。以考核为依据，推动工作意愿不强、能力素质不达标的低效员工流动转岗或退出岗位。近三年，全集团因考核末等或竞聘落选市场化退出的管理人员占总数的6%左右，所属天辰公司近三年因履职不力、经营业绩不达标等原因调整退出达40余人，退出比例9%。

四是推动“薪酬能高能低”。近年来所属企业主要负责人年度考核兑现薪酬收入差距近7倍。2022年，所属企业总经理年度薪酬收入差距达4.5倍；有21家成员企业内部同职级管理人员年收入差距

超过 2 倍；所属华陆公司中层正职收入差距约 3 倍，中层副职收入差距约 4 倍，普通员工收入差距近 14 倍；全集团 28 名职业经理人经营业绩考核不达标，绩效薪酬为 0；所属天辰公司、赛鼎公司、东华公司等 12 家企业在集团党建工作责任制考核评价获评“A”级，党组织书记、副书记获得年度绩效薪酬 5%奖励，其他班子成员获得 2%~4%奖励。

中国化学工程通过发挥考核指挥棒作用，推进优化公司治理体系、真正按市场化机制运营，激发内生动力，实现了科学发展。全集团 2022 年企业实现营业收入、利润总额、净利润，分别是 2016 年的 3. 2 倍、3. 6 倍、3. 6 倍，年平均增长率分别高出央企平均增长率 13. 5、14. 4、13. 6 个百分点；2022 年实现年化净资产收益率 9. 61%，位居建筑央企前列；资产负债率 67. 83%，处于建筑央企最优水平。65%已建董事会二级企业利润总额连续两年增长，其中 57%的企业年均利润增长率超过 30%，2 家企业实现了业绩翻番。集团在没有实施大的并购重组、累计消化历史潜亏 100 多亿元的情况下，用 5 年时间再造了两个中国化学工程。集团公司在 2022 年度中央企业负责人经营业绩考核中获评“A”级，在国企改革三年行动专项考核中连续两年获评“A”级。2023 年 1—9 月，在全球化工产品需求低迷、化工龙头企业投资意愿减弱、化工工程市场收缩的形势下，中国化学工程逆势上扬，营业收入、利润总额、净利润，同比分别增长 11. 4%、4. 8%、6. 6%，保持良好发展势头。

中国化学工程的鲜活实践为新时期国企改革深化提升、推进以考核为导向的公司治理提供了重要启示。

用好考核指挥棒是优化公司治理体系不可或缺的重要载体。公

司治理的精髓要义之一在于责权利的有机结合。强化考核、奖优罚劣是推进责权利一体公司治理体系有效实施的基本途径。

考核工作细化量化科学化是精准用好考核指挥棒、优化公司治理体系的关键所在。大型企业集团所属企业核心功能、核心业务不一样，发展阶段不一样，管理人员的岗位职责不一样，要精准用好考核指挥棒必须做到考核工作细化量化科学化。

强化考核结果的刚性运用是发挥考核作用、推进优化公司治理体系的必要条件。考核结果如果不能刚性运用，考核出现“人情分”“老好人”问题，就会流于形式，就不能发挥应有的作用。

厘清三会权责 深化授权放权 推动治理效能更好转化为发展动能

——中国建材集团有限公司

2016年10月10日，习近平总书记在全国国有企业党的建设工作会议上创造性提出建设中国特色现代国有企业制度的重大命题，深刻阐明了“两个一以贯之”的重大原则、重点任务，强调既要保证党组织的意图在重大问题决策中得到体现，又要维护董事会对企业重大问题的决策权。习近平总书记的重要论述，不仅一锤定音解决了国企治理长期争论的“中心”“核心”等问题，而且为实践中正确处理各治理主体关系提供了科学指南。

中国建材集团有限公司（以下简称“中国建材”）作为无机非金属材料工业国家队和国有资本投资公司，身处充分竞争的市场领域，规模体量大、产业覆盖面广、投资事项多。近年来，中国建材毫不动摇落实“两个一以贯之”，积极探索加强党的领导与完善公司治理相结合的有效途径，针对集团管理幅度宽链条长、决策效率不够高、企业经营团队活力需要进一步提升等实际情况，通过厘清三会权责边界、明确行权方式，使各治理主体有章可循、精准行权；通过精准化差异化授权放权闭环管理，赋予经营主体更多自主权，促进提升决策质量效率和经营活力，支持企业更好抢抓市场机遇，持续优化完善治理型管控机制，推动治理效能更好转化为发展动能。

一、厘清三会权责，促进党的领导与公司治理有机统一

中国建材以制定《党委、董事会、经理层研究讨论和决策事项清单》为抓手，厘清党委、董事会、经理层权责边界、决策流程和功能定位，推进党的领导更好融入公司治理，形成权责法定、权责透明、协调运转、有效制衡的公司治理机制。

（一）明确“重大”标准，清晰界定“前置清单”范围

以党委“定”和“议”为主要脉络搭设框架，划分“党委决定事项”和“党委前置研究事项”两大类23小类，其中党委决定事项包括贯彻落实党中央决策部署、重要人事任免等8小类行使决定权的事项，党委前置研究事项包括战略规划、重大投融资、捐赠及大额资金等15小类行使把关权的重大经营管理事项（见图6-2）。

党委决定事项

- 贯彻执行路线方针政策
- 组织体系建设
- 党建重要制度，工作机构
- 政治建设、思想建设、精神文明建设等
- 作风建设、纪律建设
- 统战、群团、扶贫及其他
- 党管干部、党管人才
- 其他

党委前置研究讨论的重大经营管理事项

- 战略规划
- 公司治理，规章制度
- 年度计划及总结报告
- 固定资产投资
- 股权投资
- 财务管理
- 产权交易、资产转让、改制事项
- 改革事项
- 捐赠及大额资金事项
- 考核分配、中长期激励
- 安全与环保
- 风险管控和法律事务
- 科技创新
- 数字化转型
- 其他事项

图6-2 党委“定”和“议”两大类23小类事项

（二）细化决策事项，有效衔接“三重一大”事项

以两大类23小类事项为框架进行网络化梳理，将集团层面所需集体决策的各类事项细化为189项三会清单。按照《关于中央企业

在完善公司治理中加强党的领导的意见》、国务院国资委关于“三重一大”等相关文件精神、集团章程等治理制度以及部门建议，把三会清单中的120项明确为“三重一大”事项，实现三会清单与“三重一大”体系有效贯通和精准衔接。

（三）厘清决策边界，确保治理主体精准行权

精确定义党委、董事会和经理层的13种行权方式，确保三大治理主体能够根据“决策权责唯一性”原则，科学精准行权。其中，党委会行权方式包括研究决定、前置研究、事前备案、审核上报，董事会行权方式包括审议决策、审核上报、履行程序、事后报备，总经理办公会行权方式包括研究审定、审核提议、审核上报、履行程序、通报（见图6-3）。

图6-3 不同治理主体的行权方式

（四）完善会议机制，推进治理主体协调运转

同一事项在不同治理主体会议上，从审核把关标准、汇报人等方面作出差异化安排。以投资事项为例，党委前置研究讨论的判断

标准聚焦“四个是否”，提出方向性的原则和意见，避免陷于一般性细节，着重解决“该不该干”的问题。董事会决策聚焦合法合规性、与出资人要求的一致性、与企业发展战略的契合性、风险与收益的综合平衡性等“四性”，落实党委前置研究意见，在充分讨论的基础上进行表决，着重解决“干什么”的问题。总经理办公会聚焦落实党委前置研究意见和董事会决议，把任务目标落实到人、时间、效果、验收考核机制，着重解决“怎么干”的问题。明确党委会由党委常委汇报，董事会由经理层汇报，总经理办公会由部门负责人汇报。

二、深化授权放权，促进提升决策效率和经营活力

根据《中华人民共和国公司法》及有关政策文件要求，坚持以解决实际问题为导向，加大和规范授权放权，确保授权与监管相结合、管好与放活相统一。

（一）厘清授权逻辑，明确管控边界

强化集团总部“管资本”、产业平台“管价值”、基层企业“管经营”的权责边界和功能定位，形成各司其职、协同发力的投资公司授权管控逻辑。集团将党建、纪检、审计、巡视、安全、环保、文化等方面纳入不予授权事项，实施全级次穿透管控；对于新业务、非主营业务、高风险事项，以及在各类监督检查中发现的突出问题所涉事项，坚持谨慎授权、从严授权；在生产经营、财务管理、投资管理、人事管理等方面，坚持分情况统筹推进，合理确定授权范围，避免“一放就乱、一收就死”。

（二）集团董事会加大对总经理授权，推动经理层高效行权

制定集团董事会对经理层授权管理办法，从投资事项、捐赠及大额资金支出事项、考核分配及中长期激励事项、人事事项等方面，建立5类39项长期授权事项清单。通过实施授权，进一步实现了不同治理主体在功能定位上的科学区分和有效衔接。一方面，使董事会更多聚焦战略引领和风险管控，集中精力关注二级子企业主业梳理、产业链布局优化、年度投资计划、特别重大项目决策以及境外投资、新兴业务决策等事项。另一方面，加大了总经理对具体投资事项的决策权限，引导主动承担更大责任，通过合理确定决策事项及权限划分标准，防止过度授权，确保决策质量和效率的统一。

（三）坚持"一企一策"，加大对二级企业投资授权

综合考虑各企业的发展阶段、治理规范程度、净资产和资产负债率等多重因素，分级、分类、分阶段对二级企业加大投资授权。根据投资项目是主业还是非主业、是否列入年度投资计划、是境内还是境外投资、是成熟还是新兴产业等不同维度，精准化差异化设定授权额度，主业固定资产投资项目在不同企业间的授权额度最大相差达15亿元，使子企业董事会获得充分且适度的投资授权，既促进了优秀企业聚焦主业更快发展，又管控了一般企业的投资风险。

（四）有序实施差异化管控，充分释放经营活力

对治理规范的国有相对控股混合所有制企业推行差异化管控，探索建立党建、事权、人权"三位一体"管控机制。其中，党建工作以国有股东领导指导为主，对差异化企业开展巡视巡察，促进混改企业党建水平提升；对于计划内主业投资等"事权"管控，依照公司章程回归企业董事会决策；对于经理层成员差额选聘、薪酬管

理等“人权”管控，由企业董事会主导完成、上级党组织事后备案。

（五）坚持动态闭环管理，确保授权可管可控

董事会坚持“授权不免责”，在授权管理制度中明确“可授权也可收回”，强化授权后的跟踪监督机制。比如，集团总经理在每次董事会上滚动报告决议执行和生产经营情况，每季度报告授权事项的行权情况。定期对行权效果开展评估和督导，出现问题及时“熔断”或取消授权。发挥责任追究的“兜底”作用，对越权或行权不当的，及时纠正并依据有关规定处理，导致严重损失或其他严重不良后果的予以追责。比如，对差异化管控企业，适时开展人事、投资等专项和综合评估，从治理水平、战略执行、经营效率与效果、风险防控等多方面评估实施成效，采取扩大、调整或收回等措施，动态调整差异化管控事项。

（六）全面加强行权能力建设，确保授权事项接得住、行得稳、用得好

将规范授权放权与深化子企业董事会建设、落实子企业董事会职权工作同步推进、同向发力，强化子企业董事会规范运作和作用发挥，为子企业规范高效行使授权奠定坚实基础。持续夯实管理基础，构建以党内监督为主导、各类监督贯通协同的“大监督”工作格局，完善合规、内控、风险、法务“四位一体”的大合规体系和运作模式，确保在授权行权中将国资监管各项要求落到实处。

三、取得的成效

中国建材厘清三会权责、深化授权放权的改革实践，既是对

"两个一以贯之"的全面落实，也为深化混合所有制改革，以现代化治理支撑保障世界一流企业建设提供了有益探索。集团获批正式转为国有资本投资公司，获得国务院国资委董事会建设评价"优秀"等次，入选国务院国资委"国有企业公司治理示范企业""创建世界一流示范企业"名单，入选国务院国资委中央企业董事会建设典型案例集。

（一）各治理主体的功能定位进一步清晰

党的领导在完善公司治理中得到全面加强，进一步实现了党的领导在制度上有规定、在程序上有保障、在实践中有落实。董事会集中精力议大事，统筹全局谋划战略的责任意识显著增强，科学规范高效决策的作用有效发挥，风险防控能力和管理水平持续提升。经理层被赋予了充分而合理的行权履职空间，聚焦"水泥+"、"双碳"、数字化转型、国际化等业务，经营谋划更富有前瞻性，通过"三精管理""2422"等特色管理组合拳，为全力打好提质稳增长攻坚战提供了有力保障。

（二）治理型管控机制进一步完善优化

中国建材在"4335"指导原则引领下，把管好资本、健全治理、授权放权、激励约束、强化监督等改革要求融合内化为一系列丰富的管理实践，建立以全面加强党的领导为统领、以资本为纽带、以股权为基础、以派出董事为依托、以授权放权为核心、以风险防控为保障的治理型管控机制，不断赋能高质量发展。

（三）企业经营决策效率和发展活力进一步提升

以试点企业中国巨石为例，实施差异化授权放权以来，计划内主业投资权限由 5 亿元提高至净资产的 10%（21 亿元），项目决策效率显著提升，有效支撑了经营业绩增长。双百企业、科改示范等改革专项企业采取了更加灵活的工资总额管理方式，助推试点企业争当深化改革的先锋表率。

以董事会建设为重点完善法人治理结构赋能企业高质量发展

——中国建筑一局（集团）有限公司

一、企业基本情况

中国建筑一局（集团）有限公司（以下简称“中建一局”）为中国建筑股份有限公司（以下简称“中建股份”）下属二级骨干企业，成立于1953年，是新中国第一支建筑“国家队”。1959年国家建工部（住建部前身）授予中建一局“工业建筑的先锋，南征北战的铁军”称号；1994年被列入“建立现代企业制度百家试点”，在国有建筑企业中率先推行现代企业制度；1997年实现从“全民所有制企业”向“有限责任公司”的改革；2016年凭借首创的5.5精品工程生产线，荣获中国质量领域最高荣誉——中国质量奖，成为中国建设领域荣获该奖的首家企业。中建一局深耕国内国外两个市场，统筹推进投资运营、工程建设、设计科研和新兴业务协同发展，致力于成为集设计、投资、建造、运营为一体的高端专业运营商（产品运营商、产业运营商、城市运营商），为客户提供全产业链的高品质产品和超价值服务。

二、改革背景

习近平总书记高度重视国有企业公司治理，2016年10月在全国国有企业党的建设工作会议上，开创性地阐明“两个一以贯之”，明确指出把党的领导和完善公司治理统一起来，加快形成权责法定、权责透明、协调运转、有效制衡的公司治理机制，为建设中国特色现代企业制度指明了方向、提供了根本遵循。国务院国资委从2004年开始，在中央企业开展建设规范董事会试点工作，把这项工作作为深化改革的重要一环持续深入推进，围绕加强党的领导、外部董事选聘管理、报酬待遇、履职支撑以及董事会和董事评价等出台了一系列制度办法。进入新时代，董事会建设作为国企改革的一项重要内容持续深化，国企改革三年行动方案明确了董事会定战略、作决策、防风险的功能作用，对加强董事会建设、落实董事会职权作出具体安排，并提出可量化考核的工作要求。当前，中建集团“一创五强”战略目标和“一六六”战略路径深入推进，强调全面提升治理效能、致力现代企业治理。中建一局坚定贯彻“两个一以贯之”，全面推进落实对标一流管理提升和价值创造行动，将“完善中国特色现代企业制度，推进治理体系和治理能力现代化”作为重要任务，持续完善公司治理机制，把加强董事会建设摆在更加突出的位置，通过加强董事会建设引领带动企业全方位改革，努力成为中国建筑高质量发展排头兵。

三、改革实践措施

紧扣创建世界一流企业目标，致力通过三个聚焦建立机制更加成熟、运行更加高效的高质量治理结构，赋能企业高质量发展。

（一）聚焦“建优建强”，优化“顶层设计”

一是完善治理结构，提升治理质效。坚持和加强党的全面领导，落实党组织在公司治理结构中的法定地位，全面制定“前置清单”。董事会应建尽建、有效推进落实董事会职权，健全战略引领、科学决策和风险控制闭环管理流程。健全董事会专门委员会，设立战略与投资委员会、提名委员会、薪酬与考核委员会、审计与风险委员会，均由外部董事组成或外部董事占多数。推进董事会向经理层授权，自 2002 年起建立董事会向经理层授权机制并按年度发布《董事会向总经理授权书》，2021 年按照新的改革要求完善了《董事会授权管理办法》并形成《董事会授权决策方案及清单》，赋予经理层更充分的自主权，激发企业经营活力。

二是外部董事占多数，高效履职赋能。中建一局在 1997 年首届董事会就设置了 2 名股权代表董事和 1 名职工董事，在 2021 年全面完成外部董事占多数改革。董事会成员 7 名，内部董事 3 名，外部董事 4 名，其中一人为外部董事召集人。公司董事均具备丰富的企业战略、国际化经营管理经验，在人力资源、战略管理、商务、履约、财务等领域实现专业互补，形成结构科学的董事队伍。内外部董事勤勉履职，有力落实上级关于企业改革发展的部署要求，外董占多数制度优势逐步转化为企业治理效能。外部董事全面掌握经营信息，通过电子办公平台、数据信息系统等，及时接收查阅制度文件、重要会议纪要及报告、经营数据等资料，实时全面掌握企业运营信息动态。坚持科学精准决策，外部董事组织召开或参加专门委员会，属于专委会职责范围内事项，必须经过专委会研究讨论才可提交董事会审议；董事会前深入研究会议议案和相关资料并开展质询，重大决策事项开展实地考察、听取专项汇报，会中对所议事项客观、独立、充分地发表前瞻性意见，同时，就议案执行实施提出建议。高质量开展调研，由外部董事召集人牵头制订年度调研计划，就企业发展中的战略要素、短板弱项等开展综合调研，并形成书面调研报告，提出专项发展意见建议。参加经营会议，出席年度及年中工作会、运营分析会、战略研讨会等，听取经理层工作汇报，分析企业经营管理情况，深度融入企业。组织召开外董务虚会，由外部董事召集人组织，围绕宏观经济形势、行业发展动态、企业战略发展等重大问题进行研讨，握准战略谋划“望远镜”，推动企业长期稳健发展。督导建立督办机制，明确董办督办职责，负责及时整理董事在董事会表决、专题调研、参加列席会议过程中提出的意见建议，拉条挂账进行督办，并将督办事项办结情况纳入总部部门年度考核指标。自 2021 年以来，外部董事提出关于企业发展的建议百余条，涉及主营业务发展、企业管理变革、董事会建设运行等领域，持续为企业高质量发展贡献智慧和力量。

三是规范建设标准，提升建设质量。自董事会设立伊始即构建以议事规则为核心的完备制度体系，在中建集团 2004 年工作会上作为典型经验推广。2017 年在中建系统内率先制定《董事会标准化工作指引》《子企业董事会建设指引》，建立一条“生产线”，明确议案提出、评审、表决、归档、评估闭环管理流程，构建一套“标准模具”，涵盖议案提交单、评审表、决议记录等模板，以标准化流程促进规范化运行。形成会议运行“520”操作规程，即“五齐全、两精准、零瑕疵”。“五齐全”是指会议通知、会前沟通、专业评审、支撑资料、汇报 PPT 齐全，“两精准”是指会议决议、会议记录精准，“零瑕疵”是指会议决议内容、资料借阅程序、归档完整性无瑕疵。

（二）聚焦“合规决策”，把准“三点发力”

一是把握会前起点，探索“三上三不上”工作机制。新业务开拓、重大投资项目、重要改革部署必上会，研究论证不充分、未履行规定评审程序、会前沟通不充分不上会，切实提高董事会议案的质量。健全评审论证机制，落实议案相关部门评审和合法合规审查刚性要求。发挥专门委员会评审职能，筑牢专业支撑保障。优化会前沟通机制，把议案的事前沟通审核作为董事会决策的关键环节，由责任部门就议案情况进行专项汇报，董事就议案内容开展会前质询。

二是抓牢会议时点，坚守会议表决机制。坚持以现场形式召开为主，落实全体董事、全体外部董事“双过半”出席要求，严守“集体审议、独立表决、个人负责”机制，实行一人一票。审议时，重大经营管理类事项，均列示党委前置研究讨论意见，确保董事会在决策中全面了解党组织意图。塑造良好的董事会文化，鼓励董事特别是外部董事畅所欲言，说真话、出实招、献良策。在会前充分沟通基础上，近三年议案均原则或有条件表决通过。始终坚持手写会议记录，完整记录会议信息、议题、董事发言要点、表决方式和结果等内容，确保董事会“过程能回溯、现场可还原”。

三是紧盯会后节点，建立“三报告”机制。定期报告议案执行情况，建立议案后评估制度，实时监控议案落实动态，季度、半年度、年度进行综合汇报，强化决议执行监督。定期报告授权行使情况，董事会授权不授责，每半年度开展授权行权效果评估，根据企业生产经营实际，适时调整授权范围，确保经理层履职行权有章可循。定期报告董事会工作情况，董事会每年向股东报告年度工作总结和计划，并经董事会审议通过。通过报告机制确保董事会决议有效落实、执行受控。

（三）聚焦“高效运行”，扮好“三种角色”

一是建好服务保障“参谋部”。企业设董事会秘书和董事会办公室（简称“董办”），董事会秘书对企业和董事会负责，兼任董事会办公室主任。董办设置专人负责会议合规运行和外董服务保障，及时传达上级单位政策文件，统筹安排董事会召开，综合协调各业务系统与董事沟通汇报，规范董事决策调研保障，严格督办董事意见落实，为董事科学决策发挥好“参谋助手”作用，筑牢服务保障“堡垒”。优化董办工作机制，每年开展不少于 34 课时的业务培训，出台董办工作“应知应会”口袋书，涵盖法律法规、制度规范、履职要求和实务，实现任何一位新同事都能快速入门，持续提升董办工作人员服务决策的能力和水平。

二是当好决策保障“安全员”。将合规性审查作为提案上会审议的必要条件，严格审核议案评审表、专业委员会纪要、董事会前沟通记录等评审论证资料的完整性，每项议案均明确责任人且由经理层成员签认。数字赋能董事会建设，通过电子办公平台实现董事会资料“一键送达”，董事可“一键阅知”，并于会前发表意见建议，既保障沟通效率，又满足资料传递安全性要求。

三是做好外董履职“勤务兵”。建立外部董事与经理层沟通机制，定期组织召开董事会和经理层成员共同参加的座谈会，就企业重大问题进行深入研究讨论、充分听取外部董事意见建议。强化外董履职基础保障，开放电子办公平台，提供固定办公场所，保障专题调研、列席重要生产经营会议；编辑《董事季报》，按季度呈报决议执行、授权行使、企业经营等信息；制定“外董服务保障清单”，保障外部董事高效履职。着力加强子企业外部董事队伍建设，实行小组制模式，设立外部董事召集人；建立外董专家库，选择具有不同专长和经验的高水平专家，构建综合素质高、管理能力强的董事队伍。

四、改革实施成效

中建一局通过持续完善公司治理结构，不断优化公司治理体系，持续提升治理能力，促进企业快速发展，营业收入和利润总额较2019年均实现两位数增长，企业高质量发展根基不断夯实。

（一）党的领导在完善公司治理中全面加强

党的领导落实到公司治理全过程、各环节，党组织在公司治理结构中的地位更加巩固。中建一局及所有子企业均制定了“前置研究讨论重大经营管理事项清单”，结合不同层级、不同股权结构子企业特点，差异化制定清单内容，党组织与董事会之间的权责边界更加清晰、决策程序更加规范，有力保证了企业改革发展始终沿着正确的方向前进。

（二）董事会建设走深走实，取得可视化效果

中建一局董事会改革经验多次入选国务院国资委及中建集团案例集，其中董事会规范运作典型案例在国务院国资委官网刊发。在中建股份国企改革三年行动最终考核中中建一局总排名第三；在中建股份2022年度子企业董事会评价结果中中建一局位列第一，高度符合董事会制度建设、机构设置、会议召开、决议执行、授权管理等规范性指标和战略规划审议、人力资源决策、投资管控、审计合规管理等有效性指标要求。所属单位董事会建设取得明显成效，子企业董事会覆盖率近90%。中建一局二公司列入国务院国资委“双百企业”，并在2022年度专项考核中从“优秀”晋升为“标杆”，中建一局建设发展公司获评“公司治理示范企业”，是中建系统3家入选企业之一。

（三）企业经营管理效能稳步提升

自实施外部董事占多数的董事会建设改革以来，党组织、董事会、经理层等治理主体密切配合、协调运转，引领企业以高质量发展为主基调，以“一最五领先”[1]为战略目标，推进企业规模质量稳健提升。2021年至今，中建一局利润总额逐年提高；在中建股份对子企业的经营业绩考核中，连续两年被评定为A级。

五、推广经验启示

当前，世界一流企业价值创造行动和国企改革深化提升行动深

[1] 致力成为品牌美誉领先、发展质量领先、治理体系领先、科技创新领先、人才素质领先的中国建筑旗下最具核心竞争力的世界一流企业。

入实施，面临新形势新要求，国有企业应持续优化公司治理，形成权责清晰、安全可靠、运行高效、充满活力的治理体系，打造新时代公司治理新格局。

（一）必须坚持和维护企业党委的领导作用

坚持党的领导、加强党的建设是国有企业的“根”和“魂”。持续加强党的领导和完善公司治理相统一，在大方向大原则上与党委同频共振，支持党委充分发挥把方向、管大局、保落实的领导作用，确保党的主张和重大决策在企业落实落地。持续优化重大事项决策的权责清单，明晰党委“定”和“议”的具体事项，促使各治理主体行权履职有章可循、有法可依，做到既不缺位也不越位。

（二）必须切实发挥董事会决策主体作用

企业要有一流的战略、一流的决策、一流的管理，就必须建设高质量运行的董事会。持续健全董事会制度体系，扎实推进董事会规范运作、高效运行，落实董事会职权。坚持强化战略引领，围绕服务国家战略，研判行业发展趋势，聚焦主责主业研究重大问题，引领企业高质量发展。坚持科学决策，落实董事会表决机制，紧跟时代发展趋势，准确把握企业发展机遇。坚持有效防控风险，牢固树立底线意识，统筹发展和安全，推动完善风险管理体系，依法合规推动企业稳健发展。健全董事会评价机制，发挥考核“指挥棒”作用，围绕董事会建好建强系列指标，建立科学评价体系，强化考核结果应用。

（三）必须持续巩固外部董事赋能作用

建立规范、高效、合规运行的董事会，需要打造一支政治过硬、素质优良、结构合理的董事队伍，其关键是选优配强外部董事。建

强外董专家库，选聘管理经验丰富、专业过硬、熟悉新兴产业、充满干事创业热情的骨干人才。发挥外董小组优势和外董召集人桥梁纽带作用，集思广益、群策群力，围绕企业战略科学、民主、依法决策。做好履职支撑服务，及时向外部董事提供企业生产经营信息，保障外部董事发挥专业特长，高质量落实外部董事意见建议。

（四）必须不断强化经理层经营管理作用

必须持续完善董事会向经理层授权机制，合理确定授权决策事项，赋予经理层更充分的自主权，保障经理层"谋经营、抓落实、强管理"作用发挥。优化董事会授权行权报告机制，形成工作闭环，并根据经理层行权情况及时调整授权事项，确保经理层权责一致、行权有章。深化经理层成员任期制和契约化管理，加大激励机制，强化"业绩升、薪酬升，业绩降、薪酬降"，引导经理层主动承担更大的责任，激发企业发展动能。

当前，世界之变、时代之变、历史之变正以前所未有的方式展开。面对推进中国式现代化、世界一流价值创造行动以及国企改革深化提升新的更高要求，中建一局准确识变、主动求变、积极应变，坚定践行中国建筑"一创五强"战略目标和"一六六"战略路径，坚持以建设高水平的治理体系和机制为目标，清晰谋划企业的战略定位和发展方向，不断探索新路径、激发新动能，努力成为中国建筑高质量发展排头兵，更好服务大局、应对变局、开创新局，为新时代高质量发展贡献中建力量。

努力做好“三聚焦、三保障”强化外部董事履职支撑服务
——中国建筑第二工程局有限公司

一、企业基本情况

中国建筑第二工程局有限公司（以下简称“中建二局”）组建于1952年，总部设在北京，注册资本金100亿元，是世界500强企业——中国建筑股份有限公司的全资子公司，是集投资、建造、运营于一体的国有大型建筑企业集团。公司年合同额超4000亿元，年营业收入超2000亿元，拥有220余项各类资质和7项特级资质，经营布局遍布国内各省份和南部非洲、东南亚等区域的20多个国别市场，具备建筑行业全产业链、全生产要素、全生命周期的经营管理能力。

中建二局成立70多年来，始终秉承“品质保障、价值创造”的核心价值观和“超越至上、唯实唯先”的企业文化，先后斩获大量国家级高优奖项，累计荣获国家科学技术奖14项、詹天佑奖30余项、国家优质工程奖150余项、鲁班奖80余项。中建二局是共和国的“长子”企业，是国家“一五”时期156项重点工程建设、20世纪60年代“三线建设”和70年代唐山恢复重建的骨干队伍，被授

予“工业建筑的先锋，南征北战的先锋”。20 世纪 80 年代以来，中建二局紧跟国家改革开放步伐，努力形成与国家战略相匹配的经营布局和治理体系，成为深圳速度的“缔造者”、核电建设的“王牌军”、文旅工程的“领头羊”、重大项目建设的“排头兵”和创新业务的“拓荒者”。

二、改革背景

习近平总书记指出，“坚持党对国有企业的领导是重大政治原则，必须一以贯之；建立现代企业制度是国有企业改革的方向，也必须一以贯之”，“两个一以贯之”的提出为国有企业改革发展提供了根本遵循，指明了前进方向。2020 年 6 月 30 日，中央全面深化改革委员会第十四次会议审议通过了《国企改革三年行动方案（2020—2022 年）》，正式拉开了国企改革三年行动序幕。

中建集团对国企改革工作高度重视，2021 年选定旗下 59 家二、三级子企业先行先试，推进以外部董事占多数为主要方向的公司治理改革，并配套出台了《二级子企业外部董事管理办法》和《子企业外部董事履职管理及履职保障工作指引》等制度。在此背景下，中建二局坚决贯彻落实党中央、国务院以及国务院国资委、中建集团有关决策部署，加强外部董事占多数的董事会建设，大力推进应建尽建，不断规范董事会运作，实现了中国建筑二级企业外部董事占多数的董事会第一时间组建、最快速度履职、尽早有序运转。

三、改革举措

在推进外部董事占多数的董事会建设中，中建二局将顶层设计和过程探索相结合，形成了“三聚焦、三保障”工作机制，为外部董事更好履职提供了有力支撑。

（一）聚焦“规范”，做好沟通对接保障

一是规范汇报时效，做好沟通保障。要求总部相关部门及时、主动、充分地向外部董事汇报企业生产经营和重大事项，特别是对于重大决策的意见征询，为外部董事充分预留时间、充分准备资料，按照“能当面决不线上，能书面决不电子”的工作原则，保障外部董事充分掌握企业经营动态。

二是规范会议形式，做好会议保障。每次董事会至少提前一周联系外部董事，主动就董事会召开的时间、方式、议案等事先达成共识，保障到会人数和会议时效。针对外部董事因特殊情况无法参会的情况，规范请假模板和授权委托书，充分尊重外部董事决策意见，确保董事会决策规范高效。

三是规范服务动作，做好日常保障。印发《子企业董事会及外部董事管理相关指导意见》，牢固树立“三主动”服务理念，更好地服务外部董事履职。主动对接集团公司相关部门，及时了解集团关于董事会建设的最新动态和工作要求，并第一时间向外部董事反馈。2023 年 6 月，组织 8 名外部董事和派出外部董事在大连高级经理学院参加了为期一周的专题培训，全方位提升外部董事履职能力。主动搭建内部沟通桥梁，形成外部董事与内部董事、经理层成员和

下属企业之间的多元化沟通机制，为外部董事科学决策做好助力。主动构建外部董事履职保障机制，参照企业领导班子履职待遇，合理安排外部董事办公用房、公务出行、经费预算等相关保障举措，并设立专职联络员保障外部董事履职。

（二）聚焦“畅通”，做好信息支撑保障

一是畅通掌握企业经营动态的渠道。定期向外部董事报送企业年鉴、行政工作报告和季度运营分析报告，不定期更新完善《中建二局生产经营重要信息汇编》，方便外部董事更及时、更精准地了解企业生产经营和改革发展情况。同时为各位外部董事开通企业内部OA账号，方便外部董事随时、随地、全面了解企业生产经营情况。

二是畅通掌握企业决策事项的渠道。明确董事会议案“两表一单”（《部门评审表》《事前沟通表》《议案提交单》）制度，确保每项议案材料内容翔实、分析客观、举措清晰，扎实做好“会前沟通、会上决策”，保证决策高质高效。加快推进董事会决策信息化建设，在企业OA平台上线“决策会议”模块，建立“董事会议案库”，实现董事会议案“批量导出”“巡签”“审议结果”“归档”“一键督办”等功能。规范档案资料整理，编制“议案清单台账”，对每项议案日期、届次、执行情况、“两表一单”及签到表、决议签字等资料进行明确记录，确保议案资料完整归档，妥善保管，为外部董事科学决策提供信息支撑。对于重大决策事项，完善“首问负责制”，建立“督查督办单”“督查督办台账”，明确责任部门和责任单位，并动态跟踪、定期通报。

三是畅通外部董事企业问询渠道。定期召开议题沟通会议，接受外部董事问询，充分听取外部董事专业意见，反复斟酌、充分酝酿，细化完善相关工作方案，真正实现外部董事为企业高质量发展赋能。中建二局实行“外部董事占多数”制度暨第二届董事会成立以来，共召开董事会20次，审议议案156项，提出意见建议36条，均得到了采纳和落实。

（三）聚焦“务实”，做好决策调研保障

在服务保障外部董事调研方面，中建二局坚持务实原则，力求做到“五有五确保”：年初有调研计划，确保全年调研工作有序开展；被调研单位有汇报，确保各位外董充分掌握情况；双方之间有探讨交流，确保碰撞出经营管理智慧；调研内容有会议纪要，确保外董意见建议准确记录；调研成果对相关领导和单位有反馈，确保调研成果及时转化落地。

一是选题务实。依托政策研究职能，针对年度调研主题与外部董事高频次沟通互动，围绕中建二局“一核心、两跨越、三并跑”发展战略，把脉解析企业当前发展最突出的重点难点工作，共同研究确定调研主题。2022年调研主题为“落实集团稳增长要求，聚焦高端营销突破，赋能企业高质量发展”，2023年调研主题为“锚定‘提质增效’年度目标，助力‘五大行动’攻坚突破”，均与企业年度工作主线紧密契合。其中，2023年度调研在原有综合调研基础上增加课题研究形式，研究课题的确定注重发挥各位外董专业所长，主要涉及党建与经营互融互促、科技创新创效、海外经营及风险化解、工程总承包管理等，由相关分管领导和主责部门协调配合。

二是策划务实。每年年初召开企业内部领导与外部董事见面会暨外董务虚会，研究制定年度调研计划，确保全年调研工作按计划推进，推动外部董事履职从“会场听取汇报”到“现场指导工作”

转变。其中，2022 年度调研涉及 4 个区域、9 家企业、2 个项目。2023 年度调研分 3 个阶段开展，涉及 3 个区域、1 个分局、7 家企业（含 1 家驻外企业）、3 个项目，部分外董还前往重点项目针对“工业上楼”等新兴业态开展了专题调研，进一步丰富了调研对象和内容。

三是结果务实。坚持高规格反馈，调研报告形成之后，外董小组第一时间向董事会提交调研报告，经 7 位董事审阅形成最终报告。坚持高规格融合，将调研结果充分融合到中建二局 2022 年年中工作报告与董事长讲话当中，增强工作效果。坚持高规格落实，及时调整企业目标展开图，形成督查督办单，加强落实闭环管理，积极赋能企业高质量发展。

四、改革成效和经验启示

经过两年多的探索实践，目前中建二局外部董事占多数的董事会建设已进入成熟运行期，并在下属 3 家法人单位试点推行，有效发挥了董事会“定战略、作决策、防风险”的职能定位。一是充分的会前沟通让外部董事能够准确了解决策事项的背景和意图，让外部董事有足够的时间“带着思考作决策，带着方法提举措”，有助于提升外部董事参与公司治理的积极性、增强决策的独立性，确保董事会决策更加科学、高效、精准。二是多渠道的信息共享能够让外部董事及时掌握企业经营动态，对苗头性、倾向性问题及时纠偏，确保企业发展始终行进在正确的轨道上。三是务实的调查研究能够让外部董事更好发挥专业所长，更加集中地专注于研究企业改革发展的大事要事，更好地为企业问诊开方。

目前，新一轮国有企业改革深化提升行动已经全面展开。中建二局将坚决贯彻落实党中央、国务院和国资委、中建集团的深改部署，进一步扩大应建尽建范围，选优配强派出外部董事团队，完善外部董事履职服务保障机制，赋能企业高质量发展。

打造规范高效董事会 推动企业发展行稳致远

——中国建筑第八工程局有限公司

一、企业基本情况

中国建筑第八工程局有限公司（以下简称“中建八局”）为中国建筑的二级骨干企业，覆盖投资、建造、运营三大核心业务，承建的机场航站楼、会展博览、体育场馆等项目市场占有率国内第一，获得“国优”“鲁班奖”项目个数在行业同类企业中居第一。2022年，中建八局合同额突破7500亿元，营业收入超过4100亿元，综合实力位列“上海企业100强”第8位，所属10家单位入选中国建筑三级企业“双十强”。

二、改革背景

国企改革三年行动以来，中建八局把加强党的领导和完善公司治理统一起来，牢牢把握董事会“定战略、作决策、防风险”的定位，着力发挥董事会“望远镜”“智囊团”“防火墙”的功能，引领保障企业高质量发展。同时，按照“应建尽建、配齐配强”原则，在5家二级单位建立外部董事占多数的董事会，为任职单位高质量发展提供有力支撑。其中，一公司成功入选“国有重点企业管理标杆创建行动标杆企业”和国务院国资委国企改革“双百企业”名录；四公司蝉联中建集团号码公司十强，位列山东省建筑企业第7位；东孚地产公司位列中国房地产开发企业综合实力第29位、责任地产第1位。

三、改革实践措施及成效

（一）用好“望远镜”，发挥董事会定战略作用

一是紧扣党建主线，推进党委“把方向”与董事会“定战略”有机结合。坚持“两个一以贯之”，全面推进党建入章程，所有法人机构全部完成党建入章程；全面梳理了党委前置研究讨论事项权责清单，将企业经营方针、发展战略、中长期发展规划、专项规划和经营计划的制订等17项重大经营管理事项纳入前置讨论，将党委会和董事会的研讨事项有机融合，细化形成236条中建八局决策事项清单；全面落实党对国有企业的全面领导，所属单位一律实行党政“一肩挑”，落实党建与经营同部署、同推进、同落实。二是紧扣发展主题，推进对标世界一流提升与战略规划有机结合。中建八局定期召开务虚研讨会和外部董事沟通会，研究制订中长期战略发展规划、专项业务发展规划，定期听取和审议年度战略执行报告、创新业务发展报告等，及时调整阶段性发展方向和目标。建立分层级、分系统、分区域的对标管理机制，常态化对标法国万喜、大成建设、西班牙ACS等世界一流建筑企业，制定《中建八局“十四五”发展规划》《中建八局关于加快创建世界一流企业的指导意见》，致力成

为“三标杆”“两示范”[1] 的世界一流企业。三是紧扣创新主旨，推进传统业务与创新业务有机结合。落实国务院国资委和中建集团创新工作部署，中建八局董事会成员多次开展创新业务调研，出台局属单位传统业务特色化发展方案，推动相对成熟业务规模化发展。审议通过《科创产业“十四五”发展规划》，重点突破科创产业、绿色低碳、投资运营等薄弱领域和“卡脖子”关键技术，持续培育“专精特新”企业，推动千吨级碳纤维斜拉索在国内完成首次应用。通过召开创新业务大会，成立城市更新中心，设立文旅博览公司和山东中建城市发展公司，发挥“投建运一体化”全产业链优势，实现传统业务与创新业务有机结合。

（二）做好“智囊团”，发挥董事会作决策作用

一是聚焦关键环节，规范会议决策程序。针对党委会、董事会、总经理办公会等不同治理主体的职责，制定“四规则五清单”，其中《中建八局董事会议事规则》列出议事清单 45 项，进一步明确董事会作为企业经营决策主体的定位。健全董事会决策全过程闭环管理，重大经营管理事项事前做到“三个必须”：必须党委前置研究、必须法律审核、必须提前沟通；事中做到“三个充分”：充分发表意见、充分揭示风险、充分完善议案；事后做到“三个定期报告”：定期报告议案执行情况、定期报告授权行使情况、定期报告履职情况。二是聚焦重点内容，提升会议决策质量。平稳引入外部董事制度，优化董事会成员构成，确保董事会“配齐建强”。严格执行两个“双过半”，召开董事会必须全体董事会成员和外部董事“过半数”参

[1] “三标杆”“两示范”：中建集团创建世界一流示范企业的践行标杆、上海建设社会主义现代化国际大都市的企业标杆、中国“走出去”参与全球竞争合作的行业标杆，成为建筑行业数字化转型的示范、践行国家“双碳”战略的示范。

会，通过董事会决议必须董事会全体成员和外部董事“过半数”同意。编制《落实董事会职权实施方案》，制定 7 类 20 项具体举措，提升自主经营决策能力。定期召开沟通会，对决策事项论证充分、风险揭示翔实，保证了会议决策质量。2022 年，共召开董事会 8 次，共审议议案 35 项，通过 35 项，涵盖机构设立和调整、项目投资、预算管理、审计制度等议题。三是聚焦授权管理，提升会议决策效率。编制《董事会授权管理办法》及授权方案，列示修改章程、对外担保事项等 20 条授权负面清单，并根据事项的风险大小、重要程度、发生概率，分级确定 25 项具体授权事项，做到规范授权、高效行权。修订《总经理办公会议事规则》，梳理总经理办公会决策事项清单 12 条，有效发挥经理层的积极性。

（三）当好“防火墙”，发挥董事会防风险作用

一是优化顶层设计，构建风险防控体系。中建八局根据自身实际，整合党委巡察、纪检监督、审计、合规与风险管理等监督主体，董事会牵头一体化推进风险管理体系、内部控制体系、合规管理体系和违规经营投资追责工作体系，做到推进风险防控与各类监督充分协同，事前预警、事中化解和事后处置有效贯通。二是筑牢“三道防线”，及时识别风险。把风控体系和审计管理纳入董事会职权范畴，筑牢各体系和单位、各级合约法务部门、各类审计和监督机构全面风险管理“三道防线”，建立覆盖局总部、二级、三级、项目经理部四级体系，定期开展风险识别。2022 年，开展国企改革三年行动推进实效、临建标准化、分包签证及补偿等专项审计，以及地产、投资、海外等业务审计，及时识别风险百余项。三是聚焦重大风险，做好排查化解。董事会重点研判风险与收益的综合平衡点，推动停

缓建、重大风险债权、久竣未结等专项治理行动走深走实。三是价值驱动，激活全面风险。聚焦五重六难持续发力，推动重点领域、重点区域、重点业务、重点单位、重点项目的地产项目、停缓建、重大风险债权、边远散小、潜亏、负流项目风险排查化解。2022年，现场督导22家二级单位，开展风险项目化解51次，覆盖地产风险项目246个，锚定重点客户、制定专项方案、全速推进落实，确保债权安全。

四、推广经验启示

一是要正确处理党组织和董事会的关系。党组织是国有企业治理结构的重要组成部分，为企业建立中国特色现代企业制度，保证改革发展的社会主义方向，提升企业的制度优势和竞争优势提供有力支撑。董事会建设是国有企业法人治理结构建设的重要部分，是建立中国特色现代企业制度的关键节点，对深化改革起到直接推进作用。正确处理党委会与董事会等各治理主体之间的关系，明确权责边界，做到无缝衔接、各司其职、各负其责、协调运转、有效制衡的公司治理机制，维护好国资国企的切实利益。

二是要聚焦董事会职能作用的发挥。定战略方面，董事会总结分析“十三五”发展的成绩和不足，在深入分析宏观和行业形势的基础上，研究中长期发展规划，详细分析论证宏观和行业趋势、公司现状、总体战略、专项战略、业务策略和战略落地保障机制。作决策方面，董事会坚持科学决策、民主决策、依法决策，最大限度确保战略符合、商业可行、风险可控。防风险方面，董事会持续发挥在全面风险管理体系建设中的核心作用，聚焦风险管控、审计监督、合规建设三大能力建设。

三是要持续优化董事会建设支撑体系。落实国务院国资委董事会建设“1+N”制度体系安排，全面修订“四规则五清单”；丰富授权路径，坚持从制度切入，完善授权管理机制，规范“授权-行权-监权-评权”管理闭环；按照局属二级单位自评、总部部门评价、日常评价和年度评价的维度，建立全过程评价体系，明确外部董事管理原则，强化评价结果运用；配强“应建局属二级单位”外部董事，建立“专兼结合以专为主、内外结合以内为主”的外部董事队伍，积极拓宽专职董事来源渠道，优先选择熟悉法律、财务和公司治理的C职级领导干部担任专兼职董事。

全面构建五大管理体系
开创企业跨越式高质量发展新局面
——中国二十二冶集团有限公司

一、企业基本情况

（一）公司简介

中国二十二冶集团有限公司（以下简称“二十二冶”）是世界企业500强中国五矿和中国中冶旗下核心骨干子企业，是以工程总承包、房地产开发、技术装备制造、多元化产业为主营业务的大型综合企业集团。拥有建筑工程和冶金工程施工总承包特级资质，房地产开发一级、两项设计行业甲级以及国内多项施工总承包和专业承包最高资质，并通过质量、环境和职业安全健康管理体系认证。荣获全国文明单位、全国五一劳动奖状、全国“重合同、守信用”企业、国家AAA级信用等级企业。

二十二冶前身在新中国肇始先后参加了鞍钢、本钢、包钢建设，唐山大地震发生后星夜驰援，震后仅28天就炼出了唐钢第一炉“志气钢”。1978年2月3日，公司正式成立，由此拉开了“世界一流冶金建设国家队”南征北战的恢宏序幕，首钢、邯钢、河钢、山钢、马来关丹钢铁等近百项工程分别获得境内外国家优质工程奖、鲁班奖、全国用户满意工程、省部级工程奖等荣誉，塑造了“钢铁轧焦”核心品牌，在钢铁冶金八大部位、19 项业务单元形成话语权，创造了多项全国同类工程最短工期施工纪录。荣获全国建筑工程名牌企业、全国质量管理先进企业。

（二）股权结构

二十二冶的股东是中国冶金科工股份有限公司，出资额为 27.8 亿元，占股比例为 100%。

（三）公司主营业务

二十二冶的业务主要涉及工程承包、房地产开发、装备制造三大主业，营业收入呈逐年上涨态势。从行业情况来看，营业收入主要集中在工程承包板块，近三年收入占比均在 90%以上，其次为房地产开发、装备制造。

二、改革项目背景

2018 年以来，二十二冶积极推进战略调整，坚持远近结合、统筹谋划，制定实施“两步走、两跨越、两翻番”的战略举措，明确清晰的发展目标，制定可行的思路举措，重构管控模式，重塑企业文化，高质量发展的内生动力不断增强。根本在于聚焦管控模式和管控体系持续优化提升，构建现代化制度体系。

（一）五大管理体系建设是上位政策在二十二冶的具体落实

二十二冶认真贯彻落实国企改革三年行动重大决策部署，坚持以思想破冰引领改革突围，推进公司治理效能和管理效率持续提升，激发干事创业深层次活力。中国五矿、中冶集团相继提出了加快建

设世界一流企业的具体措施，中冶集团基础管理提升三年行动提出要全面夯实和提升企业管理水平，保障企业持续健康稳定发展。两级公司传统发展思路亟须改变，企业战略转型迫在眉睫。建立五大管理体系是二十二冶的战略选择、赢得新竞争优势的必由之路。

（二）五大管理体系建设是二十二冶高质量发展的内在要求

回顾近年来的发展之路，二十二冶把打造基业长青的“百年老店”作为长期目标，实施“两步走、两跨越、两翻番”战略举措，一年一条关键主线、一年迈上一个新台阶，横下一条心、做成一件事。提出“四个坚决不、四个坚持走”的发展理念、制定实施六大战略。确立“总部机关管总抓大做平台、二级单位管精管细创特色、项目部创优创效创品牌”的功能定位，建立健全三层次管理、五梯次架构。企业文化传承发扬、守正创新，引领思路观念转变。推行五大管理体系建设是二十二冶做好工作落实的具体抓手。

三、改革实践措施

（一）构建“四位一体”责任体系，引领干事创业激情长盛不衰

1. 指标实——顶层设计、可考核、可量化

一是从四个维度建立横纵立体的指标落实考核机制。将目标分为一、二、三类，共 144 项。其中一类目标 21 项，为主要经济指标，完成情况影响两级公司领导班子薪酬、企业工资总额、领导班子职务任免等；二类目标 65 项，为一类目标的落实载体，为公司总部重点关注指标；三类目标 58 项，为系统建设重点事项，促进两级公司强弱项、补短板，完成情况影响系统考核结果。目标设置合理

化、底线化，实现逐级承接，充分体现考核精准性。

二是分解过程、量化操作。强化精准考核，经济指标以数据量化，管理指标通过分解步骤、分解时间节点量化，确保年度目标可操作、可量化、可考核、可计分。完善目标体系是对两级公司落实能力、执行能力的一次检验，通过找准目标落实关键运营要素。将核心指标拆分成运营抓手，结合具体运营场景、职责分工、客户需求、数据分析等形成运营策略，将过去简单的目标拆解加减法变成“目标×措施”乘除法。用精准考核代替“全员背指标”，分项考评、分类考核、标准赋分、具体到事。

三是“控红线”，突出控制指标约束作用。用“控制”“约束”类指标释放高质量发展补短板的信号，树立正面导向作用。对影响公司在上级单位经营业绩考核得分或专项奖评选、影响诚信美誉建设的指标进行重点关注。梳理出 ABC 级否决指标，A 级指标为影响业绩考核、奖项评选的双否决指标；B 级指标为影响业绩考核的管理控制类指标；C 级指标为影响奖项评选的否决指标。

2. 考核全——维度全、覆盖全、无死角

一是公司经理层成员任期制契约化考核。分为个人特色指标、评议指标、扣分指标。每半年主动接受一次广大干部员工监督测评，真正做到任务上肩、责任上肩、压力上肩。

二是总部机关部门强化系统引领，实现一季一考核、半年一述评、一年一汇总。按考核结果确定绩效奖总额，推行部门内部二次分配，充分体现薪酬差异化。

三是二级单位作为目标承接载体，重塑“两梯次、五层次”经营业绩评价体系，搭建经营业绩考核与专项奖评选两个评价系统，

鼓励各单位做优、做强、做细。

四是直管项目部认真落实工程项目契约化管理，实行月度绩效、年度奖励、竣工兑现，激发项目活力。

五是健全完善参股单位经济责任考核体系，建立“月度例会+季度研讨+年度考核”运行机制，分别设置经济指标、管理目标和评议指标，由“消防队”式应急灭险调整为“气象局”式常态监测，打造“参股投资收益持续增长、重资产公司效能不断增加、清理处置速度陆续加快、低效投资占比连续下降”的“两增一快一降”新局面。

六是健全完善 SPV（特殊目的载体）公司考核体系，按照“谨慎稳健、优质优益、运营前移、双重监管”十六字方针，构建“投建分离、建运分离，月考核、季述职、年奖惩”具有二十二冶特色的投融资项目管控体系。

3. 应用细——搭平台、强弱项、补短板

一是引入五色定位法。以上年度各系统量化打分结果展现各单位管理水平“画像”，“一企一策”分配管理打分权重。绿色代表考核首位，红色代表考核末位，白色代表考核中间水平，黄色、蓝色分别代表考核中上、中下水平。围绕“强弱项、补短板”，以管理提升调研为契机，利用五色定位法，机关各部门对短板问题比较多（红、蓝区域集中）的单位进行重点关注，帮助二级单位提升红色、蓝色系统管理水平，对本系统考核排名靠后单位加大帮扶力度，提升系统管控水平。提示各二级单位抓重点、强弱项、补短板，确保措施到位、责任到位、目标到位。引导各二级单位靶向式聚焦、专题化攻关。

二是将考核结果延伸，建立发展质量评估体系。利用“规模效应+专精效应+头雁效应”，形成多维激励。构建完善二级单位发展质量评估体系，设置包括贡献度、成长性和发展质量三个维度评价指标体系，选取十个指标，统筹考虑规模贡献和成长增幅，既兼顾大单位的贡献力度，又鼓励小单位持续发展。鼓励二级单位既提高经营业绩，又提升职工利益。

三是注重考核结果运用。结果运用同向化。打通组织考核与个人考核结果接口，根据组织考核结果区别设置个人考核淘汰率，考核档次靠前的单位设置较低的考核淘汰率，考核末位的单位相应提高考核淘汰率。确保各层级末等调整及不胜任退出整体比例不低于10%。绩效薪酬差异化。按排名强制分档、提高档差，拉大同岗位之间的薪酬差距，更加体现了绩效考核导向和激励作用，用更贴近市场的手段激发内生活力。与干部任用挂钩。二级单位连续两年亏损或者连续三年考核 D 级的、机关部门连续三年考核 D 级的，该单位（部门）党政主要负责人职务给予调整。

（二）打造以产业链营销和城市营销为核心的市场营销体系，确保企业可持续发展

做实做细“两个营销”，为“再跨越、再翻番”提供坚强保障。围绕产业链营销和城市营销打造“整体强”的市场营销体系。打造独占鳌头的先进技术和特色资质矩阵，扩大产业链“朋友圈”，推动项目营销向产业链营销、城市营销转变。

着力增强自身资源整合能力，重点在产业导入和申报政策支持、项目审批、融资落地等方面打造“人有我优”的特色服务品牌，形成比较竞争优势，努力为政府和业主解决实际困难、提供增值服务，

加速培育自身核心竞争力。聚焦公投项目以及国有企业、政府平台、上市企业、股份企业、外资企业等优质施工总承包项目，增强自身公投能力。聚焦特色产业、特色行业，以及焦化、轧钢、炼钢和体育场馆等主责主业板块，集中优势全力打造拳头产品和特色品牌。

市场营销倡导内涵式提升，摆脱对中间人、关系人的路径依赖，改变过去“跟着中间人走、跟着关系人走”的局面。产业链营销方面，加强与相关科研院所、专业设计院、行业协会、核心设备供货商的沟通联络，建立协同机制和战略合作关系，实现技术营销、品牌营销。城市营销方面，坚持以城市为中心开展经营，扎根城市、融入城市、经营城市，在属地形成二十二冶优质品牌的舆论氛围和思想共识。大力推动市场营销人员技术、商务等综合能力素质迭代提升，真正把市场营销打造成有科技内涵的工种。

（三）全力打造项目优质履约保障体系，重塑诚信美誉良好形象

1. 构建“强后端”，打造服务平台

重点培养五种能力，即关键项目和战略性项目策划指导、标价分离和预算编制、设计优化对项目支持服务、采购价值创造能力、共享价值创造能力。

搭建八个平台，共分为两类。其中，管理控制平台包含财务共享中心、招标采购中心、物资管理中心；业务支持平台包含商务中心、设计管理中心、测量中心、BIM 中心、技术中心。管理控制平台采取传统的矩阵式运行治理体系；业务支持平台突破现有专业人才和管理精力不足的瓶颈，构建“三维矩阵式”治理体系，将二级单位分中心作为有效的业务补充，从第三维度支撑平台运行，逐步打造成优势互补、大而全的业务支持平台。各施工类二级单位根据

业务类型和规模围绕项目管理核心事项打造能够高效支撑项目的服务中心，保证与二十二冶中心业务对应。

2. 构建“精前端”，夯实项目基础管理

打造前端精湛的项目履约团队，配置项目部一班人马要少而精，能力突出且一岗多能。为有效扭转项目基础管理松懈滑坡的局面，深入开展项目管理“五不”现象专项整治，看图、看合同、策划、总结、交流成为项目管理基本动作，专项整治初见成效，项目人员意识、能力得到提升。目前在建项目施工进度按计划节点均在扣网状态，所有项目按合同工期能提前竣工，工程质量全部优良，项目综合平均利润率达5.47%，成本降低率大幅提升。

（四）聚力构建双维度成本管控体系，提升项目全过程全要素提质创效能力

加快构建双维度成本管控体系，打造成本责任体系。全面贯彻以成本管理为核心的理念，分解项目成本构成要素，建立公司总部、二级单位、项目部三层级岗位成本目标责任。

第一维度是空间维度：机关及项目成员均签订《项目成本控制责任书》。机关层面，由预算、项管、招采等部门对物资、分包、施工机械等费用进行责任分解，责任到部门。项目部层面，由“项目经理+总工程师+总经济师”形成“铁三角”成本负责制，岗位成本分解全覆盖，责任到人。

第二维度是时间维度：合同签订后两周内，通过标价分离的方式以标前成本测算内容为上限管控项目成本，实现初始控制、底线管控。根据项目中标价格，剥离项目材料用量，进而剥离钢筋混凝土等主材用量以及施工费用、劳务分包费用、周转材料费用、机械

费用等，为成本初始和底线管控提供依据。开工三个月后完成施工图预算的目标成本管控。通过施工图预算实现精准控制、过程控制，为成本管控提供更加清晰的依据。对标价分离管控、施工图预算管控进行两算对比，取低值。

（五）打造“控节点、零拖欠”资金回收体系，织密资金回收制度网

以提升资金回收能力和效率为总体要求，增强部门联动效应、上下协同创效，在全公司范围建立起完整、高效的资金回收体系。聚焦项目应收款、拖欠款，明确每笔款项收款节点、责任人，两级机关在项目招投标、履约、收尾、结算等各个阶段协同联动，相互传导压力，压实责任，明确“节点”工作要求、回收任务和奖惩措施，努力实现“零拖欠”目标。

四、改革实施成效

二十二冶坚持以“一年一条关键主线、一年迈上一个新台阶、三年一步大跨越”为奋斗节拍，规模效益和发展质量实现同步跨越式提升，在中冶集团内部实现了由“跟跑”向“并跑”的历史性跨越。2022 年，新签合同额 1213 亿元，昂首挺进中冶集团“千亿俱乐部”，成为 6 家营销过千亿子企业之一，与 2018 年相比增长 273%，提前实现第二步跨越翻番目标；营业收入 305 亿元，与 2018 年相比增长 133%，再攀历史新高；利润总额 6.3 亿元，攀 11 年之巅，与 2018 年相比增长 317%，提前实现第二步跨越翻番目标。

（一）坚定推进“三能”机制落实，打通组织考核与个人考核接口

1. 实现干部能上能下

建立以责任书为核心的目标考核体系，层层贯彻契约化理念，形成了“85后挑大梁、90后唱主角、95后打头阵”的生动活泼的干事创业局面。突出以业绩、能力、群众认可度为导向，打造公平、公正、公开的用人环境。干部考核实现考核对象、内容、方式、结果运用四方面全覆盖，对每个干部都形成“画像”资料。突出考核结果应用，考核结果点对点反馈至被考核对象手中，实施考核末位淘汰。

2. 实现员工能进能出

依法合规进行人力资源优化，打造高素质员工队伍。坚持“三变、三不变、两同步”原则，确立“一类一策、一策一兜底”基本思路，畅通“冗员出清”和“招贤纳才”通道；近三年公司引进博士、硕士研究生500余人，因考核不合格实现员工市场化退出1600人，人员结构不断优化，综合素质显著提升。

3. 实现薪酬能增能减

彻底打破薪酬分配“大锅饭”，建立与市场全面接轨的薪酬分配制度和总对总的考核体系，考核规则公开征求意见、考核过程坚持公平公正、考核结果做到公开透明，做到薪酬差异化分配，二级单位负责人年薪最高是最低年收入的5倍。总部机关部门负责人年薪最高是最低年收入的1.6倍。直管项目部经理年薪最高是最低年收入的4.5倍。通过及时有效激励激发员工干事创业激情。

（二）“两个营销”效果初显

深挖技术营销、品牌营销内涵，目前设置33个产业链事业部，

积极开拓上下游资源，掌握行业主动权，主要围绕新能源、集租房、焦化等产品，打造产业链营销，各单位产业链营销合同额占比35%。稳步推进城市营销。锚定“五大城市群”热点区域，制定实施“北拓南扩、南北并重”的市场开发战略，扎根城市、融入城市、经营城市，在20个省、4个直辖市、3个海外城市、2个自治区设立116个城市营销公司和营销办事处。

加大“家门口”市场开发力度，二十二冶促成唐山市与中国五矿、中冶集团高层多次互访，深化央地合作，全方位深度融入唐山，努力成为央企在唐发展的行业龙头、央企标兵、总部代表。唐山将所有重点、标志性项目均交由二十二冶施工建设，近三年在唐山新签合同额近300亿元。持续深耕京津冀主阵地，聚力攻坚河北省内邢台、保定、沧州、邯郸等经济体量好的热点城市，先后签约了一系列市级重点项目，近三年实现河北省内新签合同额近800亿元，以城市经营理念创造唐山、沧州、保定、邢台、承德5个百亿城市，坚定不移做到中冶集团京津冀区域排头兵。

（三）以精品工程铸就企业品牌

二十二冶充分践行“干就干好、做就做精”的质量理念，奋力做到“当地领先、行业领先”。质量创优全覆盖，彰显企业品牌形象。2018年以来，累计获得国家优质工程奖8项（其中金奖2项）、鲁班奖6项（其中境外工程1项）；荣获各类省部级质量奖179项，连续多年在中冶集团排名第2位；累计获得国家安全标准化工地7项、国家级绿色工地18项。2021年，公司首次代表中国五矿参加第四届中央企业QC小组成果发布赛并取得一等奖。2022年，二十二冶荣获全国17项国优金奖中的2项，是年度内唯一一家同时获得两项国优金奖的施工总承包企业；斩获国际质量管理小组会议金奖，填补了中冶集团该奖项空白；在冶金建设和公共建筑领域各摘得 1 枚鲁班奖，擦亮冶金建设金字招牌；全年获得各类省部级优质工程 45 项，同比增长 36%，创历史最佳；荣获国家级安全标准化工地 4 项，各类国家级绿色工地 10 项，创历史纪录。奖项获取工作连续多年在中冶集团名列前茅。

通过项目优质履约，重建客户关系；通过主动承担社会责任，重塑企业形象，提升二十二冶的品牌认可度。近三年，维系老客户促回归实现市场签约超 400 亿元。2022 年，二十二冶共收到业主多种形式表扬材料 102 份，顾客满意度大幅攀升至 97. 41%，均创历年新高。总部所在河北省自 2019 年开始实行诚信分机制，二十二冶在河北省诚信分从 2019 年的 85 分提高到目前的 100 分，创历史新高。

（四）双维度成本管控体系初见成效，项目利润水平稳步提升

坚持以项目利润水平提升、项目管理团队成本管控及二次经营能力提升效果，作为检验双维度成本管控体系运行成效的唯一标尺。在建项目全部完成双维度成本分解，机关及项目成员均完成签订“项目成本控制责任书”。制定发布《二次经营策划指导手册》，作为项目人员二次经营“口袋书”。推行“五统一”标准化劳务分包模式，由专业分包逐步转变为统一标准的劳务分包，杜绝以包代管现象。提级分包定价主导权，分包合同定价由项目部主导转变为公司招标主导，提升项目创效水平。建立企业内部定额，发布《企业内部成本管理价格指导书》，涵盖 6 个专业、2213 个清单子目，为项目分包和成本控制提供有力支撑。

（五）长账龄历史项目清收取得突破

2022年实现历史老账回收3.35亿元；成为中冶内部第一家30亿元3年以上逾期应收款全部清零；坚持“盯得紧、要得勤、要不回绝不罢手”的执着精神，加大尾款清零力度，189个项目彻底清零，回款5.17亿元。

五、推广经验启示

2023年5月，二十二冶被国务院国资委纳入新一轮“双百企业”名单。凭借强烈的改革意愿及浓厚的改革创新氛围，二十二冶已经在全面加强党的领导、党的建设，健全法人治理结构，完善市场化经营机制，健全激励约束机制等方面取得突破。将以本次入选“双百企业”为契机，积极落实国务院国有企业改革领导小组和国务院国资委关于国企改革“双百行动”的部署要求，进一步深化公司改革调整，提升企业决策科学性，提高抗风险能力，增强生产经营活力。

道阻且长，行则将至，行而不辍，未来可期。二十二冶将继续心无旁骛地解放思想、砥砺奋进，风雨无阻地担当作为、真抓实干。

完善顶层设计 综合系统推进董事会建设

——中铁一局集团有限公司

一、企业基本情况

中铁一局集团有限公司（以下简称“中铁一局”）是中国中铁的全资子公司。前身为铁道部西北铁路干线工程局，1950年5月始建于甘肃天水，为新中国成立的第一家铁路施工企业，本部先后在天水、兰州、乌鲁木齐，于1970年由乌鲁木齐迁至西安至今；2000年改制为中铁一局集团有限公司。目前，中铁一局业务范围覆盖除台湾地区以外的全国各省、市、自治区，并在新加坡、巴基斯坦、斐济、马来西亚等十多个国家开展海外工程业务，承建的工程项目共获得国家优质工程奖103项（其中金质奖11项）、鲁班奖27项，詹天佑奖29项，国家科学技术奖、科技进步奖19项，省部级科技奖428项；荣获新中国成立70周年“功勋企业”、全国守合同重信用企业、中国施工管理优秀企业等上百项荣誉，先后涌现出25位全国劳模。2023年，中铁一局入围国务院国资委“双百企业”，就制约企业发展深层次问题实施专项改革。

二、改革项目背景

推进国企改革三年行动是落实国务院国资委、中国中铁重要决策部署的重大政治任务，也是企业践行央企责任，实现高质量发展的重要途径。国企改革三年行动以来，中铁一局坚决落实国企改革三年行动首要任务，持续巩固健全中国特色现代企业制度、深入开展国有企业三项制度改革，以加强董事会建设为突破口，持续健全完善中国特色现代企业制度，以点带面，全方位引领企业各项改革协同发力，实现由“单项制度突破”向“综合系统推进”的根本转变。

三、改革实践措施及成效

一是加强董事会建设。制定《董事会建设实施方案》，科学设置新一届董事会，完成董事会换届，第六届董事会由 7 位董事组成，其中外部董事 4 位，实现外部董事占多数的目标。组建了战略与投资、审计与风险管理、薪酬与考核 3 个专门委员会，为董事会重大决策提供咨询和建议。细化强调加强董事会工作的各项要求，修订印发董事会及其专门委员会议事规则，规范议事方式和决策程序，提高规范运作和科学决策水平。

二是落实董事会职权。在规范运作的基础上，全面依法落实董事会各项职权，围绕中国中铁明确的落权事项清单，制定印发落实董事会职权实施方案及配套制度清单，建立健全董事会落权行权制度体系。对照董事会职权清单，针对7大类28项职权事项，细化内容表述、明确主责部门、梳理形成与之相应的配套制度清单，制订30项配套制度的制订修订计划，严格按照时间节点要求，加强组织协调和督导推进，顺利完成制度的制订修订任务。

三是发挥公司章程的基础统领作用。一方面，根据法律法规和深化改革要求，结合企业实际，修订公司章程，载明董事会职责定位、组织结构和议事程序、董事的权利义务、经理层成员任期制和契约化管理等方面内容。另一方面，同步修订三级公司章程模板，将加强党的领导、充分发挥执行董事作用、完善市场化选人用人和薪酬分配制度等改革要求纳入其中，并针对不同类别公司的管控重点和具体要求，制定适用于全资、控股与参股公司的差异化公司章程模板。

四是规范董事会运行机制。健全以公司章程为核心的企业制度体系，根据最新章程，制定和完善董事会提案管理办法、董事会决议执行管理制度等支撑保障制度。进一步增强董事会会议计划性，并以此推动提升与之衔接的党委常委会、总经理办公会的计划性。进一步规范提案主体、提交程序，严格提案提交时间和方式，提高提案质量，完善格式内容，明确必备要素。进一步加强提案合法合规性审核，将法律合规审核作为提起董事会提案的必要程序，严格执行"集体审议、独立表决、个人负责"的决策制度，保障董事客观、独立、充分地发表意见。

五是重视外部董事作用发挥。坚持就重大经营管理事项与外部董事监事进行充分必要的会前沟通，积极听取意见建议，促进董事会决策效率和质量提升。针对外部董事监事提出的建议，逐条对照检查，认真整改落实，并形成专题报告在董事会上进行通报。积极关注外部董事监事的履职需求，积极创新调研形式，将内部调研与外部调研相结合，组织外部董事监事深入广西、新疆片区进行调研，对区域经营、投融资、施工管理等方面工作亮点和经验进行总结推广；组织外部董事监事前往中铁四局管理研究院进行调研，深入交流研讨企业在进入行业技术大变革时代应采取的系统性应对措施，注重推动调研成果转化运用。

六是依法保障经理层行权履职。建立董事会向经理层授权管理制度，充分发挥经理层经营管理作用，依法明确董事会对经理层的授权原则、管理机制、事项范围、权限条件等主要内容，并按照“授权不免责”的要求，强化授权的事前、事中、事后管理。建立董事会决议执行跟踪检查与评价制度，针对决议执行的及时性、准确性和有效性等要素进行追踪反馈，着重关注执行过程中存在问题的决议，推动决议执行符合预期目标。加强对经理层执行董事会决议情况以及董事会授权经理层决策事项执行情况的监督，健全经理层对董事会负责、向董事会报告的工作机制，保障经理层责权利统一。

七是加强控股公司、参股公司日常监管。研究制定控股子公司、参股公司股东（大）会、董事会、监事会议案审查管理规定，实行分级分类管理，对各类公司股东（大）会、董事会、监事会议案进行审查，体现股东意志。委派董事、监事和高级管理人员（以下简称“董监高人员”）按照议案分级管理规定，依据股东意见和个人专业意见进行表决。针对合资公司建立定期报告制度，要求授权管理单位每月报送基础信息、运营情况、存在问题、工作计划等情况。

董监高人员定期就个人履职情况及任职公司运行情况向公司进行专题报告和述职，公司定期组织开展针对董监高人员的年度和任期考核评价，保障董监高人员依规行权、充分履职。

四、推广经验启示

（一）必须坚持和持续加强党的全面领导

党对国有企业的领导来源于“国企姓党”的红色基因和对经济规律的深刻把握，植根于中国特色社会主义实践的沃土，国有企业的发展历史就是一部坚持党对国有企业领导和加强党的建设的历史，是国有企业蓬勃发展的独特优势和根本原动力。国有企业改革越是向纵深推进，越要坚持和加强党的全面领导，必须高举中国特色社会主义伟大旗帜，坚持以党的二十大精神为指引，不断完善党的全面领导落实机制，不断提高公司党委“把方向、管大局、保落实”的能力和水平，保证党和国家方针政策，以及国务院国资委、股份公司重要指示与公司的决策部署时刻保持通畅并得到全面贯彻执行。

（二）必须坚持解放思想与时俱进

思想是行动的先导，解放思想是深化改革取得决定性胜利的重要法宝和根本保障，我们要与时俱进，摆脱路径依赖，从固化的思维定式和思想观念中解放出来，深刻认识市场发展规律，以勇立潮头、敢为人先、攻坚克难的胆识气魄，团结奋斗、勇毅前行，开创企业高质量发展新的征程。

（三）必须坚持问题导向务求实效

我们要紧密结合企业发展实际，聚焦改革面临的难点、痛点问

题倒逼改革，秉持强烈的问题意识，打破固有思维，时刻自我审视，奔着问题去、朝着问题改，坚持问题导向、务求实效的原则，大胆革除阻碍企业经营发展的一切羁绊，以改革成果激发内生活动，在革故鼎新中开辟企业高质量发展美好未来。

（四）必须获得广大职工支持和参与

广大职工是企业发展壮大的主力军，只有不断增强职工获得感、安全感和幸福感，全体职工才能以企为家、全心投入。改革的初衷就是要激发国有企业内生活力，在企业效益提升的基础上稳步提高职工收入水平和福利待遇，努力促进广大职工体面劳动、舒心工作、全面发展，符合广大职工的根本利益。要积极引导广大职工，正确处理个人和集体、当前和长远、局部和整体的利益关系，自觉服务大局，踏实工作，让广大职工支持和参与，成为企业改革发展提供取之不尽、用之不竭的力量源泉。

以“三化”建设推动董事会规范高效运行

——中建三局第一建设工程有限责任公司

一、企业基本情况

中建三局第一建设工程有限责任公司（以下简称“三局一公司”）成立于1952年，是中国建筑旗下核心三级子企业，拥有房屋建筑、市政公用、公路工程总承包，建筑行业、市政行业、公路行业设计等“三特三甲”资质，业务覆盖高端房建、基础设施等领域，具备投资、设计、建造及运营的全产业链综合服务能力，综合实力连续多年位列中建集团“号码公司”排头。国内业务覆盖粤港澳、长三角、京津冀、长江中游城市群、成渝经济圈等五大热点区域，海外业务拓展至马来西亚、印度、柬埔寨等海外15个国家和地区。

公司先后获评全国优秀施工企业、国家高新技术企业、全国鲁班奖特别奖企业、全国守合同重信用企业、中国对外承包工程AAA级信用企业、全国文明单位、全国模范职工之家、国家高新技术企业等众多荣誉称号，111次获国家优质工程奖和鲁班奖、15项詹天佑奖，5项国家科技进步奖、13项国家行业标准、20项国家级工法、598项授权专利、65项达到国际先进水平的科技成果。秉持高质量发展理念，三局一公司致力通过运营品质提升、竞争力全面提升、

平台化发展 3 个阶段，成为最具市场竞争力的世界一流建筑综合服务商。

二、改革背景

国企改革三年行动以来，三局一公司坚持以习近平新时代中国特色社会主义思想为指导，坚决贯彻落实国务院国资委关于扎实推进国企改革的相关工作要求，按照现代企业管理理念和管理方法，建立了现代化的企业治理体系，有效提升了企业治理能力与治理水平。以标准化、信息化、数字化为抓手，科学开展企业董事会运行评价，推动董事会规范高效运行，持续将制度优势转化为发展优势。企业发展规模及质量大幅提升，连续 4 年合约额过千亿元，2022 年成功入选国务院国资委国有企业公司治理示范企业。

三、实践措施

（一）以“标准化”为主线规范董事会运作体系

三局一公司通过制度建设规范董事会向经理层授权，推动决策体系、制度体系、支撑体系标准化，不断提升董事会运作水平。

一是完善“三重一大”决策体系。发布“四规则五清单”，明确界定党委、董事会和经理层的功能定位，细化党委前置研究、董事会决策、经理层落实的有序衔接，逐步形成党委、董事会、经理层“权责法定、权责透明、协调运转、有效制衡”的法人治理结构，实现决策体系标准化。

二是健全董事会制度体系。制定“1+4+2”制度体系，“1”即《公司章程》，是公司各治理主体运作的根本法则；“4”包括《董事会议事规则》《总经理办公会议事规则》及2份对应的议事清单，突出董事会的经营决策主体定位；“2”包括《董事会授权管理办法》《董事会授权决策方案》，向经理层授权重大项目生产履约、重点市场拓展、重大经营管理协调、企业应急处置等决策事项30项，突出经理层“谋经营、抓落实、强管理”的职责定位，形成科学合理的董事会授权机制。各项制度相互衔接、相互对应，从不同维度和层面为董事会规范履职行权提供保障。

三是建强董事会支撑体系。为更好地辅助董事会科学决策，设立战略决策委员会、预算与资金管理委员会、项目管理委员会、绩效与薪酬管理委员会等10个专门委员会，并制定配套的委员会工作规则，实现支撑体系标准化。各委员会由董事会和经理层成员担任负责人，聚焦专业、研深议透各类重大决策议案，为董事会提供决策参考。

（二）以“信息化”为支撑提高董事会决策效率

三局一公司积极开发企业信息化平台，综合利用多种辅助工具助力董事会决策信息化水平提升，在会前、会中、会后等关键环节，灵活运用信息化技术，推动董事会科学高效决策。

一是会前酝酿，上线议案审批系统。在专业委员会研究的基础上，建立议案前置审批流程。各部门根据规范化的决策议事清单发起议案，办公室及法务部门通过信息化平台线上审核、相关部门会签、业务分管领导及主职领导审批，审批过程实时跟踪、监控，有效提升效率性和便捷性。在流程中设置议案通用模板表单，包括议

案背景及概况介绍、必要性与可行性分析、专门委员会审议情况，确保议案格式规范统一，充分体现了议案上会前的酝酿沟通环节。

二是会中决策，应用决策支持系统。董事会配备专用电脑，依托自主开发的决策支持系统进行投票表决。会议决策时，董事可通过在线系统浏览议案及相关资料，在线上即可投票表决，后台自动提取汇总董事对议案的决策意见，并将意见反馈给相关部门牵头落实，实现决策过程可追溯。

三是会后督办，线上督办形成闭环。董事会决策结果可线上生成待办任务，直接推送至承办人，通过建立任务分解、立项督办、督办审批、结果反馈等节点，实现实时催办、全程督办，直至事项完成结项，形成工作闭环。2023 年上半年，董事会审议通过的 20 余项议案均已结项。通过针对性的督查督办，切实保障了董事会各项决策部署落地执行。

（三）以“数字化”为载体提高董事会决策水平

三局一公司快速推进数字化成果应用，依托各类数字化平台，丰富应用场景，提高董事会科学决策水平。

一是开发数字系统，提升决策水平。三局一公司自主开发商业智能分析系统（BI）、数据超市系统、天枢指挥中心系统，将公司经营、管理两类核心数据以图表等可视化形式聚合在董事会成员个人终端。公司董事可随时随地通过终端查看市场、生产、财务、商务等原始业务数据，以及各管理层级运营状况，如项目产值情况、各单位资金存量等，推动企业管理从经验决策升级为“数据+算法”决策。2022 年，董事会借助数字系统分析公司成本管控重点，严控项目成本和非生产性费用支出，项目平均成本节超率同比提升 0.7

个百分点；百元产值管理费 2. 1 元，同比降低 9. 5%。

二是搭建预警机制，防范经营风险。董事会利用数字化工具持续提升风险防控能力，确保企业低风险运行。通过从项目管理平台运行的数据中提取风险指标，构建“风险预警分析图”，供公司董事清晰掌握运营风险点，制定化解风险举措，形成预警发生、处置管理的风险防控闭环。2023 年上半年，董事会利用预警机制及时识别风险房企，推动化解房企债权风险，成功避免一批经营不善地产企业带来的合同违约系统风险。

四、改革成效

董事会的规范运作，对三局一公司提高治理能力和治理水平发挥了重要作用。

（一）实现党建工作与生产经营相融合

三局一公司建立了以公司章程为统领的公司治理制度体系，完善了“1+4+2”制度体系和“三重一大”决策清单，将党的领导融入公司治理各环节、党组织内嵌到公司治理结构之中，健全了“党委会、董事会、监事会和经理层”的治理体系，明确党组织研究“能干不”，董事会决定“干不干”，经理层考虑“怎么干”，推动各治理主体权责边界更趋清晰，企业决策、治理、管理与市场经济要求更加契合。

（二）实现公司治理与经济效益相促进

规范完善的公司治理体系为厘清各治理主体权责边界提供了有力保障，有效发挥了制度在公司发展战略、决策部署、生产运营、

党的建设等全方位管理中的指导和指引作用，进一步提高了公司决策效率和质量，促进公司经济效益显著提升。截至2022年底，公司资产总额、营业收入分别同比增长12%、15%。

（三）实现改革创新与发展活力双提升

在董事会规范管理、科学决策、高效运作下，稳步推进组织建设、薪酬激励、流程信息化、职业化团队、价值创造等各项改革工作，圆满完成国企改革三年行动总体任务，公司的治理水平不断提升、发展活力不断显现。比如，组建了投标、技术、商务、工程和总承包五大中心，充分发挥中台赋能服务作用，有效提升了项目履约质量和效益。

下一步，三局一公司还将进一步健全完善董事会运行机制，切实增强工作的前瞻性和主动性，积极应对内外部经营环境变化，立足于稳中求进，着眼于进中求好，在危机中育新机、于变局中开新局，不断提升决策效率和水平，推进改革深化，开展数据治理，增强风险意识，改善经营管理，提升发展质量，实现战略落地。

开展外聘外部董事 助力子企业董事会高效运行
——北京建工集团有限责任公司

一、企业基本情况

北京建工集团有限责任公司（以下简称“北京建工集团”或“集团”）于1953年成立，2019年11月与北京市政路桥集团合并重组，跨入双千亿级企业行列。北京建工集团自成立以来始终保持着中国建筑业的领先地位，并逐步发展成为一家具有国际竞争力的新型企业集团，跻身ENR全球250家最大国际工程承包商、中国500强企业、中国工程承包商10强企业，业务覆盖全国32个省、市、自治区和境外33个国家及地区。在不断巩固房屋建筑与市政工程主业优势的同时，北京建工集团打造了高效的资本运作与投融资平台、一流的科技研发与成果转化平台；具备领先的城市规划与勘察设计能力，全周期、多业态的房地产开发与物业服务能力，装配式、被动式超低能耗绿色建筑设计施工一体化服务能力；拥有综合实力全国第一的环境修复产业、领跑行业的资源循环利用产业、强强联合的水务运营产业，以及城市更新、建材制造、园林绿化、道路养护、管廊运营、停车管理等多种特色产业。依托集“投资、规划、设计、环保、研发、开发、建造、运营”于一体的全产业链，

北京建工集团能够为客户提供绿色、智慧、协同、高效的工程建设与综合服务，共同助力城市繁荣。

“十四五”时期，北京建工集团的定位是：打造“国内一流、国际知名的工程建设与城市综合服务商”，逐步形成“三主业、一培育”的业务格局，其中主业为建筑与市政工程、房地产业和节能环保业，培育业务为健康养老业。

二、改革项目背景

2019 年 12 月，习近平总书记在中央经济工作会议上明确提出制定实施国企改革三年行动方案，2020 年 6 月 30 日亲自主持召开中央深改委第十四次会议审定《国企改革三年行动方案（2020—2022 年）》，正式拉开了国企改革三年行动的大幕。方案中明确提出要抓好中国特色现代企业制度建设，其中就包括加强子企业董事会建设。2021 年，北京市国资委发布《关于市管企业加强子企业董事会建设有关事项的通知》，提出推动子企业董事会应建尽建、外部董事占多数，强化外部董事队伍建设，配齐建强子企业董事等工作内容。

北京建工集团非常重视子企业董事会的建设与运行，把它作为提高决策能力、防控风险、推动高质量发展的重要机制，并于 2021 年出台了《关于加强子企业董事会建设的工作方案》，提出了到 2022 年 6 月集团全层级符合要求的全资、控股子企业董事会应建尽建、外部董事占多数的工作目标，最终全集团纳入董事会应建尽建范围的全资控股子企业 83 家，纳入外部董事占多数范围的全资控股子企业 64 家。

北京建工集团具备行业跨度大、涉足领域多、业务分布广等特点，下属子企业数量多，不仅有施工领域的总承包公司、专业分包公司，还有地产行业的房地产开发公司、投资公司、为开拓新业务而成立的项目公司等，除了深耕京津冀地区外，还在国内、境外有自己的专业平台公司。这样的子企业结构给子企业的法人治理体系建设提出了极大的挑战。

三、改革实践措施

根据工作安排，北京建工集团2022年5月提前完成全部子企业董事会应建尽建、外部董事占多数工作任务，配套发布了《子企业公司章程表述示范文本》，完成21家二级子企业的章程审批工作，发布了《北京建工集团子企业董事会工作规则（2022版）》，对子企业董事会会议召开频次、出席人数、召开形式、参会要求、材料送达时间等提出具体要求，发布了董事会会议决议、记录的标准化模板，在制度层面巩固了子企业董事会建设的改革成果。

北京建工集团在推动加强子企业董事会建设工作过程中，发现了一些比较突出的问题：为满足外部董事占多数的要求，子企业董事席位总数相应大幅增加，导致集团派出董事来源不足；同时，由于集团内部管理人员企业文化相同、类型相似，代表性单一。这些人员同属一个集团，有些就是老同事，实际上只是相对的外部人。完全由集团内部人员组成的董事会不利于形成“协调运转、有效制衡”的决策机制。要想形成真正的制衡机制，就必须引进真正的“外部人”，打破“内部人”控制的系统，减少内部“繁殖”，克服

“同则不生”。另外，为了提高子企业董事决策水平，必须引入“高人”参与决策，必须从集团外、从社会上广纳贤才，丰富子企业董事会的构成。

为此，北京建工集团启动了建立外聘外部董事人才库的工作，前后历时 8 个月，过程中从出台制度和落地实施两方面进行了详细的系统筹划。

（一）出台《北京建工集团外聘外部董事管理办法》

集团参考北京市国资委的《国有独资公司外部董事管理暂行办法》《市管企业兼职外部董事工作补贴管理办法》《市管企业外部董事评价暂行办法》等规范性文件，出台了《北京建工集团外聘外部董事管理办法》，对于外聘外部董事的任职条件、权利与责任、聘任和解聘程序进行了明确的规定，并从三个维度突出日常管理，侧重于激励与考核并重，有效激发外聘外部董事勤勉履职：

一是规定了工作补贴，包括基本补贴、绩效补贴和会议补贴，计入集团总部管理费用预算，由集团总部统一发放。基本补贴根据任职家数和担任专委会主任委员的数量确定，绩效补贴根据年度评价结果发放，会议补贴标准为参加现场董事会一次 1000 元。

二是建立工作报告制度，外聘外部董事每年要向集团书面报告本人履行职责的详细情况，包括本人履职的简要情况、参加董事会会议的主要情况，本人提出的有条件同意、反对意见及其原因，无法发表意见的障碍、加强任职企业改革发展与董事会建设的意见或建议等。

三是对外聘外部董事实施年度和任期评价。主要从职业素养、勤勉尽责、履职实绩三个方面对外聘外部董事进行评价，通过自我评价、任职企业测评、集团评价三个程序后按照10%、50%、40%的权重加权计算评价得分，综合评价得分情况，形成评价初步意见，经集团公司董事会审议后，最终形成评价结果。对外聘外部董事的评价结果分为“优秀”“称职”“不称职”三个等次。对于年度评价结果为“不称职”等次的外部董事不发放绩效补贴，并予以免职。

（二）落地实施

1. 确定需求

根据日常工作反馈，选择了10家有代表性、规模性、特殊性的重要子企业，特别是在特殊行业的子企业，例如地产公司、投资公司、资源公司、市政集团、养护集团等，并会同他们研究了其董事会“定战略、作决策、防风险”的难点和要求，形成了子企业的外聘外部董事需求，制定出相应的岗位说明书。

2. 组建人才库

协调集团的董事、职能部门、子企业、相关行业协会推荐了符合条件的人员，会同党委组织部、人力资源部进行了严格的遴选和面试，广泛征求意见，最终形成了由首批10人组成的北京建工集团外聘外部董事人才库，主要来源为行业协会、高校教师、律师事务所、会计师事务所等相关机构的杰出人才。

3. 选配人员

根据这些外部董事的行业经验和专业特点，经集团党委会、董事会审议决定，将他们派至地产公司等9家子企业担任外部董事。

4. 正式聘任

召开外聘外部董事任职宣布会，向外聘外部董事颁发聘书，发放基础性履职文件，建立畅通沟通渠道，并正式将外聘外部董事派至任职子企业。

5. **履职管理与服务**

集团将严格按照制度规定，做好外聘外部董事日常管理和评价工作。

四、改革实施成效

在北京市国资系统中，北京建工集团属于首家成规模开展外聘外部董事的市管企业，具有重要的实践探索意义，是集团健全完善子企业法人治理体系，提高子企业决策科学化水平的重要举措。

自被派出以来，集团子企业外聘外部董事已参会40余次，他们利用自己丰富的专业知识和经验，为子企业董事会提供多元化的知识结构，推动了子企业决策水平和质量的提高，子企业风险管理和控制得以加强，帮助子企业董事会有效发挥了“定战略、作决策、防风险”的职能作用。下一步，北京建工集团将结合工作实际，推动外聘外部董事评价工作，根据日常工作反馈认真总结提升，不断优化评价指标体系，助推子企业董事会建设迈上新台阶。

五、推广启示

针对外聘外部董事工作，要突出以下几个环节的工作：

一是要选聘适合子企业的人员担任外部董事，有针对性地派出至子企业，行业经验、专业背景、履职意愿等均在考察范围内，不能简单地“拉郎配”。

二是要先选取董事会运转规范的子企业作为试点，子企业董事会运转规范是外部董事高效履职的保证之一。

三是要为外部董事做好履职保障，要健全信息披露、工作调研、沟通联系等履职保障机制，子企业应明确外部董事履职支撑服务专门联系人，为外部董事履职提供便利。

四是要做好外部董事履职评价工作，及时优胜劣汰，提升外部董事队伍的水平。

聚焦现代企业制度建设 护航公司高质量发展

——上海建工集团股份有限公司

上海建工集团股份有限公司（以下简称“上海建工”）是中国建筑行业先行者和排头兵，承担了中国城市现代化建设的重任。成立70年来，上海建工坚持“服务商、国家队、领跑者”三大发展目标，秉持“建筑，成就美好生活”的企业使命、“和谐为本、追求卓越”的核心价值观，推进科技创新战略、数字化转型战略、服务商转型战略。2023年公司位列《财富》世界500强第351位，ENR全球最大250家工程承包商第8位，也是中国第三、世界第五的预拌混凝土供应商。

经过多年的发展，上海建工构建了“五大事业群+六大新兴业务”的完整产业链，形成了以建筑施工业务为基础，设计咨询业务和建材工业业务为支撑，房产开发业务和城市建设投资业务为两翼的核心业务架构；同时积极拓展城市更新、水利水务、生态环境、工业化建造、建筑服务业、新基建领域等六大新兴市场。覆盖了投资、策划、设计、建造、运维、更新全产业链，为客户提供高效的建筑全生命周期整体解决方案。

从地域布局来看，上海建工坚持立足上海、全国布局、服务全国、海外发展，积极服务国家战略，聚焦国内“1+7+X”市场，以长三角为重心，深耕华南、华中、海南、西南、京津冀、雄安、东北七大区域，主动对接临港新片区建设、长三角一体化发展、京津冀协同发展、粤港澳大湾区、雄安新区、海南自贸港、长江经济带、成渝双城经济圈，业务覆盖全国 34 个省级行政区的 150 多座城市，助力畅通国内大循环。

党的十八大以来，以习近平同志为核心的党中央高度重视国有企业改革发展和党的建设，强调坚持党对国有企业的领导是重大政治原则，必须一以贯之；建立现代企业制度是国有企业改革的方向，也必须一以贯之。上海建工在完善中国特色现代企业制度方面不断探索创新，建立了“三会一层”的管理架构，并在此基础之上，建立了以章程为基础、以议事规则为框架、以业务管理制度为支撑的公司治理体系。

一、把党的领导融入公司治理各环节

坚持党的领导、加强党的建设，是国有企业的“根”和“魂”，上海建工党委始终坚持以习近平新时代中国特色社会主义思想为指导，坚持和加强党的全面领导，充分发挥党组把方向、管大局、保落实的作用。

在法定地位上，公司进一步做实党组织在企业中的法定地位。公司把党的领导落实到公司治理各环节，把党建工作写入公司章程，把党委会研究讨论作为董事会、经理层决策重大问题的前置条件，确立党委在公司治理结构中的法定地位，包括党组织机构设置、党委职权、纪委职权，明确党组织的职责权限、机构设置、运行机制、基础保障等重要事项，确保党组织在决策、执行、监督各环节都能有效发挥作用。

在领导体制上，公司继续完善“双向进入、交叉任职”的领导体制，全面推行党委书记、董事长由一人担任，党员总经理兼任党委副书记，适当增加进入董事会的党组织领导班子成员人数，使党组织能够在关系企业改革发展的重大问题上把关定向、掌控大局、助力发展。

在决策机制上，公司不断厘清党委和其他治理主体的权责边界，探索明确党组织行使决策权、把关权、监督权的权责边界，明晰党委讨论和决定重大事项的职责范围。公司把党组织研究讨论作为董事会、经理层决策重大问题的前置程序，在完善“三重一大”决策制度、党委会议事规则等基础上，细化了党委研究讨论“前置程序”实施办法，形成了18个类别50项内容的党委前置研究事项清单。推动党建责任制与生产经营责任制有效联动，理顺党委和“三会一层”等治理主体之间的关系，形成权责法定、权责透明、协调运转、有效制衡的公司治理机制。

二、制定议事规则，厘清各治理主体权责边界

公司治理是非常复杂的系统工程，不仅在于治理要素多元，还在于各治理要素之间的权责边界难以被清晰界定。上海建工制定了《“三重一大”决策制度办法》《股东大会议事规则》《董事会议事规则》《监事会议事规则》《董事会授权管理办法》，厘清了各治理主体之间的权责边界，坚持权力相互制衡，权责边界清晰，充分保障董事会定战略、作决策、防风险的作用，积极发挥经理层谋经营、

抓落实、强管理的作用。

从横向看，公司厘清了党委会、股东大会、董事会、监事会、经理层之间的关系，界定好党委前置研究讨论事项，股东大会、董事会决策和授权事项，尤其是对董事会授权的对象、事项、额度等逐一研判，防止授权不足或过度授权。从纵向看，厘清了母子公司之间的管控关系。通过国企改革三年行动，公司对符合条件的子企业逐步授予更多的经营决策自主权，充分激发企业的内生动力。从决策链看，公司形成了决策、执行、监督的闭环管理。经理层往往是决策的最终执行者，董事会和监事会负责对经理层授权事项执行情况的监督检查，尤其是对重大投资决策项目定期实地调研，听取汇报。从责任链看，公司高度重视维护投资者、监管机构、客户等各利益相关方关系。公司自 2008 年开始连续 15 年发布社会责任报告，连续多年获得上海证券交易所信息披露 A 级评价，将 ESG 理念融入了公司治理的各个环节。

三、加强董事会建设，落实董事会职权

公司董事会目前由 8 名董事组成，包含 2 名内部董事、2 名外部董事、3 名独立董事和 1 名职工董事。其中，2 名外部董事由市国资委委派，包含资深政企领导人员和专业审计专家；3 名独立董事分别为具有会计、金融、法律专业背景的专家，从而确保董事会专业经验的多元化和能力结构的互补性。公司积极开展外部董事年度和任期评价，激励外部董事勤勉履职、担当作为，也明确了独立董事任职资格，选聘程序，职责、权利和义务，评价及退出机制等。通

过常态化举办各类董事履职能力培训，着力提升董事业务水平和履职能力。

四、建立履职支撑保障体系，赋能外董、独董高效履职

公司一直高度重视充分发挥外董、独董作用，不断探索创新董事履职渠道。公司制定了《外部董事履职目录》，定期向外部董事会汇报公司经营和财务状况，组织专题汇报会、年度工作会，开展实地调研，为外部董事深度参与董事会做好支撑服务。

同时，董事会下属设立了战略发展委员会、审计委员会、薪酬与考核委员会、提名委员会。其中，审计委员会、薪酬与考核委员会、提名委员会的主任均由独立董事担任。公司针对 4 个专门委员会分别设立了相应的议事规则，以制度形式明确了服务专门委员会的具体对口业务部门，并成立专门的工作小组，为独立董事履职提供有力支撑。

五、强化母子公司协同治理，推动董事会建设向下贯通

上海建工在聚焦本级董事会规范、透明、高效运作的同时，将国资委加强子公司董事会建设的要求向二级子公司延伸，积极推动形成上下贯通的公司治理体系。

自国企改革三年行动以来，公司下属子企业完成董事会应建尽建 216 户，覆盖比例达 100%；实现外部董事占多数 121 户，完成董事会配齐建强。同时，已建立董事会的子企业均同步实施《董事会

授权管理办法》和《企业信息公开管理办法》，依法明确董事会对经理层的授权原则、管理机制、事项范围、权限条件等，依法保障经理层权责利统一。

六、推进薪酬制度改革和持股计划，激发企业内生动力

上海建工健全市场化经营机制，积极推行经营管理层成员的任期制和契约化管理。以业绩考核为基础对中高管理层实施业绩增量激励、职业经理人薪酬改革，并全面落实工资效益联动机制改革，推进薪酬有增有减、岗位有上有下，实现企业经济效益、劳动生产率与收入分配挂钩。同时，公司积极实施核心员工持股计划，加强管理层的主人翁意识，激发企业内生动力，推动企业高质量发展。

上海建工始终坚持以习近平新时代中国特色社会主义思想为指引，全面建成系统完备、科学规范、内容简明、运行有效的现代企业规章制度体系，有力地促进了企业高质量发展。今后，上海建工将继续深化习近平总书记关于“完善中国特色现代企业制度，弘扬企业家精神，加快建设世界一流企业”的论述，推动将制度优势更好地转化为治理效能，努力成为国际一流的建筑全生命周期服务商。

以创新思维构建公司治理运行机制

——四川华西集团有限公司

一、企业基本情况

四川华西集团有限公司始建于1950年，由建工部一局、建工部西南工程管理局、四川省建设厅三大系统汇聚而成，1997年9月，改制为四川华西集团有限公司（以下简称“华西集团”），现列“中国企业500强”第252位、“ENR中国承包商80强”第15位。

华西集团被四川省委、省政府定位为骨干企业、龙头企业、链主企业、航母企业、建筑产业国有资本投资公司，是四川省重点培育的两家省属“世界500强”企业之一。

华西集团现有管理人员2万人、产业工人18万余人。各层级法人单位222家，其中房屋建筑施工总承包特级资质企业4家、建筑工程甲级设计资质企业5家、高新技术企业8家。荣获国家优质工程奖44项、“鲁班奖”及“创鲁班工程特别荣誉奖”43项、中国土木工程詹天佑奖7项、省级工程质量奖超2000项。

华西集团73年的发展历史形成了全程参加新中国建设、全域拓展市场空间、全链打造产业形态、全员参与文化治企的独特优势。当前，华西集团正加速实施“1333”转型，坚定城市能级提升和既有建筑改造转型方向，做好产业、区域、任务结构调整，加快推进施工设计科研一体化、建材生产智能制造一体化、投融建运一体化，持续推进数字、智能、双碳领域发展，朝着“世界500强”目标奋勇迈进。

二、改革项目背景

2020年以来，华西集团立足合规、科学、高效原则，以创新思维对公司治理运行有关组织体系、制度体系、流程体系进行了优化重构，形成了一套高效、完整、可复制的公司治理运行机制，公司治理运行质量得到明显提升。

实施此项目，一方面是由于全面落实“两个一以贯之”要求逐步走向纵深，主管部门对推动构建成熟定型的中国特色现代企业制度有了更高层次要求，如何将制度优势更好转化为治理效能成为国有企业的一项新的重要议题；另一方面，党的十九大期间，华西集团规模快速扩张，营收、利润均实现翻番，加之正处于由传统建工企业向建筑产业国有资本投资公司的转型期，旧有治理运行机制已不能适应企业发展需要。在内外因的共同作用下，华西集团具备充足动力和坚定决心革新整个治理运行机制。

三、改革实践举措

（一）“三办合一”，革新组织体系

2020年，华西集团启动总部组织架构优化调整工作，将集团总部原18个部门整合，调整为11个职能中心。其中，特别将原董事会办公室、总经理办公室全部职能，以及原党委工作部中有关党委会运行保障的部分职能，一并整合入新设的综合管理中心当中，实现“三办合一”。

“三办合一”后，集团总部治理结构运行保障成为综合管理中心

的核心职能之一。从各决策规则的起草制定，到各决策会议的组织保障，再到各决策意见的实施督办，整个治理运行链条的线性管理和逻辑层、制度层、实施层的分层管理，历史性地实现了“大一统”。此种做法，有效解决了过去因“三办”各有所职，进而导致党委会、董事会、总经理办公会衔接不畅的问题。总部组织架构的优化，为系统构建新的治理运行机制打下了坚实的组织体系基础。

（二）“五表合一”，革新制度体系

2021 年下半年，华西集团启动对决策制度体系的修订工作。不同于以往的“小修小补”，此次对各项决策制度的修订基本属于“回炉重造”。

选择重新起草整套决策制度体系的原因，一是各决策制度初次制定的时间较早，过程中随着上位制度和主管部门要求的不断调整，多次修订后的制度本体的完整性和逻辑性已受到影响，加之经过多年深化改革，中国特色现代企业制度已趋于成熟定型，各项要求已基本明确，重新起草整套决策制度的时机已经成熟；二是过去“三办”各自负责对应决策制度的修订，过程中虽然严格参照了上位制度，但因为部门间协同性不足，导致各决策制度间对照性不强，本质上是同一事项的表述，在不同制度当中存在一定差异，非“三办”业务人员有时存在理解偏差；三是党委会、董事会、总经理办公会规则、流程、边界“散落”于各自制度当中，独立运行时问题不大，但在各决策会议的衔接上没有直观呈现，造成了一些决策事项流转上的不通畅。“三办合一”为彻底解决这些问题提供了有力支撑。

此次修订工作历时半年，重新确定了党委会、董事会、总经理办公会权责边界和董事会授权范围，全面修订了《“三重一大”决策制度》，党委会、董事会、总经理办公会议事规则，《董事会向经理层授权管理规定》5项制度及配套清单，补充制定了《议题上会制度》《经理层向党委会、董事会报告沟通制度》《重要事项督办制度》3项配套制度。至此，各决策制度自身的完整性和逻辑性，以及制度间的对照性问题已基本解决。在此基础上，华西集团进一步优化决策制度核心规则的呈现方式，将5项制度的配套清单整合为一张总清单，即“五表合一”。合一后的总清单，全面罗列了集团9大类41子类共112项具体决策事项，细致划分了各事项性质与额度，明确规定了各细分情况的决策流程和最终决策主体（见表6-1）。

表6-1 华西集团公司党委会、董事会、总经理办公会决策事项清单（部分）

<table>
<tr><th>类别</th><th>子类</th><th colspan="2">事项</th><th>是否为“三重一大”</th><th>总办会酝酿△决策✓</th><th>党委会前置☆决策✓</th><th>总经理签批✓</th><th>董事会决策✓</th></tr>
<tr><td rowspan="14">生产经营</td><td rowspan="5">（十一）集团公司及下属公司财务管理</td><td colspan="2">43. 集团公司年度财务预算、决算、利润分配、弥补亏损、存量资金使用效益方案制定、调整，收取下属公司国有资本收益</td><td>是</td><td>△</td><td>☆</td><td></td><td>✓</td></tr>
<tr><td rowspan="2">44. 集团公司债权债务重组（含以房抵债）</td><td>5000万元以下</td><td>否</td><td>✓</td><td></td><td></td><td></td></tr>
<tr><td>5000万元（含）以上</td><td>是</td><td>△</td><td>☆</td><td>✓</td><td></td></tr>
<tr><td rowspan="2">45. 下属公司债权债务重组（含以房抵债）</td><td>1000万（含）~5000万元</td><td>否</td><td>✓</td><td></td><td></td><td></td></tr>
<tr><td>5000万元（含）以上</td><td>是</td><td>△</td><td>☆</td><td>✓</td><td></td></tr>
<tr><td rowspan="2">（十二）集团公司及所属二级公司分公司设立及撤销等事项</td><td colspan="2">46. 集团公司分公司设立及撤销</td><td>是</td><td>△</td><td>☆</td><td>✓</td><td></td></tr>
<tr><td colspan="2">47. 所属二级公司分公司设立及撤销</td><td>是</td><td>✓</td><td></td><td></td><td></td></tr>
<tr><td rowspan="2">（十三）集团公司制度制定与修改</td><td colspan="2">48. 基本管理制度</td><td>是</td><td>△</td><td>☆</td><td></td><td>✓</td></tr>
<tr><td colspan="2">49. 一般管理制度</td><td>否</td><td>✓</td><td></td><td></td><td></td></tr>
<tr><td rowspan="2">（十四）集团公司战略合作事项</td><td colspan="2">50. 未涉及具体项目或未形成具体权利义务的战略合作协议</td><td>否</td><td>✓</td><td></td><td></td><td></td></tr>
<tr><td colspan="2">51. 涉及具体项目或形成具体权利义务的战略合作协议</td><td>是</td><td>△</td><td>☆</td><td>✓</td><td></td></tr>
<tr><td rowspan="3">（十五）集团公司及下属公司重大法律事项</td><td colspan="2">52. 涉及战略合作伙伴、政府单位的起诉案件</td><td>是</td><td>✓</td><td></td><td></td><td></td></tr>
<tr><td colspan="2">53. 涉外纠纷起诉案件</td><td>是</td><td>✓</td><td></td><td></td><td></td></tr>
<tr><td colspan="2">54. 可能引发群体性事件或具有重大社会影响力的起诉案件</td><td>是</td><td>✓</td><td></td><td></td><td></td></tr>
</table>

总清单实现了对制度规则简明、直观、准确的呈现，达到了易用、好用的预期。通过近两年来的使用反馈，其特点可总结为“一表在手、诸事全有、程序可查、不乱不纠”。

（三）理顺逻辑，革新流程体系

在革新公司治理运行组织体系和制度体系后，华西集团进一步理顺运行逻辑，规范运行流程。

首先，以8项制度串联起决策运行各节点，形成了完整的决策运行逻辑。华西集团将此逻辑绘制成图，直观描述各制度与各环节的相互关系（见图6-4），为今后开展相关流程调整、制度修订提供了逻辑性参考；同时，将此图纳入了下发二级公司的《治理结构制度体系蓝本》中，有力指导了二级公司优化完善自身公司治理。

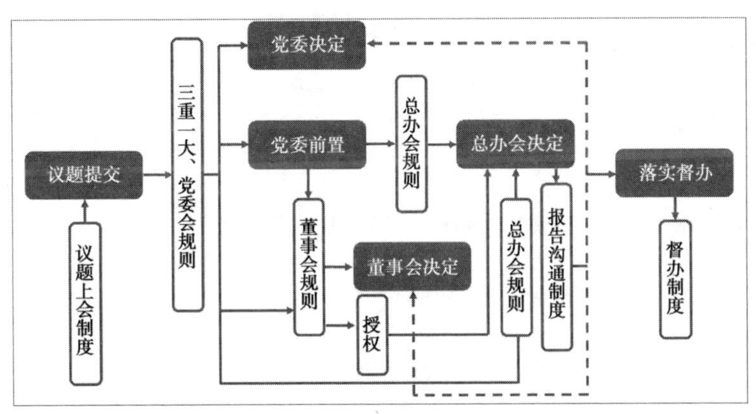

图6-4 华西集团决策运行逻辑示意图

其次，为进一步提升决策运行效率，华西集团以优化工作流程为抓手，梳理绘制了各环节工作流程手册，工作流程的规范化与标准化实现巨大提升，治理运行的管理从逻辑层面到操作层面均实现了高度可视化、流程化、规范化。

（四）数字赋能，集成革新成果

在公司治理运行的组织体系、制度体系、流程体系搭建完毕后，将各体系革新成果进行集成应用成为一项新的重要工作。华西集团利用信息化手段，建立起了公司治理运行数字管理平台。平台以制度体系为规则内核，以流程体系为数据流转框架，内设了管理驾驶舱、议题监测、会议演示等一系列功能，同时充分考虑不同部门、不同角色、不同业务之间的关联，合理分配权限，实现了对公司治理运行全流程的封闭化和精细化管理（见图6-5、图6-6）。

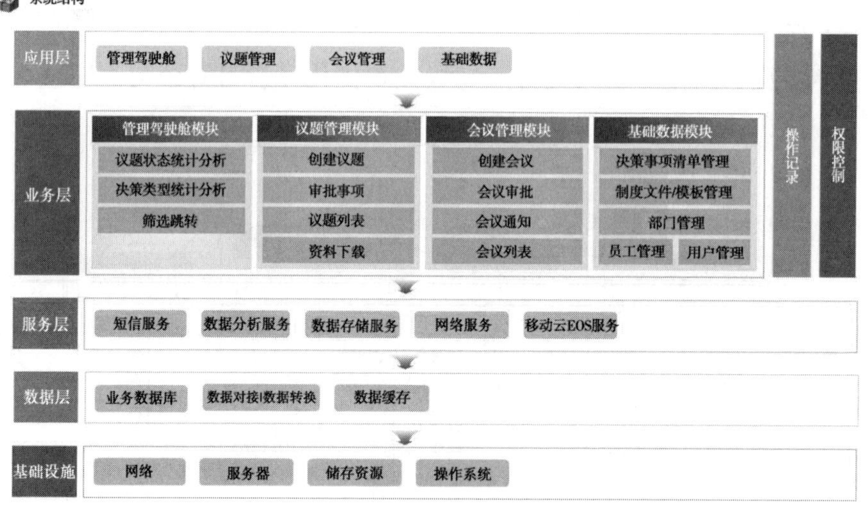

图6-5 华西集团公司治理运行数字管理平台架构

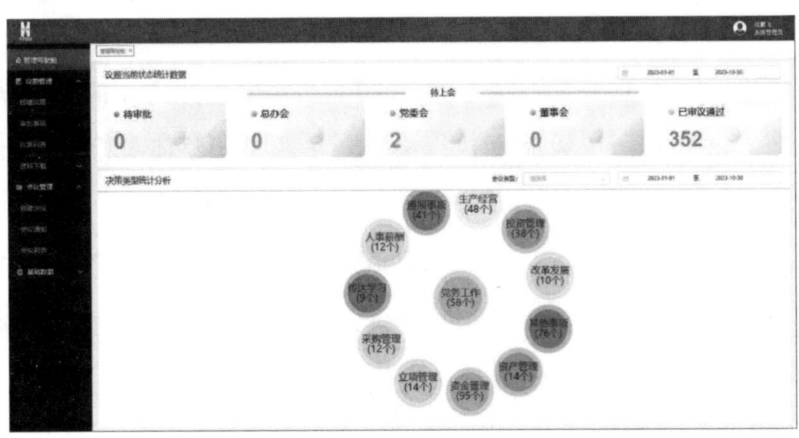

图 6-6　华西集团公司治理运行数字管理平台管理驾驶舱

四、改革实施成效

整个项目以提升运行效率为目标，最终的实施效果也集中体现在了运行效率之上。

一方面，数字管理平台的上线实现了对议题流转状态的实时监测，使华西集团能够及时组织会议决策，推动了议题流转效率的提高。以决策链条最长的“总经理办公会酝酿→党委会前置→董事会决策”流转类型为例，2022 年（启用新版决策制度）决策时长较 2021 年（应用旧版决策制度）平均缩短了 24.07%（见表 6-2）。

表 6-2　2022 年与 2022 年耗时对比

2021 年平均耗时	2022 年平均耗时	时长缩短
24.68 天	18.74 天	24.07%

另一方面，华西集团严格按照有关要求重新梳理了党委会、董事会、总经理办公会权责边界，并审慎加大了董事会对经理层的授

权，新增了“特别授权事项”，配套增加“总经理办公会酝酿→党委会前置→总经理签批”决策流转类型。以2022年实际情况为基础数据，模拟按旧版决策制度执行情况，华西集团整体决策效率提升了56.6%（见表6-3）。

表6-3　2022年华西集团整体决策情况

流转类型		经理层决策	经→党→总	经→党→董
2022年实际情况	议题数量	212	83	131
	平均耗时	7天	16.75天	18.74天
按旧版制度模拟	议题数量	85	0	341
	平均耗时	7天	—	24.68天

该项目成果应用效果良好，具有很强的创新示范意义，2022年，该项目荣获华西集团首届董事长奖励基金“管理创新奖”。

五、推广经验启示

（一）坚持系统谋划

现代企业制度多治理主体的形态，决定了优化公司治理运行必须高度关注各治理主体间的协调运转和有效制衡。此时，以系统思维将各治理主体相关制度、规则、流程纳为整体进行统一谋划，是顺利推进相关改革的一条方法论。

回顾华西集团近年针对公司治理运行机制的优化调整，无论“三办合一”“五表合一”或规范流程、理顺逻辑，都将系统思维贯穿工作始终，并最终实现了良好效果，也从实践上验证了这条方法论的正确性。

（二）善用数字手段

当前，我国数字化治理正处在加速构建数字经济治理体系的深度变革中。高效、集成是数字化治理的两大特点，正契合公司治理运行机制优化的核心需求。因此，利用数字化治理手段是优化公司治理运行的一项重要手段。

对于华西集团来讲，当公司治理运行的底层逻辑和规则流程确立后，需要的就是一个有效的承载平台。华西集团“治理运行数字管理平台”很好承担了这一功能定位，有力推动了治理效果的提升。

（三）兼顾效率质量

一方面，身处完全竞争行业，企业有强烈的提高治理运行效率的需求；另一方面，国有企业必须保证治理运行机制符合有关规定，坚持科学决策，提升决策质量。因此，寻求效率与质量的平衡点，是优化公司治理运行的一大核心思想。

从华西集团的实践来看，本项目虽然以效率提升为目标，但过程中始终坚持合规决策、科学决策原则，严格按照有关文件精神进行制度修订、流程设计等工作。在华西集团看来，不断深化对有关文件精神的研究与理解，是寻求效率与质量平衡点的一项关键经验。

奋力朝着“世界一流建设投资企业”目标勇毅前行
——湖南建设投资集团有限责任公司

一、企业基本情况

湖南建设投资集团有限责任公司（以下简称“湖南建设投资集团”）成立于2022年7月，由原湖南建工集团、湖南交水建集团与湖南发展集团部分子公司合并组建而成，是一家以房屋建筑施工、路桥市政建设施工、水利水运港口码头建设施工、能源环保基础设施建设施工、工程建设勘察设计咨询和智慧建筑、房地产、服务自身的产业投资及金融业务等为主业的大型千亿级国有企业集团，其战略目标为建设“世界一流建设投资企业”，并打造设计、施工、运营、投融资产业链，成为链主企业。集团注册资本金400亿元，年生产（施工）能力超3000亿元，资产总额超2300亿元，主体信用评级AAA，在册职工4.3万余人，旗下拥有7家特级、多家一级总承包资质的二级子公司，1所中专学校（湖南建筑高级技工学校），多家参股公司。集团为湖南省第一家获评“省长质量奖”的省属建筑企业，先后荣获“全国脱贫攻坚先进集体”等称号，经营区域覆盖全国，并在亚洲、欧洲、非洲、拉丁美洲和大洋洲等27个国家和地区现设有分支机构或工程项目部。

二、改革项目背景

2022 年 7 月，湖南省委、省政府作出省属国企整合重组改革重大决定，原湖南建工集团、湖南交水建集团与湖南发展集团部分子公司合并组建为湖南建设投资集团。这次改革力度之大、任务之重、涉及人员之广前所未有，特别是涉及原湖南建工集团、湖南交水建集团两家大型且历史悠久的国企，其中原湖南建工集团有员工 3 万多人，2021 年营收 1140 多亿元，有 21 家二级子公司；原交水建集团有员工 1 万多人，2021 年营收 244 多亿元，有 14 家二级子公司；湖南发展集团有 3 个子公司并入，主要涉及保障性住房、城市更新、城中村改造等投资类业务。

重组不是物理意义上量的简单叠加，而应该是化学意义上质的深度蜕变。由于历史原因，新组建的湖南建设投资集团和其他一些重组的省属国企一样，存在分支机构多、管理层级多、管理链条长、业务同质化竞争等突出问题。特别是涉及 3 个企业不同的文化传统，分子公司合并、部门合并后，如何在短时间内快速理顺机制、凝聚力量、实现企业高质量发展，最终实现“1+1>2”的效果，是新组建的湖南建设投资集团党委必须积极面对和解决的课题。

三、改革实践措施

在 2022 年中央深改委第二十四次会议上，习近平总书记明确了世界一流企业“产品卓越、品牌卓著、创新领先、治理现代”的要求；党的二十大报告再次强调“完善中国特色现代企业制度，弘扬企业家精神，加快建设世界一流企业”。“世界一流企业”的一个显著标志就是全面建立现代企业制度、拥有现代治理能力。湖南建设投资集团组建以来，深入推进以“机构重置、管理重构、制度重建、文化重塑”为主线的国企改革，加快推进公司治理体系和治理能力现代化。

（一）机构重置，构建结构优化、精干高效的扁平化组织体系

为解决“大企业病”，集团自上而下大刀阔斧推进机构重置：一是设立精简高效集团总部。围绕价值创造的主业链、保障链、服务链，集团总部设立 13 个部门，较之前总数减少 35%，并重新设置管理部室名称和职能，确保了人心稳、队伍稳、运行稳。二是推进二级企业专业化整合。围绕工民建、路桥市政、水利水运、房地产、勘察设计咨询五大主营业务，实行专业化整合重组，将原 35 户二级企业整合为 20 户，有效提升专业集中度，充分释放资源集成的规模效应。三是推进三级企业瘦身健体。全面清理各级分子公司，强力推进“压层级减法人”，压减出局 42 户子公司，三级企业保持在 100 家左右，除因投标经营所必需的项目公司和区域公司外，原则上不再存续四级及以下企业。通过机构重置，进一步优化资源配置，规避同质竞争，建立敏捷型扁平化组织体系。

（二）管理重构，构建权责分明、全面系统的现代化管理体系

改革重组后，湖南建设投资集团规模体量更大、业务领域更广、竞争能力更强。集团紧扣“世界一流建设投资企业”目标，全面推进管理重构，加快完善现代管理体系，在体量规模做大的基础上进一步谋求结构优化、质量提高、实力增强。一是强化党的领导。即

强化党对国有企业的全面领导，把加强党的领导和完善公司治理有机统一起来，明确党组织在公司治理结构中的法定地位、职责权限，以及在决策、执行、监督各环节的工作方式，落实党委“前置研究”“党建入章”等制度和“双向进入、交叉任职”领导机制，确保国有资产始终牢牢掌握在党的手中。明确两级管控权责。厘定集团总部与分子公司的权责边界和功能定位，集团总部以“战略和财务管控为主，运营管控为辅”，主要管好“盘子（战略方向和目标任务）、票子（财务资金和各类资产）、帽子（干部人事和人力资源）、鞭子（考核激励和纪律监管）、笼子（制度建设和内控体系）”，分子公司主抓运营管控，服务和管控好各个项目。二是规范治理主体。明确党委的主要职责是“把方向、管大局、保落实”，董事会的主要职责是“定战略、作决策、防风险”，经理层的主要职责是“谋经营、抓落实、强管理”，并进一步完善“三会”议事规则，理顺决策流程，落实党委对重大事项前置研究与董事会、经理层决策的有序衔接，健全董事会制度和运作体系，落实董事会向经理层授权管理制度，建立权责法定、权责透明、协调运转、有效制衡的法人治理结构。三是激活管理机制。建立董事会上下贯通机制，所有二级子企业董事会均实现应建尽建、外部董事占多数；建立市场化选聘、管理人员竞争上岗、末等调整及不胜任退出机制，集团及二级子企业经理层成员任期制和契约化管理实现全覆盖；建立中长期激励机制，在 2 户科技型企业实施股权激励和岗位分红，在 2 户企业实施员工持股，在 2 户企业实施超额利润分享激励；建立战投合作机制，在 8 户企业实行混合所有制改革，引入中国铁设、万集科技等优质战投，有效放大国有资本功能。

（三）制度重建，构建依制管企、依法治企的规范化制度体系

湖南建设投资集团是“围墙外”的流动施工企业，常年在建项目达2400余个，点多线长面广。同时作为湖南省最大的外经企业和湖南省“一带一路”联盟牵头单位，经营区域已覆盖亚洲、非洲、拉丁美洲和大洋洲等50多个国家和地区，在当前国际形势严峻复杂、不稳定不确定因素增多、国际业务合规性审查标准日益提高的背景下，必须对标国际规范，加快健全诚信合规管理体系，在“湘企出海”上当好依法治企的表率。坚持制度管企。集团秉承“制度高于一切”的理念，重组后迅速聘请专业咨询机构，从上到下推动“制度重构、流程再造、系统重塑”和“制度流程化、流程表单化、表单信息化”，分级分类推进178项制度建设，全面搭建了新集团一二三级制度体系并于2023年1月1日起全面执行。坚持依法治企。认真贯彻习近平法治思想，将依法治企作为重要战略写进集团“十四五”发展规划。全面推行总法律顾问制度，将总法律顾问制度列入集团和重要子公司章程，重要子公司均任命总法律顾问。将法治建设和风险防控工作成效纳入二级单位经营业绩考核指标体系，建立法治建设与风险管理综合评价机制，发挥考核“指挥棒”作用。深入开展法治建设三年行动，推进业法融合，严格落实规章制度、经济合同、重要决策法律审核制度，确保了集团以法护航、行稳致远。

（四）文化重塑，构建外树形象、内强动能的特色化品牌体系

现代企业必须注重文化打造和品牌塑造，善于在社会传播中将其转化为先进动能。多年来，湖南建设投资集团已打造了“建设湘军”“路桥湘军”“设计湘军”等闪亮名片，为长远发展提供了强劲

动能。近年来特别是整合重组以来，集团在文化和品牌建设上下了更大力气。一是做强“湖南建投”品牌。2022 年，成功获得主体信用 AAA 级，实现了品牌价值建设重大跨越；8 个项目荣获 16 项中国建设工程鲁班奖，新认证省级创新平台 5 项，获国家专利授权 240 项，申报省级工法 158 项次，部分技术被认定为国际领先或先进水平；旗下湖南建工集团、湖南路桥分别位列 ENR 全球最大 250 家国际承包商第 182 位和第 184 位，“湖南建投”在业界的品牌美誉度和影响力持续提升。二是共促市场品牌。加强集团核心能力建设和市场品牌打造，构建“母品牌+专业及区域子品牌”的品牌体系，以“湖南建投”母品牌为中心，着力做强“湖南建工”“湖南路桥”“湖南安装”“百舸水利”四大优势专业品牌，努力打造强劲的市场价值品牌。三是塑造文化品牌。在高效推进原 3 个集团人、财、物整合重组的同时，大力推进企业文化融合与重塑，实现“炒豆子”向“打豆浆”转变。出台《湖南建投企业文化手册》，确定了新集团的司徽、司旗，明确了“一流 创新 诚正 奉献”的企业精神、“诚意创造社会幸福，正心创造幸福企业”的“诚·正”企业文化、建设“世界一流建设投资企业”的愿景使命以及“同频共振、同题共答、同甘共苦、同舟共济”的企业行为准则等，用特色鲜明的先进企业文化凝聚起全员奋进的磅礴力量。

四、改革实施成效

（一）以整合重组为契机，做强做优做大

圆满收官国企改革三年行动和“双百行动”，100%完成改革任

务台账。同时用短短两个多月的时间，完成了原两大集团班子、200多个二三级公司、4万多名员工的深度整合融合，做到了大局稳、人心稳、业绩稳，实现了“六有六无六升华”。目前，集团上下同频共振、同题共答、同甘共苦、同舟共济，正豪情满怀地答好建设“世界一流建设投资企业”的时代考卷。

（二）以高质量发展为要务，彰显国企担当

主要经济指标均实现两位数以上的增长，实现了“1+1>2”的改革成效，兑现了“顶梁柱一定顶得住、压舱石一定压得实”的承诺。2022年，集团承接业务量2860亿元，实现企业总产值1788.72亿元，营业收入1664.32亿元，利润总额36.63亿元，上缴税收43.6亿元，分别同比增长16.63%、15.07%、14.14%、15.12%、5.07%，带动就业60万人以上，主要指标增速在国内同行业央企、省企中处于第一方阵。2023年前三季度，各项主要经济指标继续保持好的态势。

（三）以制度建设为重点，优化治理体系

自上而下推动以“制度重构、流程再造、系统重塑”为目标的制度建设工作，特别围绕“法人治理、基础管理、改革创新、生产经营、队伍建设、考核评价、监督问责”等方方面面搭建规范运行的“四梁八柱”，搭建起了规范运行、支撑全局的制度体系，加快了集团治理体系治理能力现代化进程。同时，广大干部职工在全力投入制度建设的过程中，也潜移默化受到教育和熏陶，逐步形成了“高度尊崇制度、严格执行制度、坚决维护制度”的思想自觉、行动自觉和文化自觉。

(四) 以党的建设为引领，提升品牌价值

坚定不移推进全面从严治党，深入实施“两融三强四提升”党建工作体系，着力推动党建工作聚焦基层一线、融入生产经营、发挥引领作用，获得“全国五一劳动奖状”、“全国工人先锋号”、“全国青年文明号”、“全国青年岗位能手”和全国建筑业“最具影响力”微信公众号等系列荣誉，重组一年多来，没有发生重大事故和廉政风险事件。“建筑湘军”“路桥湘军”“设计湘军”品牌已享誉业内。湖南建设投资集团在2023年“中国企业500强”排名跃升至164位。旗下湖南建工集团、湖南路桥分别位列ENR全球最大250家国际工程承包商第182位和第184位。

五、经验启示

观往可以鉴今，过去启迪未来。湖南建设投资集团的改革实践积累了宝贵的经验财富，丰富了接力奋发的精神动力、理论体系和思维方法。主要有五点启示：

一是只有坚定站位，才能把准方向。国有企业是国民经济的“顶梁柱”，是党和国家在经济领域最可信赖和依靠的力量，任何时候都要坚决贯彻落实“两个一以贯之”，时刻牢记身份定位，提高政治站位，把准前进方向，切实担负好经济责任、政治责任和社会责任。作为国有企业，不管如何风云变幻，必须恪守国企本色，不偏航变色；必须聚焦建设投资主责主业，不跑题走调；必须坚持走中国特色国有企业的发展正道，不走歪路邪路。

二是只有落实改革，才能强劲动能。做强做优做大是国企的恒久目标。2022年湖南建投组建后，在做大之路上又迈进了一步，但如果大而不强、大而不优，那将是虚胖。我们以改革创新精神第一时间启动制度体系建设，不断优化治理体系和机制，目的就是要以现代治理有效规范集团现代化发展。只有以“永远在路上”的恒心和“没有最好、只有更好”的虚心，矢志不移用改革的办法去创新管理、优化治理，才能聚集迈向“世界一流”的强劲动能。

三是只有尊重规律，才能稳健发展。大型企业的发展，“稳”比“快”更重要，必须尊重经济规律、行业发展规律和企业治理规律，既高标定位，又求真务实，防止业绩冲动，防止好高骛远。任何疏忽风险、盲目冲动，都可能很快招来灭顶之灾。坚持稳中求进总基调，把握好方向节奏，既不能操之过急、犯颠覆性错误，也不能缩手缩脚、求稳怕乱，贻误历史时机。

四是只有对标一流，才能不断进步。标准决定质量，有什么样的标准就有什么样的质量。只有高标准才有高质量。改革创新、奋发有为，怎么看、怎么干，关键是要有对标一流、创造佳绩的责任感紧迫感。工程建设企业是完全竞争类企业，面对新时代新征途对改革发展提出的新目标新要求，逆水行舟、不进则退的压力与动力，我们必须通过和世界一流企业管理水平和经验进行对标比照，虚心学习，取长补短，适时查找并改进企业管理领域的弱项和差距，才能不断向前发展。

五是只有敏捷回应，才能行稳致远。一个时代有一个时代的行业发展逻辑。工程建设企业改革发展史昭示我们：谁敏捷回应了时代要求、谁把握了先机，谁就能一步领先、步步领先。处在市场潮头的工程建设企业，必须始终牢牢把握新发展理念，顺应发展大势，领悟发展逻辑，对标高质量发展要求，在管理创新、科技创新上不懈努力，在建筑工业化、绿色化、智能化上不断发力，才能稳健与时代同行。

聚焦主业优布局 深化改革强动能 构建科学规范高效的公司治理模式

——陕西建工控股集团有限公司

陕西建工控股集团有限公司（以下简称“陕建控股”或“集团”）坚持以习近平新时代中国特色社会主义思想为指导，全面贯彻落实国企改革三年行动决策部署，在改革中优机制、谋创新、增活力，加快推进公司治理体系和治理能力现代化，持续聚焦主业优化释放改革动能，促进企业高质量发展。

一、企业基本情况

陕建控股始建于1950年3月，是为推进建筑主业资产整体上市而组建的省国资委直接监管企业，主业为建筑和房地产，产业领域还涉及金融、物流、物业管理、劳务、运营等。核心企业陕西建工集团股份有限公司（以下简称“陕建股份”）为A股上市公司，也是陕西省唯一一家营收规模过千亿的建筑业上市企业，拥有施工总承包特级资质17个、甲级设计资质27个，具有工程投资、勘察、设计、施工、管理为一体的总承包能力。2022年，陕建控股累计实现新签合同额4590.04亿元，同比增长23.95%；营业收入2287.24亿元，同比增长25.07%；利润总额58.91亿元，同比增长35.72%，

主要经济指标持续逆势上扬，遥遥领先于行业平均水平。营收跨入2000亿元大关，占全省建筑业总产值四分之一多，荣列世界500强第432位、ENR全球最大250家国际工程承包商第13位、中国企业500强第117位，集团综合竞争力更加雄厚，韧性更加强劲，活力更加充沛。

二、经验做法

（一）规范治理，明晰权责推动协调运转

一是完善体系加强治理管控。坚持精准授权与优化集团管控相衔接，一企一策明确各级子企业不同治理主体议事规则和权责事项，充分发挥公司章程在企业治理中的基础作用，对出资人（股东会）、党委会、董事会、经理层在机构设置、规划投资、资产处置、选人用人、薪酬分配、考核激励、监督约束等方面职权作出明确规定，形成以坚持党的领导、加强董事会建设、规范治理、强化监督等4个方面文件为支撑的公司治理制度体系。制定出台4大类13项授权管理事项，对各治理主体权责事项实行清单化管理，集团总部控制影响总体发展的关键事项，控制子企业关键业务环节，同时下放其他业务经营权，从人为控制走向制度控制，从隐性规则控制走向显性规则控制，有效调动子企业积极性，提高管控效率。

二是健全机制优化选人用人。持续落实以市场化为导向的新型经营责任制，通过公开遴选、竞聘上岗、公开招聘等方式，在坚持党管干部的原则下大力推进市场化机制，推动实现二级及以下企业新任经理层成员的市场化选聘；优化经理层契约化管理体系，根据

岗位职责对经理层成员设置具有较强挑战性经营业绩考核目标，强化经营业绩考核结果应用，根据考核结果差异化兑现薪酬，170 户企业符合条件的 523 名经理层成员实现聘任契约应签尽签，覆盖面达 100%；围绕新产业、新业态、新商业模式企业发展需求，积极探索职业经理人选聘，坚持党管干部和董事会依法选任相结合，通过竞聘上岗、公开招聘等方式选用职业经理人，按市场化设置职业经理人年度薪酬和中长期激励。严格考核和薪酬兑现，大大激发职业经理人争创佳绩的积极性，推动企业经济效益大幅增长。

三是构建系统薪酬激励体系。全面推进体系创新、机制赋能，强化正向激励，构建多维激励体制，加强全员绩效考核，推动同岗位不同能力、不同业绩人员薪酬差异化，最大差距达 20%，同步构建了四大职业发展通道，划分 19 个职级和 12 个序列，推行竞争上岗、能上能下，明确不同职级和通道的晋降规则，通过建立精干高效的管理团队，实现运转高效能；以点带面激发活力动力，通过上市公司限制性股票，地产类、新型工业化、科技创新型企业项目跟投、混合所有制员工持股等手段吸引“关键少数”，搭建企业与决策层、管理层及骨干员工共同体，进一步激发管理干部和核心人才的主动性、积极性、创造性，促进企业实现质量更高、效益更好、结构更优的发展。

（二）聚焦主业，系统思维优化结构布局

一是集聚资源做强主业。积极抓住政策机遇，在陕西省委省政府和省国资委的大力支持下，积极推动建筑主业板块整体上市，创造了同类企业登陆 A 股最快纪录，一跃成为陕西第一家营收过千亿的建筑业上市企业。围绕产业链通过股权划转、资源整合、新设集

团装入资产等方式，对内部装饰、物业、钢构、市政、地产、劳务等业务板块开展专业化整合，完成主业产业链上业务板块优势资源的集中，实现了“一业务一集团”的专业化板块化管理架构调整目标，进一步强化了管控力度，优化了资源配置，专业板块竞争力显著增强，有力支撑主业良性发展。

二是瘦身健体优化资产。力推“压减”“处僵”“治亏”，深入围绕“资产优、管控强”的原则，成立专项工作领导小组，建立主要领导、分管领导、职能部室和责任单位多级协调联动机制，牵头部门统筹全局，责任单位认领问题快速沟通及时处理，结合业务布局、资产负债、利润总额、亏损年限等可量化指标，分层分类梳理研判，一企一策制定方案，将工作责任明确到具体单位和个人。仅2023年1—9月完成企业压减37户，亏损治理26户，实现质量、效率、效益持续提升。

三是前瞻布局未来产业。把握战略性新兴产业加快发展的市场机遇，围绕转型升级和高质量发展要求，提出“开拓新领域、变换新赛道、激发新动能、发挥新优势”的“四新”战略，以更大力度布局战略性新兴产业，重点突出地在新能源、生态环保、运营维保等领域加快突破提升，充分发挥集团多元化经营的资源优势及内部产业协同互补优势，提供投建营一体化全产业链服务，同时深入开展设计优化、集采降本、推广新技术新产品应用、强化施工全过程管控，建立产业标准化、体系化、可复制的管理经验。

（三）创新驱动，科技引领强化核心优势

一是建平台，加快建设高水平创新联合体。借陕西省建设秦创原创新驱动平台之机，全面整合科技资源，实现科技创新部、陕建科技公司、联合研究中心一体化运行，搭建三位一体科技创新总平台，打造建设“需求引导、机制灵活、充满活力、高效一流”的高水平科技创新平台，持续推进以科技创新为核心的全面创新。成功获批贵州大学马克俭院士工作站、陕西省院士工作站、陕西省博士后创新基地，与西安建筑科技大学刘加平院士成立了西部绿色建筑国家重点实验室，秦创原创研中心孵化了绿能科技、国基监测 2 家科技型企业，创新平台形成强大支撑力。

二是抓重点，聚焦攻关关键核心技术。聚集内外部科技资源，聚焦技术领先、“卡脖子”难题，围绕建筑工业化和智能建造，建立科技创新技术攻关清单，通过揭榜挂帅、定向委托等多样化方式开展科技项目研发工作，积极开展原创技术策源地建设，形成集团科技创新原创技术谱系，做大做强核心技术优势。2022 年获得陕西省科学技术进步奖一等奖，首获中国创新创业大赛（陕西赛区）优秀奖、中施企协 BIM 大赛一等奖，秦创原创研中心转化科技成果 19 项，参建的渭河生态治理项目荣获瑞士 BLT 建筑设计优胜奖，获奖质量、数量屡创新高。

三是强保障，持续完善创新支持政策。动态跟踪科技成果转化效能，推动可转化科技成果的精准对接，加快完善成果转化的市场化机制，引入考核评价，持续推动成果到效率效益的加快转化。推动科技成果转化类项目验收机制改革，多维度灵活实施科技成果转化激励，采取股权跟投、直接奖励、职务科技成果赋权等方式推动科技成果转移转化和市场达效。2022 年全年研发投入经费 51.73 亿元，同比增长 17.57%，连续多年保持高增长。

三、改革成效

陕建控股以深化改革为抓手，坚持高质量发展不动摇，在深化改革中持续优化主业、改活机制、强化管理，切实打通了制约企业高质量发展的瓶颈因素，企业竞争力持续增强，活力动力不断释放，发展质量显著提升。一是经济指标持续攀升，2022年底，陕建控股实现利润总额58.14亿元，净资产收益率达18.86%，百亿企业总数增至12户。二是模式创新协同发展，通过创新投资带动模式，2022年承接投资带动项目44个，带动主业合同额1075.39亿元，同比增长13.97%，三级智慧城市综合运营平台初步完成，智慧社区、智慧校园、智慧医院、智慧商圈等建设运营。三是地产业务发展迅猛，陕建地产保持定力稳健发展，销售额200亿元，产值带动126亿元，位列“中国房地产国有50强企业”，入围“2022年中国房地产百强企业”，荣登陕西省国有房地产企业销售业绩第一。四是治理效能明显提升，按照应建尽建标准，127户符合条件的企业全部建立董事会，符合条件的75户子企业全部实现外部董事占多数；完善制度体系进行系统性“废改立”，形成有效制度226项，决策机制效能明显提升。五是市场机制活力凸显，运用工资总额倒逼机制减少企业冗员，提高生产率，职工收入稳步增长，年平均工资15.01万元，同比增长7.5%，劳动生产率提高18.79%，推行企业负责人年薪制后，年度薪酬差距高达3倍。六是科技实力显著增强，近年来，陕西建工取得科研成果数百项，获全国和省级科学技术奖92项、建设部华夏建设科技奖24

项，国家和省级工法 751 项、专利 1515 项，主编、参编国家行业规范标准 132 余项。先后有 112 项工程荣获国家优质工程奖、84 项工程荣获中国建设工程鲁班奖、6 项工程荣获中国土木工程“詹天佑奖”、43 项工程荣获中国建筑钢结构金奖。

发挥党建优势 完善公司治理
通过创新推动世界一流企业建设
——北京城建设计发展集团股份有限公司

一、企业基本情况

北京城建设计发展集团股份有限公司（01599. HK）（以下简称“设计发展集团”或“公司”）是为城市建设提供专业服务的科技型工程公司，业务涵盖城市轨道交通、综合交通枢纽、地下空间开发、工业与民用建筑、市政工程、城市规划等领域，拥有集设计咨询、工程建设、投融资、科技产业化、置业文旅、运营管理为一体的完整产业链，为客户提供专业化的全过程服务。

公司前身是北京城建设计研究总院，成立于1958年，是为中国首条地铁——北京地铁1号线的勘察设计服务而成立的。2013年10月，更名为北京城建设计发展集团股份有限公司，并于2014年7月在香港联交所挂牌上市。公司是国内成立最早的勘察设计单位之一，拥有中国勘察设计行业的最高资质——综合甲级资质。

公司是中国城市轨道交通行业设计规范的主要制定单位，主编了《地铁设计规范》等18项国家标准及行业标准、规范，参与编写了50多项国家标准及行业标准、规范。公司是中国城市轨道交通行业科技创新的引领者，拥有城市轨道交通绿色与安全建造技术国家工程研究中心、博士后工作站等十余个政府授予的创新平台。拥有省部级科技成果近800项、专利及软件著作权700余件，多项创新技术达到国际领先水平。

公司拥有国内城市轨道交通行业顶级专家阵容，由中国工程院院士、3名全国工程勘察设计大师、数百名教授级高级工程师领衔的专业团队，服务城市轨道交通工程全过程全专业领域。

公司业务遍布国内近70个城市，在50多个城市设有分支机构，并延伸至俄罗斯、越南、哈萨克斯坦、哥伦比亚、安哥拉等海外市场。

60多年来，公司始终以“设计城市 构筑未来”为企业使命，完成了多项令世人瞩目的工程，获得国家技术发明奖、鲁班奖、菲迪克奖（FIDIC）等众多荣誉，获得政府、客户、社会的一致认可，致力于成为以设计为引领的城市建设综合服务商，促进人与城市、环境的有机融合，实现可持续发展。

二、党的领导融入公司治理体系

设计发展集团党委在上级党委的正确领导下，始终把学习贯彻习近平新时代中国特色社会主义思想作为首要政治任务，全面抓好党的二十大精神的学习贯彻，深入开展学习贯彻习近平新时代中国特色社会主义思想主题教育，坚持党建工作与企业发展同频共振，将党的政治优势、党的建设成果转化为企业治理效能和发展实绩，不断以高质量党建促进企业高质量发展。

深化党的全面领导方面，公司持续深化“两个一以贯之”，深入贯彻落实习近平总书记关于国有企业改革发展和党的建设重要论述，落实中央决策部署及上级各项工作要求，不断推动党的领导深度融入公司治理全过程各方面。持续落实党委前置研究、“三重一大”决策制度、党委会议事规则等各项制度，在各方面发挥党委“把方向、管大局、保落实”的作用，为公司高质量发展提供坚强政治保证。层层签订全面从严治党主体责任书，开展专项检查，推动全面从严治党工作纵深发展。履行国企责任，助力乡村振兴工作。

基层党建创新方面，以“双重管理”为基础，创新探索 PPP 政府和资本合作模式下京外党建工作新思路，依托昆四项目完成的《大型 PPP 项目中党建工作开展模式与方法研究报告》荣获北京市党建研究会 2020 年度课题成果优秀奖。

党建引领发展方面，“城市仿真”平台研发团队开展“党小组技术攻关”活动，创新研究发表的《大数据揭秘北京地铁生活，地铁站周边聚集近半数工作岗位》文章引爆关注，各大媒体纷纷刊载，累计阅读量突破百万，取得了良好的经济和社会效益。

党建融入中心方面，公司党委书记李国庆团队参与研究的“建筑热环境理论及其绿色营造关键技术”荣获国家科学技术进步奖二等奖，该成果应用于国家体育场、成都双流机场、北京地铁、杭州地铁等 30 余项重大工程，取得了显著的经济和社会效益，对我国的建筑节能减排起到极大的支撑作用，是全面贯彻中央新发展理念，实现碳达峰、碳中和目标切实有效的举措。党委书记以上率下，榜样引领，高质量党建推动经营生产、科技创新在公司形成了良好的示范效应，受到多家中央和市属媒体报道。“揭榜”兰州轨道交通建设中遇到的世界性难题，充分发挥党建引领作用，攻坚克难，取得了优异成绩。《人民日报》（海外版）充分肯定公司在“卡脖子”难题前面，勇于“揭榜挂帅”，以重大需求为导向，以解决问题成效为衡量标准，使科研成果可以解决真问题。

落实全面从严治党主体责任方面，每年召开全面从严治党（党建）工作会，部署年度重点工作任务。紧盯本单位承担的重大政治任务责任落实情况、生产经营和安全生产落实情况、接诉即办、公车管理等内容，联合主责部门监督，逐步打通各类监督贯通堵点，叠加放大监督效能。严肃执纪问责，综合运用“四种形态”，加强对“一把手”、重点岗位的约谈提醒。持之以恒落实中央八项规定精神，及时制发节前提醒和监督检查工作方案，约谈提醒重点岗位负责人，并深入一线开展监督检查。常态化开展以案促改、以案促治，引导党员干部树起道德高线、筑牢纪法底线。强化专项治理，进一步压实违反中央八项规定精神和“靠企吃企”问题专项治理成效，协助主责部门持续开展违规经营投资专项整治。强化队伍建设，深入开展纪检监察干部队伍教育整顿工作。

公司党委坚持将党建工作与生产经营深度融合，2022 年在北京、石家庄、重庆等城市中标 9 项设计总体总包项目，轨道交通设计位居行业榜首；充分发挥党委政治统领作用、支部战斗堡垒作用、党员先锋模范作用，汇聚思想合力，促进项目高效履约，公司设计的 13 条总体总包项目建成通车。依托 PPP 模式下京外党建工作创新思路，昆四党委利用党建引领优势，实现了从建设蓝图到鸣响运营号角的跨越，荣获中国建设工程鲁班奖。重庆璧铜线在 PPP 项目党支部的引领下，全力开展建设工作，最大建筑单体综合维修楼顺利

封顶，控制性工程云雾山隧道开挖任务达到70%，为高质量完成项目争取了宝贵时间。在公司党委的推动下，全国各地印下了公司各级党组织及党员干部职工铿锵向前的步履，也充分体现了公司党委攻坚克难、推动企业高质量发展的引领保障作用。

三、经理层任期制、契约化工作

为贯彻落实市委、市政府、城建集团关于深入推进国有企业改革部署，加快推行经理层成员任期制和契约化管理，健全国有企业市场化经营机制，充分激发经理层成员的积极性和主动性，推动各单位高质量发展。设计发展集团于2021年度正式开展了经理层成员任期制和契约化管理工作。

经理层任期制和契约化管理是完善中国特色现代企业制度的关键举措，设计发展集团准确把握任期制和契约化管理工作中岗位管理、权责管理、契约管理、绩效管理等关键环节，通过建立“六定”机制，形成以契约为核心的权责体系，不断激发经理层成员的履职能力和经营效能。

一是“定岗位”。参照行业标准梳理了各经理层岗位任职资格与考核目标要求，编制完善了经理层《岗位说明书》，通过岗位管理，打破“身份”，为经理层聘任制改革奠定基础。

二是“定权责”。建立董事会向经理层授权制度，自上而下明确董事会对经理层的授权，厘清经理层权责，将公司经营管理的责任向经理层压实。

三是“定契约”。与经理层成员签订岗位聘任协议、经营业绩责任书，通过书面协议落实董事会对经理层在聘任和考核上的管理权限，为经理层履约尽责、刚性考核、严格兑现提供了合法依据。

四是“定考核”。结合经理层成员的分工及类型，明确设置年度考核和任期考核，并区分侧重点，设置差异化的考核计分标准，实现差异、精准、有效的考核激励。

五是“定薪酬”。针对集团本部及下属企业经理层之间薪酬水平差异问题，根据经营难度、企业规模、价值贡献、人效差异、战略相关度和市场竞争度等因素，进一步完善经理层薪酬体系，合理拉开薪酬差距。

六是“定退出”。建立经理层“任期不合格退出”及“重大问题即时退出”机制，实现管理人员“能下”“能出”，形成任期制契约化管理闭环。

同时为保证任期制、契约化工作在下属子公司落实到位，在接到改革任务后，公司迅速研究相关文件要求和相关案例，及时组织子公司解读工作意图、工作目标、工作原则和工作方法，统一行动共识，识别工作任务，明确工作方法，限定工作时限。指导子公司完成经营业绩考核指标的测算和制定、“一协议两责任书”的编制和签订。同步开展任期制和契约化自查整改工作，以实践校准，推动改革落地见效。

通过推行经理层成员任期制和契约化管理，设计发展集团有效促进了公司加快构建基于中国特色现代企业制度的新型经营责任制，有效激发了企业的活力和效率。

一是经理层成员的任期意识明显增强。任职期满后，符合条件才能续聘，达不到契约要求的解聘，打破了经理层成员终身制，经

理层成员的紧迫感、危机感进一步提升。实行任期制和契约化管理后，增强了任期意识，破除了“等靠要”的思想，激发了经营活力。2021年和2022年，设计发展集团及下属成员企业均已提前完成全年经济目标。

二是经理层成员岗位意识明显增强。通过签订岗位聘任协议书，经理层成员的岗位职责清晰明确，对不同岗位的经理层成员，实施差异化考核，薪酬与业绩联动，考核结果不仅影响职务的“能上能下”，还影响收入的“能增能减”，经理层成员积极找准发力点，主动探寻合作契机、寻找业务商机，工作的责任感和使命感进一步提升。

三是经理层成员的工作积极性明显增强。通过签订经营目标责任书，强化经理层成员的责任、权利和义务对等，薪酬与业绩直接联动，经营目标更加清晰，经营动力更加充足，经理层成员的活力和创造力进一步提升。签订契约书后，经理层成员工作积极性、主动性明显增强，工作作风明显转变。

接下来，设计发展集团将坚持以习近平新时代中国特色社会主义思想为指导，稳中求进，守正创新，持续推进国企深化改革，真正把党的二十大精神转化为推动企业高质量发展的强大动力和实际行动，着力促进经理层成员从传统的“身份管理”向市场化的“岗位管理”转变，推动经理层成员强化岗位意识和契约精神；深度实施对标化考核评价、差异化薪酬管理，形成管理人员能上能下、收入能增能减的常态化机制；进一步健全完善市场化经营机制，为实现自身高质量、高效率、高效益发展发挥能动作用。

匠心筑梦发展 踔厉奋发前行
——武汉市汉阳市政建设集团有限公司

武汉市汉阳市政建设集团有限公司（以下简称“公司”）是一家拥有70年历史的国有工程建设企业，具有市政公用工程施工总承包特级、建筑工程施工总承包特级和市政行业设计甲级、建筑行业设计甲级资质，业务范围涵盖项目投资运营、勘察检测、设计咨询、工程施工、建材生产、房地产开发、城市综合运维、商业运营、物业管理、信息化产业、文化产业等领域，具有从投资、开发、建设到运营管理的全产业链管控能力。公司注册资金12.8亿元，年施工能力超过300亿元。通过国家高新技术企业认定，设有院士专家工作站、博士后科研工作站、省级企业技术中心及武汉市企业研究开发中心。岗上员工3300余人。公司是中国市政工程协会常务理事单位、中国施工企业管理协会常务理事单位。公司在湖北省百强排名中位列第61位，在中国建筑业成长型企业中排名第61位。

一、生存是王道，敢于抓住战略机会驱动业务发展

2002年，政企分家之初，公司组织职能拆分，设备、技术、人才、市场经验及资金匮乏，但仍选择大胆投入，紧抓战略机会，购置第一台LB1000沥青拌合设备，成功中标洪山路改造工程，开启沥

青摊铺品牌建设，扭转一穷二白的局面。聚焦主航道，保持战略定力，保持规模和利润平衡，坚持保持有效规模是企业活下去的基础，公司在建设工程领域抓机遇、抓业务，构建核心竞争力。2004 年，在抓住“黑色化”道路发展机遇基础上，大力发展沥青业务。之后看准桥梁建设机遇，开始探索城市立交领域。2008 年成功进入地铁市场。2011 年业务领域向 BT（建设-移交）、环保、投融资及房产开发等延伸。2020 年，市政、房建总规模均超过百亿元，项目工程荣获国家优质工程金奖、中国建筑工程鲁班奖等奖项，主业链条初步形成。坚持保持合理较快增长和长期生存的平衡。把握“三旧”改造机遇，审慎进入房地产业务市场。开发项目立足武汉，辐射襄阳、宜昌等地。着眼未来，提前布局城市服务多领域。做好城市基础设施维修养护，构成水、路、桥、隧立体养护格局，保障市区交通畅通。拓展城市安全领域，预警城市“病害”，检测业务向智慧监测领域深入。成立文化业务子公司，在城市“建”与“养”的过程中，植入文化元素。发展资产运营业务，成立集团化资产运营公司，全生命周期做好城市服务。形成城市服务“管理+服务+运营”全流程可复制服务模式，发挥“运营+”优势，反哺主业，助力城市宜居建设。下属信息化公司牵头汉阳区城市信息化转型建设，成立汉阳数发集团，助力城市治理水平提升。经多年探索，公司以工程建设为主体，以城市开发和城市服务为两翼，以投资业务为助推器，以一站式服务、数字化升级、技术引领、绿色建造为多引擎驱动的“一体两翼一助推多引擎”总体发展格局形成。

二、增长是硬道理，持续变革创新构筑企业发展内核

在市场竞争日益激烈、“黑天鹅”频出的环境下，公司主动求变，保持前瞻，以不断的“变”建强“不变”，以不断的主动变化应对不确定性，实现稳健成长。

（一）强化党的领导，构筑现代化法人治理体系，激发内生发展活力

全面加强党的核心领导，落实党组织在公司治理中的职权。将党组织建设纳入公司章程，明确党组织在公司治理结构中的核心法定地位。制定党委前置研究程序，修订完善《三重一大决策制度实施办法》，充分发挥党委“把方向、管大局、保落实”的作用。贯彻落实“双向进入、交叉任职”领导机制，党委班子和董事会成员实现交叉任职，推行党委书记和董事长“一肩挑”，为基层公司配备专职副书记。

强化董事会建设管理，确保公司治理建设有法可依。坚持以完善制度为先行，规范运作为根本，建立健全董事会决策机构，下设战略投资、提名与薪酬等专业委员会，为董事会重大决策提供客观依据支撑。加强治理制度建设，拟定“四会一层”权责事项清单等制度文件，打磨细化各层治理主体决策议事工作流程，确保董事会规范运作。强化决策程序管理，完善会议决策链路，实现会前、会中、会后闭环精细化管理。

（二）能力建于组织，以人才的发展和经营达成组织目标

改革，让管理体制顺，让干部队伍硬。自 20 世纪 90 年代起，

开启干部人事制度改革，增加新人发展机会。根据“管少、管活、管好”原则，下放干部管理权。推行年度工作实绩考核。1998年加大人事机制改革，大量年轻员工涌上管理及关键业务岗位。公司不断大胆改革，强化了能者上、平者让、庸者下的人事制度基因，为公司发展提供源源不断的适者血液。

德能勤绩，能上能下。选育用留，精准滴灌。建立360度人才评价系统，搭建符合公司特色的干部人才标准。建立21套胜任力模型，实施人才“画像”，建立人才档案，促进人尽其才，才尽其用，干部选拔任用更具依据。搭建汉阳市政人才培养体系，开设汉阳市政大讲堂，沉淀干部管理经验。严格选人用人标准，坚持干部能上能下，员工能进能出，收入能增能减，坚持干部一年一聘，坚持干部员工易岗易薪，唯德唯才不唯资历，激励人的潜能最大化发挥，激励人的主观能动性最大化发挥。

（三）不断创新经营理念，扩大市场份额

只有勇于创造机会、抓住机遇，才能走得更远。2004年，正式提出“立足本地市场，辐射全省，走向全国”的经营战略。对外开放，整合资源，提升竞争优势，用有限资源撬动市场上更大力量。2005年成立第一家外省实体分公司，形成“以武汉为圆心，以周边城市为半径，以广东、江浙为远程重点辐射区”的市场经营格局。之后公司逐步创造机遇，跳出生存局限，2004年受发达地区城市立交建设的触动，主动寻求机遇迈入桥梁领域，2008年受房建项目有机遇但缺资质的激发，布局房建业务承接；同年，顶住资金及从未涉足轨交领域的双重压力，购置公司第一台盾构机，进入轨交市场。尔后逐步向环保、园林绿化、商混、PC（混凝土预制片）、管片、

BT、PPP、设计、检测、地产开发、水路桥隧综合养护、城市数字化、文化、资产运营、投融资等领域挺进，利用从全过程咨询到工程建设再到工程采购、维修养护、城市开发与城市服务全产业链及相关多元优势，实行差异化客户关系管理，经营地域从汉阳区逐步扩展至全国17个省份。设立海外事业部，成立柬埔寨子公司。

（四）不断创新项目管理模式，强化市场正向认知

不断深化内部管理，因势利导推动项目精细化升级。2009年以前，项目管理以集团考核、定期巡查为管理主线，但耗时长、效率低。伴随项目体量增加，精细化管理势在必行，逐渐建立分子公司日常自控、集团进度和成本关键管控的两级管理模式。持续深化成本管理，严格对标实现项目科学化控制，追求一定利润率水平上的成长最大化。通过现场调查、巡查等方式，实现实时成本追踪。建立企业定额系统、一站式招采系统等，贯通数据，拉通经济线，成本管理轻量化、数据化、科学化。建立集团–分子公司–项目部三级总工程师为核心的技术管理体系，夯实质量基础。创建创新环境与创新氛围，建立技术中心和创新工作室，聚焦问题研发，助力持续发展。通过施工工艺创新，技术引领，做强主体，发展两翼。汇编发布《绿色建造技术手册》等技术标准，引领湖北省绿色建造行业发展。

（五）将流程作为战略资产，支持公司持续发展进步

倡导价值导向和全局最优。集团化发展到一定程度，公司开始探索规范标准化发展，缩短指令链路、快速达成结果，让“前方作战部队”集中精力精准达成目标。为此，公司启动流程化管理探索，努力用规则、制度的确定来应对结果的不确定。第一，在流程设计

层面体现简洁、高效、目标导向。基于业务和管理价值与目的定义环节和要求，打造“主干清晰，末端灵活”的流程架构。主干将业务过程、管理过程以最优、最简路径清晰呈现，减少冗余，实现向内收敛和运作成本最优。末端则高度灵活，各业务单元根据自身现况差异化设计。第二，顺应企业价值链设计流程体系与架构，确保业务顺畅协同。以规划层为牵引、运作层为主干、支撑层为支持，拉通从前端咨询到中端施工到后端养护的产业链条。第三，既重视架构，又考虑执行。业务流程自上而下分为五个层级，每条流程以理清流程目标为主线，辅之以流程图、流程说明、流程表单，促进流程循环发力。第四，构建职责秩序，以承担业务活动的“角色”赋予权力。流程与组织形成相互依存关系，各条流程依据目标设有KPI（关键绩效指标），通过不同流程来承载公司的战略绩效达成。第五，及时处理流程堵塞。为每一个主流程设立了流程所有者角色和跨部门流程管理团队，实现BPM（业务流程管理）线上化，拉通流程跨部门协调、跨组织协同，发挥流程综合效率。

（六）站位管理变革，统筹推进企业数字化转型

数字化转型不是技术变革，而是管理变革。数字化转型必须由企业自身主导。自2008年依托外部软件开发商进行内部管理信息系统建设，信息化从无到有，到2015年组建自主研发团队，开启“筑建通”等应用系统自研、定制化开发，公司内部系统基本建设完成，于2019年成立下属专业数字化公司，再提速内部数字化转型升级，并跨步产营并重，既服务内部降本增效，又市场化打造城市数智化建设品牌服务商，公司逐步探索出自己的数字化路径。一是“一盘棋”统筹。明确数字化转型是公司的战略选择，确认“对内提升企业数智化管理水平，对外赋能企业转型、智慧城市发展”的总体目标，设计架构“123N”总体蓝图，以统一数字底座，标准支撑、安全支撑两大支撑，决策分析、业务应用、企业职能三大应用类型，N个子应用系统，沉淀通用业务能力，辅助科学决策。二是三步走推进。明确流程驱动→数据驱动→智能驱动基本路径。聚焦价值实现，从数字化作业减少高能耗点，到依托流程融合业务与 IT 能力，再到构建数据流程中台，融合“新基建”，加入“智能”特征，公司智慧链条效率提升 50%以上。三是生态协同。重塑数字化企业价值。承建湖北省首个城市信息模型（CIM）平台底座，构建六大“智能+”场景，助力“一图观全域、一屏管全城”的城市智能治理目标。公司主导的汉阳区“CIM+城市建设”一体化平台项目入选中央网信办协同转型发展优秀案例。

三、文化是基底，导向长期艰苦奋斗促进企业目标达成

经过 70 年探索和发展，公司一步步形成了与自身发展需要相契合的企业文化。信义之道，坚信多易必多难。工匠之心，专注敬业，追求极致，一诺千金。厚德善建，秉持大义。实干兴邦，扎实做好每项工程每项事业，以优质的产品交付，赢得客户的信赖。1998 年抗击长江大洪水，赢得“铁军”称号；2008 年领导班子带领员工主动请缨参与汉源抗震抢险；2020 年逆行出征完成火神山、雷神山、方舱医院建设等重要任务，被授予“全国抗击新冠肺炎疫情先进集体”。为了社会需要和民众安危，勇挑重任，护卫家园，赢得社会尊敬。始终心系员工，着力打造“青有所为，中有所成，老有所养”

的员工幸福家园。将企业文化的传承作为干部明确的使命，将企业文化的底层追求内化于制度、流程、行为准则，内化于每一次临危受命前的思想统一，内化于每一次主动请缨前的高度自觉。发布企业文化理念体系，编撰《汉阳市政发展纪实》《匠心筑梦故事集》。实践告诉我们，只有通过长期艰苦的行动，长期坚定地传导、长期执着地坚守，才能把文化精神层层传导至一线，代代传承向使命追求无限靠近。

志之所向，坚守担当。公司致力于成为这样的一家企业，心怀国之大者，初心勇担国企责任，梦想匠筑城市美好。持续管理变革，提升组织能力并抓住战略机会点。公司持续聚焦主航道，持续以长远眼光经营公司，把握好理想也把握好现实，在始终如履薄冰中笃定驶向百年，在如一的开放格局中共赢迈步未来，为社会民生进步、为国家民族强盛作出更大贡献！

深化改革 提质增效
以“三会一层”完善公司治理 赋能企业发展
——中亿丰建设集团股份有限公司

时代的风帆在发展中激荡，干事创业的热情书写最好的答卷。国家如此，企业亦如此。党的二十大胜利召开，明确了新时代新征程中国共产党的中心任务——团结带领全国各族人民全面建成社会主义现代化强国、实现第二个百年奋斗目标，以中国式现代化全面推进中华民族伟大复兴。中国式现代化的本质要求包括高质量发展、共同富裕、人与自然和谐共生、人类命运共同体等内容。那么，站在企业的角度，我们如何答好新时代新发展的必答题，解锁新时代新发展的附加题，其实也都离不开、绕不开这些关键词。因此，回望 70 余载企业奋斗路，中亿丰建设集团股份有限公司（简称“中亿丰”）始终以实业解决发展之问，以改革发展推动实业开拓更新的局面。

中亿丰的源头可追溯到 1952 年成立的苏州市地方国营建筑公司，作为老牌的国有企业，是苏州城市建设发展的主力军和排头兵。1979 年，公司改编重组挂牌成立苏州市第二建筑工程公司。2003 年，公司顺应市场经济深入发展的趋势，改制为民营企业。2013 年苏州二建建筑集团有限公司更名为中亿丰建设集团股份有限公司。从建筑到建设，从承包商到服务商，从筑企到筑梦，企业以创新思维不断开拓市场，优化结构，推动转型升级。中亿丰以房屋建筑和大型城市基础设

施建设为双轮驱动，经过70余年的发展，拥有房屋建筑、市政公用工程施工总承包“双特级”资质及对外援助成套项目总承包企业资格，具备从规划、设计、总包管理、专业施工、系统集成、运营养护、建筑更新等城市建设全生命周期、全产业链服务能力，在超高层、园林古建、轨道交通等细分领域业绩突出。依托苏州、南京两大总部建设，重点聚焦京津冀、长三角、粤港澳大湾区和成渝双城经济圈，着力深耕西北、华中等中西部经济带，布局越南、巴林、加拿大等海外市场，建成了一批享誉国内外的工程建筑，累计荣获詹天佑奖2项、国家优质工程21项、鲁班奖15项、华夏建设科学技术奖3项、李春奖（公路交通优质工程奖）1项、中国水利工程优质（大禹）奖2项，以及国家级、省市级工程类奖数百项。

中亿丰紧跟国家战略，持续推动转型升级，加速高质量发展。在“新时代十年”的新征程，中亿丰遵循现代企业管理理念，不断探索和践行中国特色现代企业制度，坚持以“三会一层”为抓手，以公司治理赋能发展，逐步形成了“党委核心领导、董事会战略决策、高管层执行落实、监事会依法监督”的公司治理机制，构建起“决策科学、执行有力、监督有效、运转规范”的公司治理结构。逐步提升“三会一层”履职的专业性和有效性，不断推动企业改革向更深层次挺进，以提质增效为主线，构筑企业高质量发展硬支撑。

一、构建“三会一层”治理架构，推进公司治理现代化

（一）推动组织变革子集团化，推动公司治理架构搭建

“十四五”初期以来，中亿丰有序推动内部业务单元、职能部门

重组整合，各部门和各岗位均制定职责说明书，做到各部门之间内部职责明确、相互牵制，保障公司生产经营活动高效平稳有序进行，在公司治理方面做到人员齐备、人事相宜。同时，中亿丰持续深化区域经营改革，持续加强各级总部能力建设，全力支持南京第二总部做大做强，“十四五”末形成“苏州总部-南京总部-苏州二建”铁三角。基础设施子集团化步伐提速，发挥中亿丰基础设施开发公司统筹引领作用。

强化母子公司协同治理，在主要子公司逐步建立董事会替代原有设一名执行董事的治理模式，子公司董事会成员主要由子公司负责人和公司经营班子构成，以便公司管理层能够及时了解和参与决策公司重要事项。同时，为规范子公司治理，集团主管部门自子公司设立时起便介入，协助制定公司章程等管理制度，对董事会、监事会等治理层结构设计以及董监事人选提出建议，董事会办公室对子公司三会管理进行业务指导和过程跟踪，并定期到子公司调研走访，了解子公司治理实际情况及重要决策实施情况，实现子公司重要事项事前沟通介入、过程跟踪、结果确认的全过程管控。

（二）强化董事会决策机制，深化公司治理运作水平

一是健全董事会组织架构。根据公司章程，2022 年公司换届选举产生第四届董事会，董事会 9 名成员，其中：董事长 1 名、副董事长 1 名，董事 7 名。通过章程设置董事会秘书，由党委书记担任。在董事会下设立战略委员会、审计委员会、提名委员会、薪酬与考核委员会、预算决策委员会 5 个专门委员会，并制定了相应的议事规则，充分发挥专委会委员参事议事积极性，有效提升董事会决策的科学性。集团向子公司外派董事、监事、高管，建立起集团与子

公司之间沟通的桥梁。除日常履行子公司董事、监事职责外，外派董监高需要及时向公司汇报子公司经营情况以及重要事项，同时在子公司董事会、监事会召开前，事前充分了解会议内容及需决策事项对集团的影响，于会前向集团沟通汇报，经集团内部审批后方可依据集团决策意见代表集团行使投票权，体现集团决策意志，切实维护公司利益。

二是规范履职行为决策导向。完善《公司章程》《董、监、高履职议事规则》《董事会专委会议事规则》《三重一大决策制度》等制度办法，构成了公司管理决策的基本准则，对股东大会、董事会、监事会、董事长、总裁等的审批权限作出了清晰的界定和划分，对各项会议的召集召开程序进行了完善，并根据各议事规则细化重要事项管理程序，使可操作性更强。

三是优化董事会成员构成。经过充分研究，选举企业管理能力强、有专业特长、有社会影响力、认同企业发展战略的股东加入董事会，成员也趋于年轻化，以此提升董事会作为决策机构的管理决策水平。

四是发挥党委政治核心作用。把党委研究讨论作为董事会、高管决策重大问题的前置程序。董事会决定重大事项、重要人事干部任免等决策事项须经公司党委酝酿讨论后，提交董事会作出决定，确保方向一致，战略同步。

五是突出董事会办公室建设。设立董事会办公室，明确职责，专门负责股东大会、董事会及董事会各委员会会议的筹备、落地、股权管理等事项，负责督办董事会决策的执行落地及董事和股东的日常沟通。

（三）强化监事会监督机制，提高公司治理运作质量

紧紧围绕《监事会议事规则》，着力强化监事会向股东大会负责和报告制度，每年形成《监事会工作报告》，核对董事会拟提交股东大会的财务报告、利润分配方案等重大事项的真实性。监督渠道上，监事会通过派员列席经营质量分析会、总裁办公会议、董事会专委会专题会议等途径，对集团重大事项进行全程监督，充分发挥监督职能。

（四）持续优化经营机制，确保公司治理执行成效

一是建立业务经营董事会授权下的总裁负责制。对日常经营管理，董事会不作干预。经董事会充分讨论决定后，每年签订年度经营目标责任书，并相应授予总裁经营决策权限，总裁和高管层负责日常经营管理的执行与目标实现。

二是优化高管层议事决策机制。总裁在董事会的充分授权下，通过分条线、分层级的再授权，调整管理资源。总裁室下设行政委员会，以及根据年度工作主题和重点任务，设置专项领导小组与工作小组，通过条线业务集体研究制度，确保高管层决策的正确性和严谨性。

三是创新领导班子集体学习机制。面对复杂多变的发展环境，“十三五”末，集团多措并举促改革，首次提出要组织每季度一次的领导班子集体学习。通过集体学习将红色党建与经营情况分析相结合，研究时政和行业发展，持续推进智能建造、城市更新、绿色工业化等领域探索实践，在智能建造领域取得创新突破，2023 年以来打造了多个省/市级智能建造试点项目，并组织开展国家级、省级、市级观摩活动，已完成上百次线下观摩，观摩人数累计超万人。

四是建立下属单位和集团部门定期报送机制。完善经营管理层面向董事会的日常报告制度及重大事项报告制度，定期向董事会报送财务、风险、经营信息，不定期报送相关专题分析报告，及时报送重大事项落实情况，确保董事会及时了解年度决策执行情况，便于及时研判和调整，提高董事会的科学决策水平。

二、完善履职评价激励体系，促进公司治理有效化

集团层面整体搭建绩效评价激励体系，从高管、中层到基层逐层压实目标责任。

一是建立高管考核机制。高效的履职评价机制的建设是提高“三会一层”运作效率的关键。通过分条线、分岗位制定考核办法，制定年度发展目标，向经营管理层下达考核任务，将管理人员薪酬与管理水平、经营业绩挂钩。

二是建立各部门、各岗位履职评价考核制度。根据具体部门设置和职责规定，通过对具体工作效果进行检查评价，为管理层了解执行偏差的原因奠定基础。

三是建立长效激励机制。制定《中亿丰建设集团持股办法》，根据高层、中层等核心骨干员工考核结果和职级，每年进行员工持股计划，充分发挥公司董事及管理层的带头作用，调动员工的积极性和创造性，进一步建立、健全公司长效激励机制，吸引和留住公司优秀人才，充分调动公司员工的积极性和创造性，有效地将股东利益、公司利益和员工个人利益结合在一起，促进公司长期、持续、健康发展。

三、创新内部交流机制，探索公司治理专业化

一是充分尊重股东。加强股东交流，打造发展认同平台，认识到股东不仅是投资者，也是企业发展的同路人，将保护投资者利益、主动接受股东监督作为公司治理的重要内容，充分理解和尊重股东的正当意愿和权利。

二是严肃对待股东会议。每年年初召开年度股东大会，向大会作董事会工作报告，对新年度的经营目标、财务收支预算、分红等进行审议，做到让每位股东了解公司。

三是建立信息交流制度。通过企业报纸、微信公众号等多种媒体渠道不定期对外披露有关信息，让股东享有知情权。

中亿丰多年来不断探索和践行中国特色现代企业制度，在公司治理方面积攒了一定经验，深知科学有效的公司治理是可持续发展的牢固根基，未来仍将牢记对法治和规则意识的敬畏和尊重，继续以守住底线为基础，提高公司治理水平为重心，在公司治理、内部控制等方面不断深化改革，精准发力提质增效，以实际行动落实党的二十大精神，奋力开创高质量发展新局面！

建筑企业高质量发展下目标计划管理模式的建设

——广东建星建造集团有限公司

一、企业介绍

广东建星建造集团有限公司（以下简称“公司”）成立于2001年，拥有房屋建筑施工总承包特级资质、建筑甲级设计资质及多项专业承包资质。22年来立足大湾区，精耕建筑业，始终坚持开拓进取、守正创新，从单一施工企业发展成为集投资、研发、设计、集采、制造、运营为一体的绿色建工产业集团。公司是首家也是目前唯一一家荣膺“广东省政府质量奖”“珠海市市长质量奖”的建筑企业，在专业领域揽获国家级工程奖5项，先后获评“广东省企业500强”“广东省民营企业100强”“广东省五一劳动奖状”“中国建筑业成长性企业200强”“全国优秀施工企业”“全国建筑业AAA级信用企业”等荣誉。公司于2022年成功引进战略投资者，股权合作跨越国有、民营和上市公司三种体制，展现了高质量发展要求下资源共享、优势互补、融合并进的发展特色与活力。

二、高质量发展下目标计划管理体系的建设背景

（一）贯彻国家高质量发展战略部署的需要

2017年，党的十九大和中央经济工作会议提出，推动高质量发

展是当前和今后一个时期确定发展思路、制定发展政策、推动经济发展的根本要求。在国家高质量发展的征程上，建筑业是不可或缺的中坚力量。公司履行推动行业发展的社会责任，积极响应各级政府的领导与号召，将自身发展融入高质量发展进程中，以高质量目标计划管理，推进高标准行动计划，助力公司战略目标实现。

（二）以混合所有制改革为契机提升管理质量的需要

在我国建筑业竞争格局中，大型央国企始终处于领先地位，且行业集中度持续加剧，逐渐呈现从完全竞争走向垄断竞争之势。深化国有企业混合所有制改革，鼓励国有资本入股民营企业，对于进一步激发建筑民营企业经营活力、发展动力和市场竞争力有着重要意义。公司将引进国有战略投资者作为2021—2025年战略期的一项战略目标，旨在以混资本、改体制带动转机制，并以此为契机开展各项综合性改革。此次成功引入契合主业发展的“高认同感、高匹配度、高协同性”战略投资者，有效打破了现有环境、资源和管理等制约，推动公司做大、做强主业，做优、做精管理。

（三）卓越绩效管理模式持续改进的需要

卓越绩效管理模式是全面质量管理实践的标准化、具象化和体系化，为企业提供一个沟通、诊断和评价的综合性管理平台，其追求卓越的理念与企业高质量发展的需求不谋而合。公司自2015年全面导入卓越绩效管理模式以来，始终坚持“战略引领”与“系统管理”相结合，构建具有建星特色管理体系，形成了与同行差异化的经营模式。经过多年的持续应用与自我诊断，公司自2021年起全面推进大质量管理提升行动，把目标计划管理体系建设作为近三年卓越绩效管理提质行动的重要改进项。

三、目标计划管理体系建设的主要做法

公司在近两年的管理实践中持续优化目标计划管理体系，以战略规划为牵引、精益计划作指导、绩效管理促执行、激励分配增动力，将战略管理与绩效管理深度融合，形成目标-计划-考核-应用（简称建星GPAA体系）的战略闭环管理系统，有效提升了公司战略领导力、组织协同力、过程执行力及风险管控力，形成了上下同欲、主动作为的管理格局。

（一）加强组织领导，统筹推进管理提升

公司高层领导是卓越绩效管理的倡导者、实践者，曾深度参与其导入与创奖全过程，也是公司重要管理变革的领导者与推动者。目标计划管理作为一项长期性、全员性的系统工程，涉及经营管理各职能、各层级，覆盖面广、影响面大、推行难度大。为进一步统筹规划、有序推进，公司成立了以总裁为组长、分管副总裁为副组长、企业管理中心负责人为执行组长的专项工作小组，全面负责目标计划管理的顶层设计、制度建设、统筹推进、督导落实、定期评价等工作。高层管理团队对体系设计的理解和参与有利于提高体系的适宜性和有效性，及时提供相应的资源和支持，减少管理推进过程中的阻力，为加速体系落地奠定良好的基础。

（二）建立矩阵式目标体系，实现目标计划“一盘棋”

根据公司战略管理制度，每年第四季度常态化开展战略调研、战略研讨与战略规划修订等工作后，通过三步法完成四级目标计划的制定。公司高层管理团队、企业管理中心协同人力资源中心全程

参与指标的制定，将四级目标融为一体，建立纵横一体化的矩阵式目标体系，确保目标不偏航、指标不虚设、承接无空白，一以贯之推动战略部署逐年落地。第一步，战略解码，将战略目标、实施路径相应分解为年度经营目标和当年重点工作计划，建立集短期财务、市场指标与中长期运营、成长指标为一体的公司级 BSC 指标体系；第二步，将 BSC 指标拆解为各职能部门和项目部的关键绩效指标，涵盖关键业绩指标和重点工作指标两大类，并签订年度经营管理目标责任书；第三步，职能部门与项目部进一步将业绩和重点工作指标分解至各岗位，形成岗位绩效管理的依据。由于在指标设置上将员工工作目标与公司整体经济运行目标关联，引导员工在关注个人考核结果的同时，更注重公司目标的完成情况，为企业的战略发展提供了强劲的内生动力。

公司目标计划管理体系将目标管理与过程管理有机结合，采用时间、重点项双维度管理，强化动态管理与纠偏。时间维度，公司企业管理中心组织召开月度、季度、半年度、年度经营分析会，对目标和计划执行情况进行全过程监测与分析，以指标达标情况为切入点，多维度关联分析、协同解决显性问题与潜在风险，推进全局计划主线持续落实。重点项维度，对专项工作开展“策划、立项、下达、实施、监测、改进、验收、全面推行”的全流程管理，确保各里程碑节点分解合理、高效。企业管理中心设置运营专岗进行重点工作跟进和会后事项督办，以追踪工作成果为导向，通过一手作战计划表、一手推进时间表的常态化持续跟进，有效提升计划执行力度，解决了目标和计划执行阶段的“虎头蛇尾”。

（三）长短期激励机制结合，提供动力保障

2021年公司提出完善全面绩效管理，将年度考核进一步升级为季度考核，坚持公平公正、绩效区分和持续改善三大原则，引入分档分级和正态分布机制，对员工进行业绩量化区分，同时开通绩效申诉通道，做实绩效面谈和改进计划等管理动作，提升员工工作目标性、主动性和组织过程管理的有效性。此次绩效升级将绩效结果与员工的绩效奖金发放、薪酬与岗位调整、评优评先、培训发展等福利直接挂钩，使战略目标和年度经营计划的落实在薪酬与激励方面实现闭环。目前公司绩效考核覆盖率为100%，全员通过季度绩效考核进行过程监测与纠偏。

公司坚持长短期激励相结合原则，持续推进员工事业平台建设，相继实施责任成本制、股权激励计划、超额利润分享计划等激励机制，加强核心员工与公司的发展联结，确保组织经营动能的持续供给。公司与员工合伙人共同投资设立的业务公司已连续3年按时完成利润分配，平均年投资回报率约20%；6个实施跟投激励的项目已有5个项目完成返本分红，最高的项目投资回报率逾52.72%，成为公司吸引与保留人才的重要抓手。同时，公司薪酬体系坚持“效益优先、效率调整”导向，构建“以岗定薪、以能取酬、参照市场、以绩定奖”的分配机制，根据岗位重要性、市场稀缺性、承担责任和风险大小等差异，构建与岗位价值、风险责任相匹配的薪酬与激励结构，合理拉开差距，提供更公平的竞争环境和更宽广的发展平台。

四、目标计划管理体系的建设成效

公司目标计划管理体系的核心是目标牵引、精益计划、绩效管理与分配激励，让全员成为战略的参与者、贡献者，形成人人有目标、事事有计划、过程有监测、优秀有激励的良性和正向闭合循环，激发了员工主动性、自驱力和组织活力，有效破解战略规划纸上谈兵、无法落地、无从执行的“两层皮”难题，使公司在实现良好经营业绩的同时，始终聚焦战略目标，不断增强中长期发展的核心竞争力。

（一）顺势破局，经营指标实现新跨越

2022 年是坚定推进“1357”战略的关键之年，公司实现股权结构优化，引进国有战略投资者，圆满完成“体制改革工程”和“再创一项国家级工程奖项”两大战略目标。同时，公司抢抓珠海市“产业第一”市场机遇，在宏观经济疲软和房地产低迷的大环境中逆势增长。本年度实现全口径营业收入 51. 72 亿元，同比增长 4. 63%；净利率超过 4%，高于上市建企近 1. 5 个百分点，整体盈利能力和经营质量进一步提升；新签合同额超过 100 亿元，成为大湾区最具竞争力的区域建筑企业。

（二）成果丰硕，创新能力持续提升

2022 年，公司科技创新成果竞相涌现，创新“脉动”依然强劲。公司再次获评“国家知识产权优势企业”和“珠海市知识产权保护重点企业”，公司及子公司共计发布国家级团体标准 1 项、市级地方标准 1 项，获得省级科学技术奖 3 项、科技成果 12 项（国内领

先 2 项、国内先进 4 项、省内领先 4 项、省内先进 2 项)、QC 省级 11 项；再增 1 项发明专利、34 项实用新型和 10 项软件著作权。同时，科技成果转化应用提质增速，大规模预制构件应用、大跨度免模免支撑装配式结构体系、梁板体系 100%全装配等一系列装配式建造技术在我市产业园建设中完成变革性实践并取得突破性进展，成为公司推进新型建造发展进程中的标志性成果。

（三）品牌影响力持续提升

2022 年，工程履约聚力突破，企业运营优化升级，获得国家级工程奖 1 项、省级工程奖 5 项、市级工程奖 8 项、广东省科学技术奖 3 项等荣誉，并再次入围广东省 500 强企业和珠海企业百强名单，成为珠海市经济标杆企业和党建创新、企业创新先进单位，进一步增强了品牌影响力和核心竞争力，实现企业经济效益和社会效益双赢。